LA BUENA ANSIEDAD

Últimos títulos publicados en esta colección:

E. J. Langer, *Mindfulnesss*
F. Cirillo, *La técnica Pomodoro®*
A. Soler y C. Roger, *Niños sin etiquetas*
F. Trías de Bes, *La solución Nash*
C. Newport, *Minimalismo digital*
H. Kimsey-House, K. Kimsey-House, Ph. Sandahl y L. Whitworth, *Coaching co-activo*
T. Baró, *Imparables*
J. Soto, *Salud con razón*
M. Greger, *Comer para no engordar*
A. Sánchez, *Tu dieta puede salvar el planeta*
N. L. Mace y P. V. Rabins, *El día de 36 horas*
M. A. Almodóvar, *El segundo cerebro*
J. R. Germá Lluch, *Vencer al gran mal*
R. Molina, *Una mente con mucho cuerpo*
J. Kabat-Zinn, *Mindfulness en la vida cotidiana*
J. Brewer, *Deshacer la ansiedad*
D. W. Winnicott, *Los bebés y sus madres*
T. Bertherat, *Las estaciones del cuerpo*
C. Ríos, *Pierde grasa con comida real*
A. Molina, *Piel sana, piel bonita*
L. Martínez, *Vegetarianos con más ciencia*
A. Ellis, *Cómo no estropear tus relaciones*
Dr. D. Ramsey, *Comer para vencer la depresión y la ansiedad*
F. Dolto, *La causa de los adolescentes*
E. Vora, *La anatomía de la ansiedad*
A. Jha, *La nueva ciencia de la atención*
T. Pazos, *Este libro te hará vivir más (o por lo menos mejor)*
M. Velasco, *Criar con salud mental*
B. Levy, *Rompe los límites de la edad*
E. Bullmore, *La inflamación de la mente*
I. Marín, *Jugar*
S. C. Hayes, *Una mente liberada*
F. Midal, *¿Soy hipersensible?*
G. Atlas, *Herencia emocional*
J. Axe, *Remedios ancestrales*
Wendy Suzuki, *La buena ansiedad*

WENDY SUZUKI
CON BILLIE FITZPATRICK

LA BUENA ANSIEDAD

Cómo aprovechar el poder de la emoción más incomprendida

Traducción de Antonio Francisco Rodríguez Esteban

PAIDÓS Divulgación

Título original: *Good Anxiety*, de Wendy Suzuki

1.ª edición, enero de 2024

Este libro no pretende sustituir sino complementar el consejo de un profesional de la salud cualificado. Si sabe o sospecha que tiene un problema de salud, debe consultar a un profesional sanitario. El autor y el editor no se hacen responsables de cualquier pérdida o riesgo asumido, personal o de otro tipo, en los que se incurra como consecuencia directa o indirecta del uso y aplicación de cualquiera de los contenidos de este libro.
Los nombres de los pacientes han sido cambiados a lo largo del libro para preservar su anonimato.

Paidós es un sello editorial de Editorial Planeta, S. A.
Avda. Diagonal, 662-664
08034 Barcelona, España
www.paidos.com
www.planetadelibros.com

ISBN: 978-84-493-4187-8
Maquetación: Realización Planeta
Depósito legal: B. 20.612-2023
Impresión y encuadernación en Liberdúplex, S. L.

Impreso en España - *Printed in Spain*

PEFC Certificado
Este libro procede de bosques gestionados de forma sostenible
PEFC
PEFC/14-38-00305 www.pefc.es

Dedicado a la memoria de mi padre, Mikio Suzuki,
y de mi hermano, David Koshi Suzuki.
Gracias. Os echo de menos. Os quiero.

SUMARIO

INTRODUCCIÓN

Vivimos en la era de la ansiedad. Como un desagradable y omnipresente hedor al que nos hemos acostumbrado, la ansiedad ha pasado a ser un estado constante, un hecho que gobierna la vida en nuestro mundo. Desde pandemias globales hasta el colapso económico, así como intensos y diarios desafíos en el ámbito familiar, todos tenemos numerosas razones que justifican nuestra ansiedad. El incesante flujo de noticias durante las veinticuatro horas del día y el constante bombardeo de las redes sociales se suman a este malestar; estamos expuestos a una cantidad excesiva de información que no somos capaces de filtrar y a una estimulación que supera nuestra capacidad de relajarnos. El estrés de la vida cotidiana parece ineludible. ¿Es inevitable, entonces, sentirnos ansiosos?

Sí..., pero no de la forma en la que normalmente pensamos en ello.

Empecé mi investigación sobre este tema cuando trabajaba como neurocientífica en mi laboratorio de la Universidad de Nueva York. En aquella época yo no me consideraba una persona ansiosa. No, hasta que empecé a ser consciente de las palabras que empleaban mis sujetos de estudio, mis amigos, los compañeros del laboratorio, mis colegas e incluso yo misma, para describir cómo nos sentíamos todos:

«preocupados»
«en vilo»
«estresados»
«distraídos»
«aburridos»

«pesimistas»
«desmotivados»
«nerviosos»
«a punto de gritar»
«a la defensiva»
«asustados»
«incapaces de dormir»

¿Te resulta familiar?

Una sencilla búsqueda en Google revela que el 18 por ciento de los estadounidenses –unos 40 millones de personas– sufren un trastorno de ansiedad, entre ellos, trastorno del pánico, trastorno de estrés postraumático (TEPT) y trastorno de ansiedad generalizada (TAG). Sin embargo, las cifras representadas en estos diagnósticos formales son solo la punta del iceberg del verdadero impacto que tiene la ansiedad en la población. Cientos de millones de personas en todo el mundo padecen una forma de ansiedad de baja intensidad, que no llega a ser clínica, pero que provoca un profundo desgaste. Se trata de la variedad de ansiedad más común, que la mayoría de nosotros experimentamos en alguna ocasión. ¿Las preocupaciones te mantienen despierto toda la noche a pesar del cansancio? ¿Tienes tantas obligaciones que crees que jamás podrás tomarte un respiro? ¿Te sientes tan disperso que no eres capaz de mantener la atención el tiempo suficiente como para leer íntegro el artículo de una revista o para pensar en un problema? ¿Has experimentado una sensación de desapego que no te permite conectar con tu familia y amigos del modo en que te gustaría? Quizá estás familiarizado con una o con muchas de las señales de lo que yo llamo «ansiedad cotidiana». En efecto, la ansiedad se manifiesta de muchas formas en nuestra vida. Y aunque no te *sientas* ansioso, sin duda estarás de acuerdo en que la vida moderna es, casi siempre, estresante.

Recientes estimaciones sugieren que la ansiedad está presente en nuestra vida y afecta al 90 por ciento de la población, un número asombrosamente elevado de personas, entre las que me incluyo, que a menudo nos resignamos a la idea de que no tenemos otra opción que aceptar que la ansiedad –en cualquiera de sus manifestaciones– será un elemento constante en nuestra existencia, y que nos arrebatará nuestra energía y provocará infelicidad, una imagen corporal negativa, pérdida del deseo sexual y dificultades para relacionarnos con nuestra familia y nuestros seres queridos. Tal vez atravesemos una buena época en la que la ansiedad parezca desaparecer durante un largo tiempo, pero más temprano que tarde volvemos a sentirnos atrapados en el temor, la inquietud y una interminable lista de preocupaciones hipotéticas.

Y como estos síntomas no se consideran graves ni incapacitantes, es muy habitual que la ansiedad cotidiana no reciba tratamiento, aun cuando sus efectos secundarios perjudican seriamente nuestras relaciones y nuestra vida cotidiana, ya que interfieren en nuestra capacidad para realizar cualquier trabajo, para experimentar placer y poder disfrutar, y en la voluntad de asumir proyectos, causas o cambios innovadores e interesantes. La ansiedad puede robarnos la vida.

Somos muchos los que aceptamos estos factores estresantes como una parte inevitable de la vida. De hecho, el nerviosismo constante, el insomnio, la distracción y el temor parecen la respuesta apropiada al mundo en el que vivimos. En realidad, algunos no experimentan la ansiedad como algo que habita en su interior, sino que creen que forma parte del estrés generalizado que existe en la realidad externa, como si se tratara de una nube que amenaza tormenta y que los atrapará si no corren lo suficientemente deprisa.

Cuando me interesé por la ansiedad, quise aplicar mi investigación pionera sobre el ejercicio físico y el cerebro (el tema de mi primer libro) para ayudar a las personas a gestionar su ansiedad con más eficacia. Pretendía abordar las crisis de ansiedad que percibía a mi alrededor: en el campus de la Universidad de Nueva York, donde daba clase; en las escuelas de secundaria, donde llevaba a cabo una parte de mi investigación; entre mis amigos y colegas, muy trabajadores y con mucho talento; y todo lo que había observado en mis viajes por el mundo y que confirmaba las estadísticas sobre las que me estaba documentando. Creía, y mi propia investigación así lo confirmaba, que el ejercicio, una nutrición adecuada y la meditación podían reducir y amortiguar la ansiedad. Sin embargo, al principio no entendí la complejidad de la ansiedad; no entendí que, si nos limitábamos a *evitar*, *liberarnos* o *aplacar* la ansiedad, no solo no resolvíamos el problema, sino que perdíamos la oportunidad de aprovechar el *poder generativo* que esta tiene.

Al sumergirme en la cada vez más numerosa documentación, descubrí un aspecto completamente diferente de la ansiedad. Los ejemplos más extremos de este estado (aún no en el nivel clínico de severidad, sino el tipo que surge en los momentos más estresantes y difíciles de nuestra vida) son completamente destructivos; no hay nada que añadir. Pero lo que la mayoría de la gente —entre ellos, científicos, médicos y terapeutas— suele pasar por alto es que la ansiedad que sentimos los seres humanos es, en realidad, esencial para nuestra supervivencia. En otras palabras, la ansiedad es *buena* y *mala* para nosotros.

Esta contradicción me llamó la atención de forma muy personal. A punto de cumplir los cuarenta años, me di de bruces contra lo que pensaba que era el proverbial muro situado a mitad de la vida. Me sentía increíblemente insatisfecha conmigo misma. Pesaba doce kilos más de lo que consideraba mi peso ideal. Trabajaba a todas horas del día, todos los días de la semana. Me sentía frustrada, sola e incapaz de salir de la rutina en la que estaba inmersa. Impulsada por mi talante científico, me aferré a lo que sabía y decidí hacer un experimento conmigo misma y que más tarde repetiría utilizando como referencia un estudio de control aleatorio llevado a cabo por mi laboratorio de investigación. Por último, descubrí que el ejercicio, la nutrición y la meditación no solo son una forma cuantificable de perder peso y mejorar la productividad, la memoria y la concentración, sino que estas intervenciones mente-cuerpo (la expresión científica para referirse a las «estrategias») *cambian* realmente el cerebro y, más específicamente, alteran nuestra relación con la ansiedad.

Poder medir estos cambios cerebrales en esta investigación resultó realmente satisfactorio. Pero hubo un aspecto positivo adicional que experimenté en primera persona: después de hacer cambios en mi estilo de vida, me sentí notablemente mejor. Más feliz y optimista, y mucho menos ansiosa. Debo admitir que al principio solo pensaba en perder peso y ponerme en forma. No anticipé la mejora sustancial que repercutiría en mi bienestar y en mi salud mental general. Los cambios que implementé modificaron la manera como me sentía y alcancé un nuevo nivel de alegría, compromiso y satisfacción que nunca creí posible.

Por lo tanto, con la ansiedad en mente, volví a mis primeros datos para observar más de cerca qué había detrás del paso de las emociones negativas a las positivas. Al cotejar los datos con el nuevo análisis interdisciplinar que estaba llevando a cabo descubrí que, en efecto, mi frustración e incomodidad iniciales eran, en realidad, expresiones neurobiológicas y psicológicas de la ansiedad. En esencia, la ansiedad puede explicarse como el surgimiento y la activación del cerebro y de la mente cuando estos afrontan un estrés o estímulo negativos. El cerebro y el cuerpo están fundamentalmente interconectados. (De hecho, esta interconexión es la razón por la que utilizo el término *cerebro-cuerpo* para referirme al sistema en su conjunto.) Cuando empecé a trazar las raíces neurobiológicas de la relación entre la ansiedad y la perspectiva más positiva, el aumento en la confianza y el incremento tangible en mi felicidad, descubrí que mi excitación (es decir, mi ansiedad) no desaparecía repentinamente; más bien pasaba de un estado negativo a otro en conjunto más positivo.

Sí, mi ansiedad parecía ser una parte inevitable de una carrera competitiva y muy seria. Pero empecé a concebirla como una suerte de excitación o estimulación neuronal que ejercía toda una serie de efectos diferentes en mi vida. Como forma de energía, la excitación de la ansiedad asume una forma positiva o negativa en función de cómo un individuo responde a un agente estresante o a una fuerza externa específica. Descubrí que las emociones positivas que experimentaba eran, en realidad, respuestas neurobiológicas al ejercicio, la dieta equilibrada y la meditación que había aplicado tras la eclosión de mis pensamientos negativos, surgidos como consecuencia de respuestas negativas a agentes estresantes anteriores (demasiadas fechas límite de entrega, muchos días sin parar de trabajar o sin un descanso prolongado, demasiadas comidas azucaradas y con grasa acompañadas de escaso ejercicio). Mi ansiedad me había incitado a realizar cambios en mi estilo de vida, y ahora esos cambios eran la fuente de no pocas alegrías.

Desde mi punto de vista, la ansiedad no es, en sí misma, algo malo. Nuestra forma de experimentar esta excitación depende de cómo nosotros (o nuestro sistema cerebro-cuerpo) interpretamos y gestionamos el encuentro con un agente estresante externo. Un agente estresante externo puede despertar la ansiedad bajo la forma de inquietud, insomnio, distracción, falta de motivación, etc. Pero los agentes estresantes externos también pueden suscitar respuestas positivas. Por ejemplo, algunas personas sienten ansiedad a la hora de hablar en público. Para otras, la idea de hablar ante una multitud puede ser estimulante y excitante. Una respuesta no es necesariamente mejor que la otra; es más bien un reflejo de la forma en que un individuo gestiona el estrés en un determinado momento, en combinación con su historia personal. Y si la respuesta varía en función de la percepción, entonces es posible que podamos controlar eficazmente nuestras respuestas.

La idea de que la ansiedad es dinámica y susceptible de ser modificada me dejó boquiabierta. Sin duda, la ansiedad es un fenómeno inevitable en la vida, y nadie es inmune a ella. Sin embargo, comprender la ansiedad en relación con este contexto más amplio me ha permitido dejar de luchar contra ella. En lugar de tratar mis emociones como algo que necesito evitar, suprimir, negar o vencer, he aprendido a utilizar la ansiedad para mejorar mi vida. Y esto es un gran alivio. Como nos pasa a todos, siempre viviré episodios de ansiedad. Pero ahora sé qué tengo que hacer cuando estos pensamientos negativos se cuelan en mi mente como un compañero de habitación no deseado. Puedo reconocer las señales y hacer ajustes para atenuar sus efectos, calmar mi cuerpo o apaciguar mi mente para volver a pensar con claridad y sentirme centrada. ¡Qué bendición para mi vida, en un sentido personal, profesional y, sin duda alguna, emocional! Siento una mayor satisfacción en mi trabajo ya que este adquiere un sentido. Al fin he encontrado un equilibrio entre mi trabajo y mi vida, algo que siempre me había parecido inalcanzable. También soy mucho más capaz de disfrutar de las cosas, de encontrar tiempo para otro tipo de placeres, y sentirme lo suficientemente relajada como para reflexionar en lo que realmente me importa. Y esto es lo que también deseo que te ocurra a ti.

Tendemos a pensar en la ansiedad como en algo malo porque únicamente la asociamos con emociones negativas e incómodas que nos hacen sentir que hemos perdido el control. Sin embargo, entiendo que hay otra forma de abordarla en cuanto nos abrimos a una comprensión más objetiva, más precisa y completa de los procesos neurobiológicos subyacentes tras ella. Sí, hay un desafío implícito en hacer nuestros los patrones de respuesta que dictan nuestros pensamientos, emociones y conductas sin que ni tan siquiera nos demos cuenta. Si tiendes a experimentar ansiedad con tan solo pensar que tienes que hablar en público, tu cerebro-cuerpo se encargará de dictar tu respuesta en distinto grado, a menos que intervengas conscientemente y lo cambies. Pero descubrí evidencias de lo contrario: podemos intervenir e instalar cambios positivos en el propio estado de ansiedad.

Esta interacción dinámica entre estrés y ansiedad tuvo todo el sentido del mundo para mí porque me remitió al área fundamental de mi investigación en neurociencia: la neuroplasticidad. La plasticidad cerebral no significa que el cerebro esté hecho de plástico. Quiere decir que este órgano puede adaptarse en respuesta al entorno (ya sea de forma potenciadora o perjudicial). Los fundamentos de mi investigación sobre la mejora de la cognición y el estado de ánimo se basan en el hecho de que el cerebro es un órgano con una enorme capacidad de adaptación, y que depende del estrés para mantenerse con vida. En otras palabras, necesitamos el estrés. Como un barco de vela necesita el viento para avanzar, el cerebro-cuerpo necesita una fuerza exterior que le impulse a crecer, adaptarse y no morir. Si hay mucho viento, el barco puede alcanzar una velocidad peligrosa, zozobrar y hundirse. Si el cerebro-cuerpo se enfrenta a un elevado nivel de estrés, empieza a responder negativamente. Pero si no hay suficiente estrés, se estanca y se queda en un punto muerto. Emocionalmente, esta meseta se traduce en aburrimiento o desinterés; físicamente, puede adoptar la forma de un estancamiento del crecimiento. Cuando el cerebro-cuerpo afronta un nivel adecuado de estrés, funciona de forma óptima. Pero si no hay estrés, no avanza, tal y como le sucede a un velero cuando no hay un viento que lo dirija.

Como ocurre con cualquier otro sistema en el cuerpo, esta relación con el estrés tiene que ver con el impulso del organismo hacia la homeostasis. Si nos encontramos con un elevado nivel de estrés, la ansiedad nos lleva a hacer ajustes para recuperar la estabilidad o el equilibrio interno. Si disponemos de la cantidad exacta de estrés en nuestra vida, nos sentimos equilibrados: este es el bienestar que siempre buscamos. Y así es como opera la ansiedad en el cerebro-cuerpo: es una indicación dinámica de dónde estamos en relación con la presencia o ausencia de estrés en nuestras vidas.

Cuando empecé a hacer cambios en mi estilo de vida y comencé a meditar, a comer de forma saludable y a hacer ejercicio con regularidad, mi cerebro-cuerpo se ajustó y se adaptó. ¡Las vías neurales asociadas con la ansiedad se recalibraron y me sentí estupendamente! ¿Acaso desapareció mi ansiedad? No. Pero se manifestó de otra forma porque mi respuesta al estrés era más positiva.

Y así es exactamente como la ansiedad puede pasar de ser algo que intentamos evitar y de lo que pretendemos liberarnos a una realidad que adquiere una naturaleza informativa y beneficiosa. Lo que estaba aprendiendo a hacer, apoyándome en mis experimentos y en mi profunda comprensión de la neurociencia, no era solo a implicarme en nuevos y diversos caminos para reforzar mi salud mental a través del ejercicio, el descanso, la alimentación y nuevas prácticas mente-cuerpo, sino a distanciarme de mi ansiedad y aprender a estructurar mi vida para albergar, e incluso honrar, estos elementos en el corazón de mis estados de ansiedad. Así es, exactamente, como la ansiedad puede ser buena para nosotros. En los experimentos que he llevado a cabo en la Universidad de Nueva York, he empezado a explorar y a identificar esas intervenciones (entre ellas, el movimiento, la meditación, la siesta y los estímulos sociales) que ejercen un mayor impacto no solo a la hora de reducir los niveles de ansiedad, sino también para mejorar los estados emocionales y cognitivos que se ven más afectados por este fenómeno, entre ellos, la concentración, la atención, la depresión y la hostilidad.

El descubrimiento de cómo funciona la ansiedad constituye, amigos míos, el tema –y la promesa– de este libro: entender cómo actúa la ansiedad en el cerebro y en el cuerpo y a continuación utilizar ese conocimiento para sentirnos mejor, pensar con más claridad, ser más productivos y disfrutar de un rendimiento óptimo. En las siguientes páginas aprenderás cómo utilizar los procesos neurobiológicos que subyacen tras la ansiedad, la inquietud y el malestar emocional general para establecer nuevas vías neurales y crear nuevas formas de pensar, sentir y comportarnos que pueden cambiar nuestra vida.

Nuestra capacidad implícita de adaptación nos ofrece el poder de cambiar y dirigir nuestros pensamientos, emociones, conductas e interacciones con los demás y con nosotros mismos. Al adoptar estrategias que aprovechan las redes neurales de la ansiedad, abres la puerta a la activación de tu cerebro-cuerpo a un nivel más profundo y significativo. En lugar de sentirnos a merced de la ansiedad, nos hacemos cargo de ella de forma concreta. La ansiedad se convierte en una herramienta para recargar nuestros cerebros y nuestros cuerpos de forma tal que resuene en todas las dimensiones de nuestra existencia: emocional, cognitiva y físicamente. Este es el ámbito de lo que llamaré los superpoderes de la ansiedad. Pasarás de vivir de una forma moderadamente funcional a operar en un nivel superior y más satisfactorio; de vivir una vida ordinaria a una extraordinaria.

Este libro se centra en aprovechar todo lo que sabemos sobre la plasticidad para crear una estrategia personalizada y adaptar nuestras respuestas al estrés en nuestras vidas y utilizar la ansiedad como una señal de advertencia y una oportunidad para redirigir esa energía en nuestro propio beneficio. El tipo de plasticidad cerebral positiva particular de cada uno será un tanto diferente porque cada cual manifiesta la ansiedad a su manera, pero si aprendemos a responder, a gestionar el malestar y a afrontar y alcanzar ese equilibrio homeostático, descubriremos nuestros propios superpoderes de la ansiedad. La ansiedad puede ser buena... o mala. En realidad, todo depende de ti.

Primera parte

LA CIENCIA DE LA ANSIEDAD

Capítulo 1

¿QUÉ ES LA ANSIEDAD?

A menudo tenemos la impresión de que el estrés de la vida cotidiana nos deja sin aliento, literal y figuradamente, como si superar cada día fuera equivalente a escalar una montaña. Nuestras noches se ven privadas del sueño y nuestros días están marcados por la distracción y la dificultad para alejar nuestra concentración de los aspectos negativos. Estamos saturados de responsabilidad, inquietud, incertidumbre y duda. Nos sentimos sobreestimulados por una gran variedad de emociones, que van desde el terror hasta el FOMO (el «miedo a perderse algo», por sus siglas en inglés), independientemente de si esta experiencia proviene del uso de Instagram, Twitter, Facebook o de la lectura de noticias *online*. Para muchos, la ansiedad parece la única reacción apropiada al mundo que nos rodea.

La gente la nombra de muchas formas, pero la ansiedad es la respuesta física y psicológica al estrés. El cuerpo no conoce la diferencia entre el estrés causado por factores reales y el estrés generado por situaciones imaginadas o hipotéticas. Sin embargo, al comprender la neurobiología que desencadena la ansiedad y lo que sucede en nuestros cerebros y en nuestros cuerpos cuando esto sucede, es posible aprender a descomponer nuestras emociones en unidades más pequeñas que podremos manejar y gestionar. También es posible aprovechar la energía de la ansiedad en nuestro propio beneficio. En realidad, la ansiedad funciona como una forma de energía. Pensemos en ella como en una reacción química a un acontecimiento o situación determinada: sin unos recursos fiables, sin capacitación ni tiempo adecuados, esa reacción química se nos puede escapar de las manos, pero también la podemos controlar y utilizarla como un bien valioso.

LA ANSIEDAD COMO DETECCIÓN DE UNA AMENAZA

Imagina que eres una mujer en el Pleistoceno y que formas parte de una tribu de cazadores-recolectores. Tu tarea consiste en buscar alimento en un cauce fluvial poco profundo situado aproximadamente a quinientos metros del campamento nómada. Llevas atado a la espalda a tu hijo de doce meses mientras buscas frutos comestibles en arbustos junto a la orilla del río. De pronto oyes un crujido cercano. Te quedas inmóvil de inmediato, evitando hacer el más mínimo movimiento. Te agachas en silencio, para no molestar al bebé y también para ocultarte de un posible atacante. Desde esta posición oyes otros crujidos e intentas deducir la distancia a la que se producen estos ruidos. Tu corazón late más rápidamente, la adrenalina inunda tu cuerpo y sientes que tu respiración se torna irregular y poco profunda mientras afirmas las piernas, lista para correr... o defenderte.

Te encuentras en mitad de una respuesta a una amenaza: una reacción automática a un posible peligro. Si alzas la vista y descubres un gran felino al acecho, se desencadenará la respuesta de la ansiedad y te quedarás petrificada, huirás o lucharás, en función de la evaluación, potenciada por la adrenalina, de tus mejores opciones de supervivencia. Si descubres que el ruido proviene de un pájaro que vuela bajo, tu ritmo cardíaco se ralentizará y volverá a la normalidad. La adrenalina y el sentimiento de miedo disminuirán rápidamente y tu cerebro-cuerpo recuperará su normalidad.

Este es el primer nivel de la ansiedad: el procesamiento automático de una amenaza. Esta antigua parte de nuestro cerebro se activa tan rápida y automáticamente que apenas somos conscientes de su funcionamiento. Está diseñada así para garantizar nuestra supervivencia. El cerebro envía señales al cuerpo, que a su vez reacciona con un aumento del ritmo cardíaco, palmas sudorosas, aumento del nivel de adrenalina y cortisol, y la desconexión de los sistemas digestivo y reproductivo para poder escapar rápidamente o intensificar tu fuerza para protegerte a ti mismo y a tu prole.

Ahora imaginemos otro escenario, esta vez en 2020, en el que vives sola en una casa que da a un callejón en una pequeña población de una zona residencial en las afueras. Es por la tarde y estás preparándote un té para disfrutarlo mientras miras un nuevo episodio de tu programa favorito. Al enchufar el hervidor eléctrico y buscar unas galletas en el fondo del armario, oyes un fuerte estruendo procedente de la puerta trasera. Tu corazón empieza a latir más rápido y te quedas paralizada por un momento mientras miras hacia la puerta con temor: ¿es un intruso?, ¿te van a hacer daño? Al principio te da miedo moverte, pero luego decides echar un vistazo por la ventana de la cocina. Entonces descubres al mapache del vecindario. Ahora que lo piensas, la semana pasada tuviste que recoger basura esparcida en el camino de entrada a tu casa. Vuelves a tu té y a tu programa de televisión, pero no te resulta fácil calmarte. Te sientes ansiosa y te preguntas si tu vecindario es seguro, si deberías compartir con alguien la casa, si tendrías que mudarte a otra parte de la ciudad o vivir en un rascacielos para no tener que estar tan cerca de la calle. Entonces recuerdas una noticia sobre el incremento de los robos y te planteas si tendrías que comprarte un arma para protegerte. De pronto te entra miedo y te confunde la mera idea de sostener un arma. Apagas el televisor, incapaz de disfrutar del programa, y decides tomarte un somnífero para caer rendida. Tan solo quieres olvidar estas terribles emociones.

Estos escenarios son hipotéticos y están separados por millones de años, pero ambos encarnan el detonante y la experiencia de la ansiedad, con diferentes resultados.

En primer lugar, echemos un vistazo a lo que tienen en común. Antes incluso de que seamos conscientes de ello, el cerebro detecta la presencia de una posible amenaza o peligro y envía una señal al cuerpo para que este se prepare para actuar. Esta respuesta es en parte fisiológica, como indica la aceleración del ritmo cardíaco, el aumento de adrenalina y la respiración entrecortada: todo esto nos prepara para escapar rápidamente o para defendernos. La respuesta, provocada por la liberación de cortisol, es también emocional y se manifiesta en la inmediata sensación de miedo experimentada en ambas versiones. A menudo esta reacción ante la amenaza se define como respuesta de «lucha, huida o inmovilización», que tiene lugar en microsegundos, cuando nuestro cerebro intenta descubrir si un estímulo es realmente amenazante y, en caso de que así sea, si es posible huir a la máxima velocidad, enfrentarse a la amenaza potencial o quedarse inmóvil y actuar como si estuviéramos muertos. Esta respuesta está controlada por una zona específica de nuestro sistema nervioso central conocida como sistema nervioso simpático. Con sus principales vías de comunicación fundamentalmente ubicadas en la parte externa de la médula espinal, esta parte del sistema nervioso trabaja automáticamente y sin nuestro control consciente. Provoca una serie de reacciones, entre ellas la aceleración del ritmo cardíaco, la dilatación de las pupilas para mejorar la concentración en la fuente de la amenaza, la sensación de indisposición estomacal (que indica que la sangre abandona el sistema digestivo y se dirige a los músculos, para permitirnos una acción rápida) y la activación de los músculos para facilitar la huida o el enfrentamiento. La activación de todos estos sistemas es útil en situaciones peligrosas. Las respuestas fisiológicas y la experiencia emocional del miedo tienen que suceder automáticamente a fin de centrar nuestra atención en la amenaza de peligro inminente.

De este modo, la ansiedad es una respuesta integrada a la amenaza que nuestro cerebro-cuerpo utiliza para protegernos, como si la emoción del miedo reforzara los cambios fisiológicos.

En el primer escenario, el cerebro-cuerpo de la mujer se reseteó en cuanto determinó que no existía un peligro inminente. En el segundo caso, la respuesta de la mujer continuó incluso después de descubrir al mapache. Su cerebro-cuerpo quedó atrapado en la emoción del miedo y perdió el control. El profesor Joseph LeDoux, destacado neurocientífico y uno de mis colegas en la Universidad de Nueva York, explica que «los estados de miedo surgen cuando una amenaza está presente y es inminente; los estados de ansiedad se manifiestan cuando una amenaza es posible, pero su existencia es incierta».[1] LeDoux diferencia entre el miedo (experimentado en presencia de una amenaza real) y el peligro imaginado o percibido (emocionalmente experimentado como ansiedad). La mujer del Pleistoceno sufrió una aguda manifestación de miedo junto a cambios físicos; la mujer del siglo XXI sintió ansiedad, una experiencia emocional más prolongada y persistente que le costó desactivar.

La investigación temprana sobre la ansiedad se centró en esta respuesta del miedo, preconsciente e innata, como mecanismo evolutivo adaptativo implícitamente natural y útil. Es la forma que tiene nuestro cerebro, impulsado por nuestro instinto de supervivencia, de advertirnos para que prestemos atención al posible peligro. Pero a medida que los seres humanos han avanzado en el tiempo y nuestro mundo se ha vuelto más complicado, estructurado y socialmente dirigido, nuestros cerebros no se han puesto completamente al día con las crecientes exigencias sociales, intelectuales y emocionales de nuestro entorno, razón por la que sentimos que la ansiedad se escapa a nuestro control. Este sistema, arraigado en nuestro cerebro primigenio, no es hábil a la hora de evaluar los matices de las amenazas. Aunque la corteza prefrontal (la llamada parte superior [ejecutiva] del cerebro, fundamental en la toma de decisiones) puede contribuir a anular estas respuestas automáticas basadas en el miedo a través de su inteligencia, nuestro cerebro primario sigue funcionando tal y como lo hacía hace millones de años. Este mecanismo explica por qué la mujer del Pleistoceno en la sabana y la mujer contemporánea tienen, al principio, reacciones muy similares al oír el ruido. Pero solo la mujer más evolucionada siente la ansiedad persistente, con la consiguiente lista de preocupaciones hipotéticas. La mujer del Pleistoceno sigue con su rutina en cuanto constata que no hay un peligro inminente. La mujer de la zona residencial está atrapada en una ansiedad perniciosa.

Científicos como el neurocientífico y primatólogo Robert Sapolsky[2] han descubierto una verdad desafiante: nuestros cerebros no han cambiado lo suficiente para dar respuesta al panorama social más complejo y muy diferente en el que vivimos. Las respuestas automáticas y emocionales de primer nivel a las amenazas percibidas siguen siendo generadas y desencadenadas en el cerebro más primigenio (a menudo llamado sistema límbico, que incluye la amígdala, la ínsula y el estriado ventral), pero nuestros cerebros modernos no disciernen automáticamente entre una amenaza real y otra imaginada; en consecuencia, a menudo caemos en el modo ansiedad.

Sapolsky ha demostrado que esta falta de discernimiento es la razón por la que, tanto en el plano individual como en el cultural, es habitual que activemos el modo de estrés crónico. Somos incapaces de filtrar posibles amenazas en nuestro entorno, e incapaces de desactivar la respuesta emocional, mental y fisiológica a esas amenazas, aunque sean imaginadas. Estas respuestas no reguladas debilitan nuestra salud y crean lo que puede llegar a ser un bucle de retroalimentación casi constantemente negativo: la verdadera esencia de la ansiedad cotidiana.

Sapolsky y otros investigadores han demostrado que nuestros sistemas cerebro-cuerpo mantienen una activación crónica de la respuesta a la amenaza, pero no debido a peligros reales como los leones en la sabana. Por el contrario, nuestro estrés está exacerbado por vivir en ciudades ruidosas; el estrés generado por la pobreza o la enfermedad; el estrés que provoca el maltrato emocional o un historial traumático. Grandes o pequeñas, aparentemente inocuas o traumáticas, nuestro cerebro-cuerpo no distingue de manera automática entre amenazas potenciales y estimulación excesiva: esto lleva a nuestro cuerpo a iniciar el protocolo de evaluación de riesgos aun cuando descubramos que el detonante haya sido, simplemente, el paso de un camión de bomberos. En una investigación muy desalentadora, Jack Shonkoff[3] y sus investigadores del Centro para el Desarrollo de la Infancia de Harvard han demostrado que una temprana y continuada exposición a un estrés extremo crea una mala adaptación casi permanente en el cerebro, lo que influye en el CI y en la función ejecutiva. Entre estos agentes estresantes encontramos la inseguridad alimentaria y la exposición directa o indirecta al maltrato físico o emocional.

De hecho, a menudo nuestra respuesta a las amenazas imaginadas es la causa de la ansiedad mala de la que estoy hablando: la inquietud crónica, la distracción, el malestar físico y emocional; la sensación de fatalidad y pesimismo, la anticipación de las intenciones de los demás; la sensación de no tener control sobre la propia vida. Son todas las «hipótesis» que nos asaltan de noche, cuando no podemos conciliar el sueño, o que surgen a raíz de una inquietud por nuestra salud o algún inesperado acontecimiento traumático en nuestras vidas. Si caemos en este bucle, quedaremos atrapados en una respuesta cerebro-cuerpo que será, fundamentalmente, una mala adaptación.

CIRCUITOS CEREBRALES SIMPLIFICADOS DEL MIEDO/ESTRÉS/ANSIEDAD

Aunque los científicos siguen trabajando para revelar plenamente todas las áreas del cerebro y los circuitos interconectados implicados en esta amenaza o, más exactamente, la respuesta al estrés, en líneas generales están de acuerdo en que las zonas del cerebro que mostramos en el siguiente diagrama están íntimamente implicadas. Los estímulos amenazantes son rápidamente detectados por la amígdala, una pequeña estructura con forma de almendra ubicada en las profundidades del lóbulo temporal. Pensemos en la amígdala como en el director del cerebro primario y en la corteza prefrontal como en la directora del cerebro superior o cerebro ejecutivo. Cuando la amígdala responde automáticamente a un estímulo amenazante (real o imaginado), activa un amplio espectro de áreas, entre ellas el hipotálamo, que controla el sistema nervioso central, para responder a los estímulos amenazantes o que provocan ansiedad. El sistema nervioso simpático, que opera a través del hipotálamo y de la glándula pituitaria del cerebro, activa entonces la liberación de cortisol (una hormona producida en las glándulas adrenales), aumenta el ritmo cardíaco y respiratorio, produce glucosa (energía) y prepara el cuerpo para la acción. (El sistema nervioso simpático es la parte del sistema nervioso autónomo que prepara el cuerpo para la acción en una situación de huida o enfrentamiento; está controlado por el hipotálamo.) En la respuesta al estrés en el mundo moderno se da este ciclo, pero el cortisol se sigue produciendo y liberando: este estado se conoce como ansiedad mala.

Otra forma de pensar cómo el cerebro procesa las emociones y los pensamientos se da en términos de «cerebro inferior» o de función «ascendente» y función «descendente». El procesamiento cerebral «ascendente» se refiere a las señales automáticas que inducen emociónes desde el cerebro inferior (por ejemplo, la amígdala y otras estructuras del sistema límbico) hasta la corteza, para asistir en el procesamiento de intensas reacciones emocionales. (El llamado cerebro inferior es cualquier área del cerebro por debajo de la corteza, es decir, «subcortical».)

Los mecanismos cerebrales «descendentes» suelen surgir de la corteza prefrontal y regulan las áreas del cerebro inferior como la amígdala, donde se generan intensas respuestas emocionales a los estímulos. Se trata del eje HPA (hipotalámico-pituitario-adrenal), que gestiona la compleja interacción entre el hipotálamo y la glándula pituitaria, que conjuntamente controlan la producción de cortisol, la hormona del estrés, segregada por las glándulas adrenales.

CIRCUITOS DEL MIEDO Y LA EMOCIÓN ENTRE EL CUERPO Y EL CEREBRO

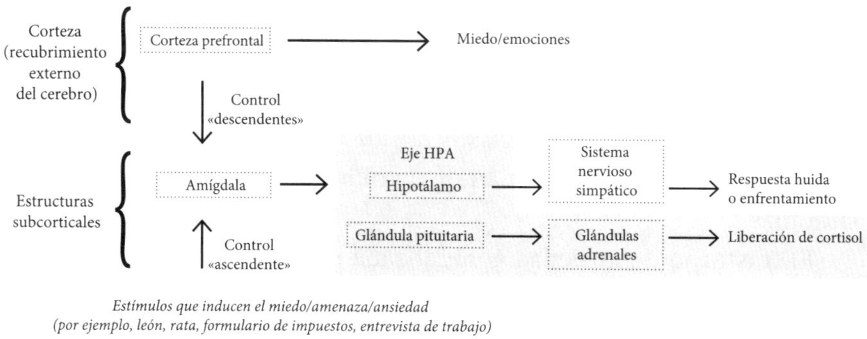

Figura 1. Definiciones

Las **estructuras subcorticales** son cualquier área del cerebro por debajo de la corteza o cubierta externa del cerebro.

El **procesamiento cerebral «ascendente»** se refiere a las señales automáticas e inductoras de la emoción procedentes de las áreas inferiores del cerebro y que van hacia la corteza, que ayudan en el procesamiento de reacciones emocionales intensas.

Los **mecanismos cerebrales «descendentes»** generalmente surgen de la corteza prefrontal y regulan las áreas del cerebro inferior, como la amígdala, donde se generan intensas respuestas emocionales a los estímulos.

El **sistema nervioso simpático** es la parte del sistema nervioso autónomo que prepara el cuerpo para la acción en una situación de «huida o enfrentamiento» y está controlado por el hipotálamo.

El **eje HPA (hipotalámico-pituitario-adrenal)** hace referencia a la compleja interacción entre el hipotálamo y la glándula pituitaria que, en colaboración, controlan la producción de la hormona del estrés, el cortisol, por parte de las glándulas adrenales.

ANSIEDAD COTIDIANA VERSUS TRASTORNOS CLÍNICOS

Es útil pensar que la ansiedad forma parte de un continuo, en cuyo extremo se hallan los trastornos clínicos mientras que la ansiedad cotidiana ocupa la mayor parte del espectro.

En este libro nos ocupamos de la ansiedad cotidiana, pero vale la pena mencionar que el número de personas diagnosticadas con trastornos de ansiedad clínica es alarmante. En la actualidad, el 28 por ciento de la población de Estados Unidos ha sido diagnosticada con algún tipo de trastorno relacionado con la ansiedad a lo largo de su vida; ese número representa más de noventa millones de personas.

Psicólogos y psiquiatras clasifican los trastornos de ansiedad en seis grandes categorías según el desarrollo y la manifestación de los síntomas.

El trastorno de ansiedad generalizada (TAG) es el grupo más común de síntomas que sugieren que una persona está desbordada por la inquietud en relación con determinados aspectos de su vida, entre ellos la familia, las relaciones afectivas, la salud, su trabajo o carrera, y el dinero. Las personas con TAG tienen problemas para desactivar su angustia y a menudo pierden la perspectiva sobre la realidad de la amenaza. Según la Asociación Estadounidense para la Ansiedad y la Depresión (ADAA, por sus siglas en inglés),[4] los síntomas de TAG incluyen:

- la persistente sensación de miedo o de peligro inminente,
- respiración acelerada,
- trastornos del sueño,
- dificultad para concentrarse o mantener la atención,
- molestias gastrointestinales persistentes.

Otro trastorno común de la ansiedad es el trastorno de ansiedad social (TAS), a menudo conocido como fobia social. Las personas experimentan temor a las situaciones sociales, les angustia pensar en cómo serán percibidas por los demás, y si pertenecen o son aceptadas por un grupo social. En casos extremos el TAS puede desencadenar un ataque de pánico (véanse, más abajo, detalles sobre el trastorno del pánico). Según la ADAA, muchas personas con trastorno de ansiedad social manifiestan intensos síntomas físicos, entre los que podemos encontrar:

- ritmo cardíaco acelerado,
- náuseas,
- sudores.

Algunas personas con ansiedad extrema desarrollan trastornos del pánico, marcados por repentinas e intensas experiencias de miedo y alarma. Para la ADAA, a menudo los ataques de pánico se acompañan de:

- sudores,
- temblor o convulsiones,
- sensación de falta de aliento o asfixia,
- sensación de ahogo,
- dolor o malestar en el pecho,
- náuseas o malestar abdominal,
- sensación de mareo, inestabilidad, aturdimiento o desmayo,
- escalofríos o sensación de calor,
- parestesia (sensación de entumecimiento u hormigueo),
- desrealización (sensación de irrealidad) o despersonalización (sentirse alejado de uno mismo).

El trastorno obsesivo-compulsivo (TOC) es una forma de ansiedad que se manifiesta como conductas compulsivas o patrones de pensamiento repetitivo. Al principio, ciertos comportamientos podían utilizarse como estrategias de respuesta para desviar la ansiedad, pero entonces las propias conductas se tornan problemáticas y exacerban la ansiedad en lugar de mitigarla. Según la ADAA, las personas con TOC pueden estar demasiado preocupadas por la contaminación y obsesionadas con la limpieza y la necesidad de simetría. Entre las compulsiones comunes se incluye la comprobación reiterada, la limpieza e higiene y la planificación.

El trastorno de estrés postraumático (TEPT) es un estado de salud mental demasiado común que sufren muchas personas que han «experimentado o han sido testigos de un desastre natural, un accidente grave, un atentado terrorista, la muerte repentina de un ser querido, la guerra, un violento ataque personal como una violación u otros acontecimientos que ponen en peligro la vida». Según la ADAA, unos ocho millones de personas (o el 7-8 por ciento de la población) en Estados Unidos viven con TEPT. Los síntomas que caracterizan este trastorno se clasifican en tres grandes grupos:

- volver a experimentar el trauma por medio del recuerdo intrusivo y angustioso de un acontecimiento, *flashbacks* y pesadillas;
- la insensibilidad emocional y la costumbre de evitar lugares, personas y actividades que activen el recuerdo del trauma;
- aumento de la excitación, que se traduce en dificultad para dormir, problemas de concentración y atención, nerviosismo y facilidad para irritarse o enfadarse.

Además de las enumeradas anteriormente, algunas formas de trastornos de la ansiedad se manifiestan como fobias específicas, en las que la ansiedad se relaciona con un objeto o el miedo irracional a algo. Entre las fobias más comunes encontramos el miedo a volar, el miedo a los insectos, el miedo a lugares cerrados como ascensores, el miedo a los puentes o a las alturas. Las fobias son tan intensas que las personas hacen lo que sea para evitar la fuente del miedo y, en consecuencia, restringen sus actividades cotidianas.

Es importante tener presente que todos estos tipos de trastornos existen dentro de un continuo y que su intensidad y duración varía en respuesta a –lo has adivinado– el nivel o el tipo de estrés. Muchos de estos severos trastornos clínicos son tratados con medicamentos psicofarmacológicos, que actúan para suprimir o redirigir el sistema nervioso y disminuir la ansiedad.

Echemos un vistazo al cuadro elaborado por la Asociación Estadounidense para la Ansiedad y la Depresión. (LeDoux también lo incluye en su libro *Anxious.*)

¿QUÉ ES?	
Ansiedad cotidiana	**Trastorno de la ansiedad**
Inquietud a la hora de pagar las facturas, conseguir un trabajo, vivir una ruptura sentimental u otros acontecimientos vitales importantes.	Inquietud constante e infundada que provoca un sufrimiento significativo e interfiere en la vida diaria.
Vergüenza o timidez en una situación social incómoda o difícil.	Evitar situaciones sociales por temor a ser juzgado, avergonzado o humillado.
Nervios o sudoración antes de un examen importante, una presentación empresarial, un discurso u otro acontecimiento significativo.	Ataques de pánico aparentemente inesperados y la preocupación de volver a experimentar uno.
Miedo realista ante un objeto, lugar o situación peligrosa.	Miedo irracional o tendencia a evitar un objeto, lugar o situación que supone una nula o escasa amenaza.
Ansiedad, tristeza o dificultades para dormir, inmediatamente después de un acontecimiento traumático.	Pesadillas recurrentes, *flashbacks* o parálisis emocional relacionada con un acontecimiento traumático que ocurrió hace muchos meses o años.

Tabla 1

Si observamos la lista de características, muchas de las señales de la ansiedad cotidiana son conocidas y no parecen tan graves. Los trastornos clínicos son más intensos y perturbadores. Lo importante es tener en mente que, en líneas generales, la biología subyacente tras la ansiedad es la misma; tan solo varía su expresión. La ansiedad es cambiante y adaptable, como cualquier otro elemento de nuestro cerebro. La buena noticia es que tenemos el poder de controlar la ansiedad cotidiana. Podemos utilizar y aplicar conscientemente los principios de la neuroplasticidad y aprender a gestionar más eficazmente los elementos estresantes de nuestro entorno, para que la ansiedad no se apodere de nosotros, sino que seamos nosotros quienes la dominemos a ella.

BAJO LA SUPERFICIE

Aunque la ansiedad se puede manifestar de muchas formas diferentes y en muchas circunstancias distintas, hay algunos rasgos comunes que conviene señalar. Echemos un vistazo a lo que ocurre bajo la superficie de nuestro cerebro-cuerpo cuando experimentamos la ansiedad como algo que se escapa a nuestro control. Cuando la ansiedad se interpone en nuestro camino, la sentimos como una realidad incómoda. Nos invade el nerviosismo, la sobreestimulación y tal vez incluso la hipervigilancia. Se libera un exceso de cortisol en nuestro cerebro-cuerpo, y al parecer no podemos controlar sus efectos. Los niveles de dopamina y serotonina, los dos principales neurotransmisores que nos permiten sentirnos más seguros y con la situación bajo control, son bajos o no se equilibran adecuadamente entre sí. En consecuencia, tenemos dificultades para realizar las tareas, lo que nos lleva a postergarlas o nos incapacita para llevar a término nuestros proyectos. Empezamos a sentirnos pesimistas y tal vez un tanto desesperanzados. Este estado de desequilibrio emocional perturba nuestro ciclo de sueño, nuestros hábitos alimentarios y nuestra salud general. Podríamos empezar a atenuar esas emociones y pensamientos disruptivos bebiendo más alcohol, tomando drogas o ingiriendo más alimentos que nos hacen sentir bien en ese momento, pero estas soluciones acaban sumiéndonos en la desidia o causando estragos en nuestra salud. Cuanto más dure la ansiedad, menos tiempo querremos pasar con nuestros amigos. Nos alejamos de todos y nos aislamos, lo que a su vez nos hace sentir solos. Estamos tan atrapados en nuestras inquietudes que olvidamos pedir ayuda.

Bien, es una descripción bastante terrible de la ansiedad, y, sin embargo, tal vez resulte familiar a la mayoría de las personas, porque la idea de aprender a controlar nuestra ansiedad cotidiana es relativamente nueva. Sin embargo, cuando te haces cargo de la ansiedad, sientes algo completamente diferente. El despertar de la ansiedad, provocado por la respuesta al estrés, te alertará de algo que te molesta: un cambio repentino en casa o en el trabajo, por ejemplo. Prestas atención y piensas en lo que está en juego: ¿qué significa ese cambio para ti?, ¿y para tus seres queridos?, ¿puedes controlar la situación? Al organizar tus pensamientos en torno a lo que puedes controlar, recurres a la serotonina, la dopamina y el cortisol para concentrarte en los próximos pasos. Esta acción te mantiene emocionalmente regulado y enfocado en un objetivo. Les pides consejos a personas de tu confianza. Monitorizas tu progreso. Aceptas los errores cometidos u otras contribuciones al cambio, y aprendes de esa información. Permaneces abierto a nuevas ideas. Te aseguras de cuidar de ti mismo, de comer bien y de hacer ejercicio con regularidad, a fin de dormir y proporcionar a tu cerebro-cuerpo el tiempo necesario para recuperarse de noche. Decides evitar el alcohol porque comprendes que actúa como un depresivo y altera tus ritmos normales del sueño. Pronto, en cuanto descubras que el camino que se abre ante ti aparece libre de obstáculos, empezarás a sentirte más relajado y cómodo.

La ansiedad inicial empezó de forma similar en estas dos situaciones, pero la activación de ese sistema de defensa ante las amenazas adoptó dos caminos diferentes.

En las páginas siguientes descubrirás cómo alterar nuestra respuesta al estrés para que esta no provoque una reacción en cadena de efectos negativos. Aprenderás a aquietar y relajar tu cuerpo y a apaciguar tu mente; descubrirás cómo redirigir tus pensamientos y revalorizar situaciones con el fin de tomar decisiones que te resulten útiles. Aprenderás a controlar tu respuesta al estrés y a tolerar las emociones incómodas.

Capítulo 2
APROVECHAR EL PODER DE LA PLASTICIDAD CEREBRAL

Durante más de veinte años, mi investigación en neurociencia se ha centrado principalmente en cómo el cerebro puede cambiar en respuesta a los estímulos (es decir, los agentes estresantes) de su entorno. Sabemos que el cerebro ha evolucionado para crecer, encogerse y adaptarse; ha evolucionado para encontrar una forma de trabajar con más eficacia. De hecho, en el plano celular el cerebro es impulsado a aprender a avanzar por una calle ventosa en una noche oscura; a reconocer una especie particular de halcón; a aprender de memoria una pieza de música; o incluso a esculpir una nueva forma que nadie ha visto antes. Todo esto son ejemplos de plasticidad cerebral en acción.

Hoy tenemos una comprensión detallada de los mecanismos físicos/anatómicos, celulares y moleculares que el cerebro adulto utiliza cada minuto de cada día para cambiar, aprender y adaptarse al medio ambiente. Pero no hace mucho, en la década de 1960, la opinión dominante establecía que el cerebro adulto *no* podía cambiar, que todo el crecimiento y desarrollo del sistema nervioso tenía lugar durante la infancia y, hasta cierto punto, durante la adolescencia, pero que los cambios cesaban en cuanto se alcanzaba la edad adulta.

A principios de la década de 1960, la profesora Marian Diamond,[1] neurocientífica pionera de la UC Berkeley, y sus colegas tenían ideas diferentes. Creían que el cerebro del mamífero adulto era capaz de experimentar cambios profundos; tan solo necesitaban una forma de demostrarlo. Para poner a prueba su hipótesis, idearon un experimento sencillo pero elegante. Decidieron introducir a un grupo de ratas adultas en lo que me gusta llamar el «Disney World» de las jaulas para ratas, con muchos juguetes interactivos, un amplio espacio físico y muchas ratas como compañía. Consideraron que esto era un ambiente «enriquecido». Compararon las ratas que vivían en el ambiente enriquecido con un conjunto equivalente de ratas criadas en un espacio mucho más pequeño, sin juguetes y con solo una o dos ratas como compañía. A esto se le llamó ambiente «empobrecido». Dejaron que las ratas adultas vivieran en sus respectivos ambientes durante muchos meses y al final de ese período examinaron su anatomía cerebral en busca de alguna diferencia. Si los científicos de la época tenían razón, no tendrían que haber hallado diferencia alguna, ya que se trataba de cerebros de mamíferos adultos. Por el contrario, si ellos tenían razón y el cerebro adulto tenía la capacidad de cambiar, deberían encontrar diferencias en cuanto a la anatomía cerebral. Lo que descubrieron modificó nuestra comprensión del cerebro: los cerebros de las ratas que vivían en las jaulas Disney World eran significativamente más grandes y mostraban un mayor desarrollo en algunas zonas, entre ellas la corteza visual, la corteza motora y la corteza somatosensorial. Esta fue la primera demostración de que un cerebro adulto tenía la capacidad de cambiar, a la que ahora nos referimos como plasticidad cerebral adulta. Además, Diamond demostró que los contenidos y las características del entorno determinan el tipo de cambio.

Hay que destacar que la plasticidad opera en ambos sentidos. Los cambios (una manifestación de la plasticidad inherente del cerebro) demostrados en los experimentos de Disney World fueron positivos y se reflejaron en un aumento en el tamaño de los cerebros de las ratas criadas en ese entorno favorable (estudios posteriores mostraron un aumento en el nivel de los neurotransmisores, en los niveles del factor de crecimiento, así como un mayor espesor en los vasos sanguíneos). Sin embargo, otros entornos o experiencias pueden provocar cambios negativos en el cerebro adulto. Por ejemplo, cuando nuestro cerebro-cuerpo se ve privado de un entorno estimulante o es expuesto a un ambiente violento se observa una reducción de ciertas áreas cerebrales (en especial, el hipocampo y la corteza prefrontal, de los que hablaremos con más detalle en la segunda parte del libro) y disminuyen los niveles de los neurotransmisores (dopamina y serotonina), que ayudan a regular nuestras emociones y nuestra atención. Si los niños crecen en un entorno de abandono, sus cerebros mostrarán una reducción en el número de sinapsis (las conexiones entre las células cerebrales, gracias a las cuales tiene lugar la comunicación), lo que se reflejará en que su manera de pensar (es decir, la cognición) será menos eficiente y flexible, dos cualidades asociadas a la inteligencia.

La tremenda capacidad que posee el cerebro para aprender, crecer y cambiar ha sido demostrada en miles de experimentos, desde los clásicos estudios de Diamond y sus colegas hasta la actualidad. Y la comprensión de que nuestro cerebro es plástico y flexible y está diseñado para adaptarse es clave para creer que podemos controlar la ansiedad y hacernos cargo de ella. De hecho, en el corazón de esta asombrosa capacidad para la plasticidad cerebral positiva se encuentra nuestra capacidad para aprender y modificar nuestro comportamiento, lo que incluye nuestra conducta en torno a la relación que mantenemos con la ansiedad.

La plasticidad cerebral nos permite aprender a relajarnos, a reevaluar las situaciones, a reformular nuestros pensamientos y emociones y a tomar decisiones diferentes y más positivas.

Consideremos esto:

- La ira podría bloquear nuestra atención y mermar nuestro rendimiento
  - o podría alentarnos y motivarnos; desarrollar nuestra atención; actuar como recordatorio de lo importante (es decir, las prioridades);
- el miedo podría hundir nuestro ánimo, despertar el recuerdo de fracasos pasados, secuestrar nuestra atención y concentración o socavar nuestro rendimiento (por ejemplo, hacer que nos ahoguemos bajo presión)
  - o podría volvernos más cuidadosos respecto a nuestras deci-

siones, hacer más profunda nuestra reflexión y crear oportunidades para cambiar de dirección;

- la tristeza podría rebajar nuestro estado anímico, desmotivarnos o inhibir nuestras conexiones sociales
  - o podría apuntar a lo que consideramos importante en nuestras vidas, ayudarnos a priorizar, motivarnos a cambiar nuestro entorno, comportamiento o circunstancias;
- la inquietud podría inducirnos a postergar las decisiones o interponerse en el cumplimiento de nuestros objetivos
  - o podría ayudarnos a afinar nuestros planes, ajustar nuestras expectativas, ser más realistas o centrarnos en objetivos; y
- la frustración podría obstaculizar nuestro progreso, impedir nuestro desarrollo o privarnos de nuestra motivación
  - o podría revitalizarnos y animarnos a ser mejores o mejorar nuestro rendimiento.

Estas comparaciones pueden parecer simples y, sin embargo, apuntan a poderosas elecciones que producen un resultado tangible. En otras palabras, tenemos opciones.

La ansiedad, tal como se experimenta habitualmente, está marcada por las emociones negativas. ¿Recuerdas la lista? «En vilo», «pesimista», «a la defensiva», «estresada», «asustado»: se trata de estados emocionales que generalmente nos hacen sentir mal. Sin embargo, no somos impotentes en nuestra respuesta a estas emociones. Por otra parte, no todas estas emociones son malas; en realidad nos ofrecen una información importante sobre el estado de nuestra mente y nuestro cuerpo. Las fuentes de nuestra ansiedad son grandes indicadores de lo que valoramos en la vida. ¿Se necesita esfuerzo para cambiar estas emociones negativas por emociones positivas? Sí. Pero también constituyen indicaciones de lo que nos resulta valioso o importante. Quizá la inquietud por el dinero nos recuerda lo mucho que valoramos la estabilidad económica; o la preocupación por la privacidad nos hace ser conscientes de que necesitamos pasar cierto tiempo a solas.

Por lo tanto, nuestras emociones negativas nos ofrecen la oportunidad de interrumpir los ciclos autodestructivos de pensamientos, emociones y patrones de conducta que debilitan nuestra propia respuesta al estrés. El primer paso para controlar la ansiedad consiste en comprender cómo funcionan nuestras emociones.

EL PODER DEL SESGO NEGATIVO

En muchos sentidos, *ansiedad* es una palabra que actúa como cajón de sastre para los malos sentimientos. Como he explicado anteriormente, la ansiedad es, en esencia, un estado total de activación cerebro-cuerpo: las células emiten señales unas a otras, se multiplica la energía y tu cerebro-cuerpo está listo para actuar. Se muestra alerta, dispuesto y con energía. Si estamos atrapados en la ansiedad mala, esta activación puede despertar unas determinadas emociones: nerviosismo, miedo, incomodidad, dolor, las emociones negativas que hunden nuestro estado de ánimo, nos distraen y nos hacen retirarnos y aislarnos.

Frente a estas emociones negativas se hallan las emociones positivas maravillosas y motivadoras: alegría, amor, humor, excitación, curiosidad, asombro, gratitud, serenidad, inspiración..., la lista es interminable. Estas emociones positivas impulsan nuestra conexión con nosotros mismos y con los demás; previenen la enfermedad y nos mantienen sanos al reforzar nuestro sistema inmunitario; recompensan la alegría y las conductas placenteras a fin de que sigamos buscándolas. Todos estos aspectos de las emociones positivas también ocurren de una forma más o menos automática. Por ejemplo, no nos decimos que tenemos que estar alegres y de pronto nos sentimos felices. Por lo tanto, aunque necesitamos las emociones negativas para protegernos del peligro y la amenaza, también necesitamos las llamadas emociones positivas o afiliativas. La alegría, el amor, la excitación y la curiosidad nos inducen a buscar el apego y las relaciones; la curiosidad nos motiva a aprender, a crecer y a comprender el mundo que nos rodea; y el deseo nos impulsa a reproducirnos.

Y, al igual que la ansiedad, nuestras emociones primarias pueden definirse como señales cerebrales que nos alertan de algo malo (es decir, negativo) o bueno para nosotros. Estas emociones básicas o centrales están integradas en nuestro cerebro inferior (entre ellos, el sistema límbico) a fin de protegernos de amenazas y motivarnos a perseguir lo que necesitamos: cobijo, alimento, compañía. Pero las emociones han evolucionado para ser mucho más complejas, razón por la cual afrontar nuestra ansiedad puede ser tan complicado.

Una de las muchas razones por las que la ansiedad parece apoderarse de nuestro estado de ánimo se explica por nuestra tendencia por defecto a lo negativo, no a lo positivo. Nuestro cerebro otorga más relevancia a las emociones negativas y las recuerda más vívida e intensamente. En consecuencia, están más profundamente codificadas en nuestro cerebro. ¿Por qué tendemos a recordar más las emociones negativas que las positivas? ¿Por qué pensamos que las emociones positivas son la excepción y no la regla? En pocas palabras, podemos responder a estas preguntas observando cómo nuestros cerebros están configurados para la defensa, lo que los hace propensos a la búsqueda de problemas, la detección del peligro y la evitación del dolor. Estos instintos de supervivencia están profundamente integrados en la estructura de nuestro sistema nervioso.

Sin embargo, desde una perspectiva narrativa, la mayoría de los científicos, médicos, psicólogos y periodistas que escriben sobre emociones las sitúan, sin pensar, en categorías positivas o negativas, como si las emociones negativas fueran necesariamente malas para nosotros y tuvieran que evitarse siempre que fuera posible. Así, hay un sesgo inconsciente contra las emociones negativas de todo tipo: ira, miedo, inquietud, tristeza, frustración, etc. Y la ciencia, que a menudo se centra en explicar o prevenir enfermedades, ha pasado menos tiempo investigando la promoción de los estados emocionales positivos.

Un ejemplo de un obstáculo a la hora de permitir que brillen nuestras emociones positivas recibe el nombre de sesgo de negatividad.[2] Se refiere al sesgo natural que nuestro cerebro ofrece a los sentimientos negativos sobre los positivos. Un creciente número de estudios demuestra que la información negativa no solo atrae nuestra atención más rápidamente que una información positiva igualmente interesante, sino que la información negativa también influye en la evaluación de las personas en mayor medida que una cantidad equivalente de información positiva. Todos lo hemos comprobado y probablemente conocemos a personas que se quedan con todo lo que ha ido mal, independientemente del número de cosas que hayan ido bien. Es posible que reconozcas este comportamiento en ti mismo; es el sesgo de negatividad, que saca su fea cabeza.

Biológicamente, por tanto, no es culpa tuya que tiendas a escorarte más hacia lo negativo que hacia lo positivo. Pero si pudiéramos aprender a quitar el aguijón de estos sentimientos, nos concederíamos más espacio para ser flexibles a la hora de procesar estas emociones. ¿Y si adoptamos un nuevo punto de vista? ¿Y si abandonamos nuestra orientación por defecto y dejamos de centrarnos en las emociones negativas para concentrarnos en los objetivos que queremos alcanzar? ¿Y si afrontamos las emociones negativas como un desafío y no como una carga?

En un plano neurobiológico, todas estas emociones diferentes, entre ellas las que generalmente se asocian con la ansiedad, tienen un propósito: llamar nuestra atención sobre algo importante. (En la segunda parte del libro profundizaremos en una investigación significativa que muestra cómo canalizar la energía emocional que de otro modo podría dar lugar a la ansiedad mala; tiene que ver con la neurobiología de la actitud positiva, la productividad, el rendimiento óptimo, la creatividad, etc.)

Uno de los avances más importantes en neurociencia afectiva (el área de la neurociencia que examina nuestras experiencias emocionales) consiste en mostrarnos que tenemos algo más que cinco o seis emociones básicas. En 1980, Robert Plutchik[3] creó esta rueda de las emociones, que refleja hasta qué punto ciertas emociones se manifiestan en distintos grados de intensidad.

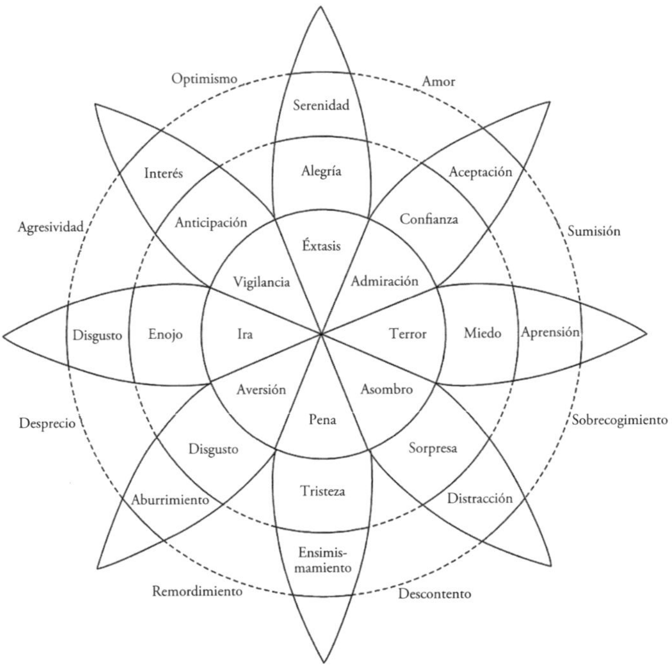

Figura 2. Rueda de las emociones de Plutchik

Considerar las emociones desde este punto de vista ilustra por qué es tan importante cambiar la forma en que pensamos sobre la ansiedad. De hecho, sugiero que la ansiedad puede ser una combinación de emociones negativas y positivas y que, por lo tanto, representa a la rueda entera. En cuanto avances en el libro, tengo la esperanza de que te resulte familiar hasta qué punto las emociones negativas y positivas de la ansiedad se manifiestan en tu vida: ¡la ansiedad no tiene por qué ser negativa! ¡Las emociones cambian siempre!

PODEMOS REGULAR NUESTRAS EMOCIONES

El estrés que origina la ansiedad no va a desaparecer, pero tenemos la capacidad de «optimizar» nuestra respuesta al mismo. Investigadores como Alia Crum, profesora de la Universidad Stanford, han demostrado que es posible aplicar técnicas de reevaluación y una nueva actitud, ambas funciones de la corteza prefrontal, para afrontar el estrés como un desafío y una oportunidad para el «rendimiento y el crecimiento».[4]

En el plano neurobiológico, lo que Crum y otros investigadores sugieren forma parte de un área más amplia de investigación y reestructuración del cerebro conocida como «regulación emocional»: los procesos (tanto ascendentes como descendentes) que nos ayudan a gestionar todas nuestras respuestas emocionales, en especial la ansiedad.

¿A qué me refiero cuando hablo de *regular*? Un experto en regulación de las emociones, James J. Gross, profesor de Psicología en la Universidad Stanford, define la regulación emocional como «los procesos por medio de los cuales los individuos influyen en sus emociones, cuándo las tienen y cómo las experimentan y expresan».[5] A pesar de que históricamente los científicos pensaban que la regulación emocional era un mero proceso descendente que controlaba las emociones ascendentes, ahora sabemos que existe una mayor interacción bidireccional entre las áreas ascendentes del cerebro (por ejemplo, el sistema límbico) y las descendentes (la corteza prefrontal y otras vías neuronales con las que interactúa). ¿Por qué? Porque, como explica Gross, la regulación emocional es un complejo sistema de «subsistemas neurales interconectados [que] se monitorizan entre sí en diverso grado y mantienen una constante interacción bidireccional excitadora o inhibidora». También señala que la regulación es un conjunto de procesos que existen en un «continuo, desde la regulación consciente, esforzada y controlada hasta la regulación inconsciente, fluida y automática».[6]

¿Qué significa esto en la práctica? La conclusión es esta: aunque la ansiedad se origina en forma de señal para llamar la atención y evitar el peligro, no necesariamente tiene que causar incomodidad, distracción o interferir con nuestro impulso natural hacia el bienestar y el equilibrio. Podemos aprender a usar la conciencia para reevaluar una situación, eliminar la percepción del peligro y revalorizarla como una oportunidad para superar un reto y producir nuevo conocimiento (por ejemplo, respuestas). Disponemos de múltiples opciones para gestionar tanto la atención a la señal como la ansiedad (las emociones), y si llega hasta ese punto, la propia respuesta. ¡Nuestro cerebro es algo maravilloso!

Nuestros sistemas cerebro-cuerpo mantienen una constante búsqueda de la homeostasis, ese estado de equilibrio entre la excitación y la relajación. Cada sistema –desde el sistema nervioso hasta el digestivo, respiratorio, cardíaco, inmunitario, etcétera– interactúa e intercambia señales para responder a un agente estresante y recuperar la homeostasis. Esto también se aplica a nuestro sistema emocional. Nuestras emociones negativas surgen para llamar nuestra atención sobre algo que puede resultar peligroso o entraña un riesgo, y a continuación efectúan algún tipo de cambio o adaptación para sentirnos mejor. En otras palabras, su propósito es positivo y no están destinadas a tener una única capacidad. Otro tanto ocurre con la ansiedad: como forma general de malestar o emoción negativa, es la manera en que el cerebro-cuerpo nos pide que prestemos atención. Nuestro sistema integrado para gestionar nuestras emociones negativas, para procesar, responder y afrontar las emociones negativas en particular, a fin de mantener o recuperar la homeostasis, recibe el nombre de regulación emocional.

La ansiedad está formada por un paquete de emociones que perturban nuestra capacidad para regularnos emocionalmente. Y lo hacen porque están destinadas a llamar nuestra atención sobre un área en la que no todo es como debería ser. En cuanto la ansiedad desencadena la excitación, hemos de aplicar las herramientas de regulación a esas emociones para empezar a procesarlas; una vez iniciado este proceso, la ansiedad debería reducirse y tendríamos que recuperar la homeostasis. Sin embargo, nuestra capacidad para regular las emociones no siempre es predecible. De hecho, el grado de la propia capacidad para la regulación emocional depende de un determinado número de factores: la educación recibida, nuestro estilo de vida e incluso nuestro perfil genético. La buena noticia es que podemos aprender a regular nuestras emociones de una forma más eficaz. Según el modelo de Gross para la regulación emocional, disponemos de cinco estrategias que pueden ayudarnos a gestionar la ansiedad y otras emociones negativas. Estas son las cinco estrategias identificadas por Gross: selección de la situación, modificación de la situación, despliegue de la atención, cambio cognitivo y modulación de la respuesta. Las primeras cuatro estrategias pueden frenar la ansiedad antes de que esta se convierta en un estado crónico o extremo. La quinta es una técnica regulatoria que se aplica *después* de que la ansiedad (u otra emoción negativa) se haya manifestado.

Este modelo para la comprensión de la regulación emocional (que en la literatura recibe el nombre de «modelo modal», definido por Gross) ha sido ampliamente aceptado y desarrollado. Otro neurocientífico en este campo, Nils Kohn, se suma a ello sugiriendo que necesitamos tener en mente que la regulación emocional es a la vez automática (y, por lo tanto, implícita y preconsciente) y consciente (y, por lo tanto, explícita y ejercida a través de la conciencia). Además, la regulación emocional puede tener una naturaleza funcional y adaptativa (y, por lo tanto, útil para nosotros) o disfuncional e inadaptada.

Observemos cómo se desarrolla la regulación emocional en la vida real. Supongamos que te dispones a afrontar una entrevista de trabajo después de haber sido despedido de tu antiguo puesto seis meses antes. Sientes presión, duda y miedo: miedo al rechazo, miedo al fracaso, miedo a no estar a la altura. Faltan cuatro días para la entrevista y ya te sientes nervioso. Basta con imaginarte cruzando la puerta del edificio para que las palmas de las manos se cubran de sudor, tu corazón se acelere y tu respiración se vuelva entrecortada. A continuación, empiezas a imaginar todo lo que puede ir mal: podrías olvidar tu currículum o por qué estás solicitando ese empleo, o ponerte calcetines de distinto color.

Una opción es evitar la situación que te hará sentir mal o exacerbará tu ansiedad. Evitar la situación (no ir a la entrevista de trabajo) aliviará el miedo y el estrés a corto plazo; sin embargo, es evidente que no te ayudará si, a largo plazo, necesitas o quieres ese trabajo. Gross llama a esa estrategia «selección de la situación».

Otra opción consiste en modificar la situación actual para que la anticipación o la ansiedad sea más tolerable o soportable. Por ejemplo, si experimentas ansiedad ante la próxima entrevista, podrías modificar la situación pidiendo hacer la entrevista por teléfono o videoconferencia. Este cambio de la situación te permite ejercer algún control sobre la ansiedad y mantener a raya una emoción que se te escapa. Gross le da el nombre de «modificación de la situación». Yo lo llamo «pasar de la ansiedad mala a la buena». Tu nerviosismo no ha desaparecido; sencillamente, está bajo control y perfectamente encauzado.

Una tercera opción se refiere al despliegue de la atención, que incluye muchas formas de desviar la atención de la situación que provoca la ansiedad para concentrarla en alguna otra cosa. Es habitual que los padres usen esta técnica con frecuencia con sus hijos y bebés. Si el pequeño tiene miedo a los perros, por ejemplo, uno de los padres puede llamar la atención del niño sobre una cara divertida mientras el aterrador animal se aleja. Es una forma de distracción deliberada.

La cuarta y probablemente más sofisticada de las estrategias de regulación emocional recibe el nombre de «cambio cognitivo». En este caso, el individuo revaloriza o replantea su perspectiva o actitud: en lugar de pensar que la entrevista de trabajo es una forma horrible de pasar la mañana del viernes, lo reformulas como una oportunidad para demostrarte a ti mismo y a tu potencial empleador cuánto sabes sobre el puesto de trabajo al que aspiras y de la empresa u organización; esto también ayudará a reforzar tu confianza. Te muestras curioso y excitado ante lo que él o ella tengan que decir. La reformulación actúa como una sugerencia mental que transforma el sentimiento de ansiedad y nos permite abandonar el estado en el que nos sentimos asustados y abrumados y alcanzar un nuevo estado de excitación ante el nuevo desafío.

En quinto lugar, en cuanto has logrado cruzar la puerta y has tomado asiento para llevar a cabo la entrevista, es posible que la ansiedad vuelva a surgir pese a las estrategias que has aplicado para mitigarla. En este caso, intentas suprimir o atenuar activamente el sentimiento de ansiedad. Tal vez recurras a alguna técnica de respiración (por ejemplo, la respiración profunda, que es una de las formas más rápidas y eficaces de calmar el sistema nervioso) o bebas un poco de agua. Si lo que te agobia no es una entrevista de trabajo, sino una cita, podrías tomar una copa de vino o una cerveza para relajarte. Estas son algunas de las muchas estrategias de afrontamiento que podrás utilizar *después* de que se manifieste la ansiedad.

La investigación actual sobre la interacción entre ansiedad y regulación emocional apunta a una fuerte evidencia de que las estrategias de intervención, como la reevaluación, pueden reformar la propia capacidad de regulación emocional e influir positivamente en los trastornos de la ansiedad; estos estudios se han realizado en el contexto de trastornos de la ansiedad.[7] Concretamente, los estudios de neuroimagen han demostrado que las emociones negativas de la ansiedad o el miedo disminuyen en respuesta a las estrategias de regulación emocional. Por otra parte, estos mismos estudios también han demostrado que las emociones negativas de la ansiedad o el miedo ocurren en diferentes regiones neuronales del cerebro, donde tiene lugar la regulación emocional. Esta área de investigación es muy incipiente, y hay muchas preguntas que impulsan su expansión. Pero se trata de buenas noticias: podemos actualizar nuestras respuestas emocionales. Podemos aprender a regularnos emocionalmente. Somos capaces de mejorar nuestra gestión y canalización de la emoción.

Me gusta pensar que esta aproximación a la ansiedad es una forma de reforzar nuestra resiliencia al estrés. En el capítulo 4 abordaremos en profundidad cómo las vías cerebro-cuerpo de la ansiedad pueden mejorar nuestra resiliencia general –física y emocional–, pero por ahora tengamos esto presente: debemos experimentar las emociones y actualizar nuestra respuesta a esas emociones. Para lograrlo, en primer lugar, hay que tomar conciencia de lo que sucede. En cuanto advertimos que nos incomoda cualquier señal de ansiedad, necesitamos detenernos y pensar en lo que hacemos con esas emociones. Todos necesitamos una práctica constante y afrontar, sencillamente, nuestros sentimientos, asumir la incomodidad, y no intentar enmascararlos, negarlos, evadirnos o alejarnos inmediatamente de ellos. Al aceptar el malestar estamos haciendo dos cosas: por un lado, nos acostumbramos a la emoción y nos damos cuenta de que, de hecho, podemos «sobrevivir» a ella, y, por otro lado, concedemos tiempo y espacio a nuestro cerebro para que tome una decisión consciente sobre cómo actuar. Así es exactamente como se crea una nueva y más positiva vía neural.

Capítulo 3
AFRONTAR LA ANSIEDAD EN LA VIDA REAL

Frente a los agentes estresantes y la ansiedad que estos suelen desencadenar, todos desarrollamos estrategias de afrontamiento para gestionarlos y recuperar el estado inicial: ese estado de equilibrio en el que nos sentimos cómodos y seguros. Esto es para recordar que, de manera natural, tratamos de regular nuestras emociones y recuperarnos cuando nos desviamos del rumbo. Este comportamiento de referencia o estos procesos de pensamiento se transforman en respuestas condicionadas almacenadas en nuestra memoria; en otras palabras, a menudo funcionan automáticamente, más allá de nuestra percepción consciente.

Sin embargo, muchas de estas estrategias las desarrollamos cuando éramos más jóvenes y menos conscientes. Por ejemplo, a los siete años una niña con temor a la oscuridad puede optar por mecerse u ocultarse bajo la ropa de cama. A los diecisiete quizá aún quiera mecerse a sí misma, pero ahora este hábito la avergüenza, por lo que prefiere beber una cerveza o fumar hierba para atenuar el malestar que le provocan sus emociones. En lugar de actualizar su forma de gestionar su miedo a la oscuridad, esta joven ha creado una estrategia de afrontamiento inadaptada que puede originar más consecuencias negativas en el futuro.

Algunas personas toman medicación para anularse a sí mismas. Otras se calman con objetos transicionales: para la gran mayoría de los adultos, los teléfonos móviles han sustituido a las muñecas y los ositos de peluche. Cuando yo me siento presionada por un plazo límite lo que hago es comer más. Aunque ninguna de estas conductas es nociva en pequeñas dosis, es fácil imaginar que, si un individuo se apoya reiteradamente en ellas, acabarán por surgir problemas, como ocurrió en mi caso hará una década, cuando engordé doce kilos.

Los mecanismos de afrontamiento son, en esencia, conductas o acciones que desarrollamos para aliviar o evitar una emoción incómoda. Cuando estos mecanismos dejan de trabajar para gestionar el estrés, tienden a empeorar las cosas, exacerbando nuestra ansiedad y socavando nuestra creencia de que controlamos nuestras vidas. En general, se considera que los mecanismos de afrontamiento son adaptativos (es decir, que nos ayudan a gestionar el estrés) o inadaptados (perniciosos porque originan otros problemas, al eludir una cuestión que se agrava o al procurarnos otro problema, como en el caso del alcoholismo).

El niño que a los ocho años se peleaba en el patio del colegio cuando se sentía amenazado puede soltar golpes en la vida adulta si siente que tiene que defenderse; puede ocurrir en el metro, cuando alguien le empuja para entrar o salir del vagón. La joven mujer que descubrió que infligirse heridas era una forma de mitigar su soledad interior puede ser incapaz de encontrar, a los treinta años, formas más positivas de aliviar el estrés y las inseguridades y por eso cae en la bulimia. Por un tiempo, estas conductas contribuyen a anestesiar el dolor en la base de las emociones negativas: la ira reprimida, la atroz sensación de aislamiento o el miedo a la oscuridad. Pero cuando las emociones que subyacen tras esos comportamientos permanecen inmutables e inalteradas, esos componentes de la ansiedad no dejarán de crecer y estancarse; las conductas de afrontamiento negativas tan solo refuerzan la incapacidad para gestionar o regular las emociones.

Te ponemos otro ejemplo.

Ralph: un ejemplo de una mala estrategia de afrontamiento

Ralph tarda media hora en llegar y volver desde el trabajo cada día. Le está costando sobrellevar su empleo; la política interna lo está desgastando y lo pone de los nervios. Cuando sube al coche el viernes a las 17.15 se siente especialmente ansioso por llegar a casa, abrir una cerveza y relajarse delante del televisor. Espera que haya un buen partido con el que distraerse y relajarse.

Sin embargo, al llegar a la autopista descubre que hay mucho tráfico. Todo el mundo tiene prisa, pero hay poco espacio para avanzar. Ralph empieza a cambiarse de un carril a otro. Se está poniendo nervioso, y cuando un joven que conduce un camión lo bloquea, estalla. Se enfada, acelera y se desvía peligrosamente para acercarse al camión y que el conductor perciba su gesticulación y escuche su claxon. Tiene un temperamento irritable que no puede controlar.

Desde nuestro punto de vista, nos da la impresión de que Ralph dispone de algunas opciones antes de tocar el claxon y acercarse al camión para dar a conocer su estado de ánimo, pero después de años permitiendo que la ira al volante se apoderara de él, hay poco tiempo o espacio en su cerebro para una reacción diferente: sin ni tan siquiera pensarlo, la ira de Ralph explota. Su enfado no ha sido procesado; la vía neural que va desde el estímulo hasta la respuesta está arraigada en un nivel muy profundo. Y, sin embargo, aún tiene el potencial para «desaprender» este comportamiento.

En este punto, la respuesta de Ralph demuestra su estado de desregulación emocional y que carece de un escaso control sobre sus reacciones. La intensidad de esta emoción negativa ha sido reforzada una y otra vez, provocando reacciones similares a la del enfado al volante. Sin embargo, con una exposición reiterada a herramientas positivas para gestionar su reacción al tráfico, no solo podría controlar más eficazmente su respuesta en la carretera, sino también encontrar maneras de afrontar sus problemas laborales de forma más constructiva. También le beneficiaría alguna preparación en sus desplazamientos cotidianos, como una práctica consciente de relajación antes de subir al coche. Pero, sin dar un paso atrás y sin concederse el espacio para considerar lo que le gustaría cambiar, Ralph seguirá reforzando los patrones de la ansiedad y el estrés.

La inadaptación crónica al estrés afecta a nuestro cerebro y a nuestro cuerpo de diversas formas, en muchos niveles, entre ellos, el sistema neuroendocrino, el sistema nervioso autónomo y los sistemas cardiovascular e inmunitario.[1]

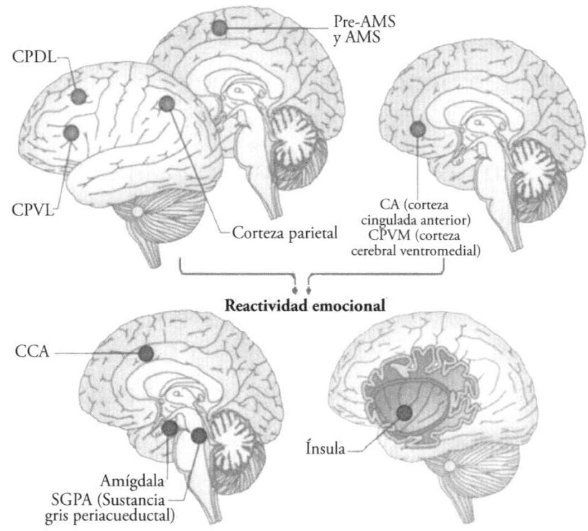

Figura 3. Áreas cerebrales implicadas en la regulación emocional.

La excitación emocional (por ejemplo, en un ataque de pánico) se procesa en la amígdala y en los ganglios basales y es transmitida a la corteza prefrontal ventrolateral (CPVL), la ínsula anterior, el área motora suplementaria (AMS), el giro angular y el giro temporal superior (GTS). La evaluación emocional empieza en la CPVL, que envía la señal de la necesidad de regular las emociones a la corteza prefrontal dorsolateral (CPDL). La CPDL procesa la regulación emocional y envía señales al giro angular, la AMS, el GTS, la amígdala y los ganglios basales, que contribuyen a regular el estado emocional no deseado. (Figura reproducida con permiso, Etkin *et al.*, 2015.)

ESTRATEGIAS DE AFRONTAMIENTO POSITIVAS Y NEGATIVAS

Para gestionar nuestras emociones negativas, desarrollamos estrategias de afrontamiento. Se trata de comportamientos y acciones que nos ayudan a mitigar o redirigir nuestra incomodidad, miedo, dolor, etcétera. Y, por esta razón, nuestras estrategias de afrontamiento a menudo reflejan nuestra relación con la ansiedad. Si afrontas la situación de forma productiva, probablemente pondrás la ansiedad bajo control. Si afrontas el estrés de forma que mine tu salud, tu trabajo, tu bienestar o la relación con tus seres queridos, habrá llegado el momento de que consideres tus opciones.

Es importante ser más conscientes de cómo respondemos al estrés y a la emoción de la ansiedad. El uso de más de dos o tres estrategias de afrontamiento negativas puede ser un indicador de que estamos atrapados en la ansiedad mala; por otro lado, el uso de estrategias de afrontamiento positivo demuestra una tolerancia al estrés y a la flexibilidad en lo que respecta a las emociones.

Valora la siguiente lista. Piensa si alguno de estos puntos te resulta familiar. No te juzgues; limítate a tomar nota.

Estrategias de afrontamiento negativas

- Usar o abusar de alcohol o drogas.
- Actuar violentamente con los demás (verbal, física, sexual o emocionalmente).
- Actuar o portarse mal a propósito.
- Evitar el conflicto.
- Racionalizar o culpar a otros de tus problemas.
- Negar que hay un problema.
- Reprimir u olvidar lo que ha pasado.
- Comportarte como alguien que no eres.
- Disociar el yo de la situación.
- Exhibir un comportamiento controlador.
- Convertirte en adicto al trabajo (permanecer ocupado para evitar tus emociones).
- Autolesionarte; tener pensamientos o tentativa de suicidio.
- Aislarte a ti mismo y alejarte de los demás y de las actividades.
- Tener la sensación de necesitar controlar o manipular a otros.
- Evitar comunicarse.

- Soñar despierto con regularidad.
- Tener pensamientos catastróficos.
- Ser excesivamente servicial (ayudar a los demás antes que a uno mismo).

A continuación, examinemos la lista de mecanismos de afrontamiento positivo; se consideran adaptativos porque constituyen formas beneficiosas de gestionar la ansiedad.

Estrategias de afrontamiento positivas

- Nombrar tus sentimientos, tanto positivos como negativos.
- Controlar la ira; no reprimirla ni permitir que se apodere de ti.
- Practicar la autorreflexión.
- Buscar la ayuda de los amigos y la familia.
- Comunicar o hablar de tus sentimientos.
- Practicar ejercicio (se ha demostrado que el ejercicio físico disminuye la ansiedad)
    - o permanecer sexualmente activo (se sabe que el sexo reduce la ansiedad y relaja el sistema nervioso).
- Dedicar tiempo a algunos *hobbies* (como hacer abalorios) o deportes.
- Pasar tiempo realizando actividades al aire libre.
- Considerar la situación desde otro punto de vista.
- Permanecer flexible y abierto a nuevos tipos de pensamiento.
- Escribir un diario o cultivar otra forma de autorreflexión consciente.
- Pasar tiempo de calidad con tu familia, tu pareja, tus amigos.
- Utilizar afirmaciones y un diálogo interno positivo.
- Meditar o rezar.
- Limpiar u organizar tu hogar o tu espacio de trabajo.
- Cuando estés enfermo, buscar apoyo en un profesional de la salud.
- Jugar con un niño o un animal doméstico.

CUANDO HACER FRENTE A LA ANSIEDAD DEJA DE FUNCIONAR

Es probable que nuestra relación con la ansiedad, así como nuestra capacidad de procesarla, cambie con el tiempo. Es necesario, por tanto, actualizar las estrategias de afrontamiento y abordar aquellas que resultan inadaptadas. A veces este proceso exige cierto trabajo.

Liza: ¿adónde ha ido mi rutina?

Liza es una ejecutiva agresiva. Graduada en la Escuela de Negocios de Harvard, orientó su carrera profesional a ofrecer servicios financieros, haciendo gala de una gran astucia e inteligencia social, por lo que es muy respetada y apreciada por sus colegas. Ha ido por la vía rápida durante más de diez años y de pronto se encuentra con cuarenta y un años y sin una vida al margen del trabajo. Es adicta al trabajo, y hasta ahora su dedicación y motivación por su vida laboral le ha proporcionado dividendos, no solo en su cuenta bancaria sino también en su autoestima. Sin embargo, en los últimos tiempos regresa a su apartamento situado en el hermoso enclave de Back Bay sintiéndose completamente quemada. Toma tres o cuatro copas de vino para relajarse antes de acostarse, sin saber hasta qué punto el alcohol es terrible para la calidad general de su sueño. Su alarma suena a las cinco de la mañana, hora a la que se despierta para poder correr por la orilla del río Charles y llegar a la oficina a las siete. Esta rutina diaria le ha funcionado durante años, pero ahora ya no. Ahora Liza se despierta completamente agotada. Se siente sola, acosada por las dudas, y empieza a cuestionarse por qué lo está pasando tan mal.

Liza acostumbra a inquietarse; esto siempre la ha motivado a trabajar más intensamente y durante más tiempo que sus compañeros. Su diligencia le ha reportado un gran *feedback* positivo, y se lo ha tomado en serio. En otras palabras, acostumbraba a ser capaz de dirigir la elevada activación de su ansiedad en un sentido positivo.

Sin embargo, durante los dos últimos años, en especial desde que cumplió los cuarenta, ha advertido que no disfruta del trabajo ni obtiene satisfacción al saberse valorada por su jefe y sus compañeros. Cuando está en el trabajo se siente consumida, pero fuera de él está prácticamente paralizada. ¿Qué es lo que le inquieta? Que está sola, que se hace mayor, que ya no será considerada una joven brillante en el trabajo.

Ha empezado a sentir que su energía desbordante se le escapa y ya no está bajo su control. La única forma en la que cree poder amortiguar el malestar emocional es bebiendo vino al final del día: incluso pensar en tomar una copa la ayuda a superar esos momentos de estrés en el trabajo, en los que siente que su cabeza va a estallar. Sigue corriendo cada mañana, pero ya no lo disfruta; se ha convertido en un hábito temible. Siente que corre por su vida y para alejarse de sus miedos: miedo a engordar, miedo a bajar el ritmo, miedo a lo que sucederá cuando deje de correr.

Si Liza fuera capaz de detenerse y observar atentamente sus patrones, descubriría algunas señales de alarma: su energía se ha desvanecido, el trabajo ya no le entusiasma, se siente cada vez más nerviosa. Estos cambios cerebro-cuerpo indican un empeoramiento de la ansiedad. Tal vez Liza aún no sufra ansiedad clínica, pero su ansiedad mala es cada vez más intensa y más frecuente, y tiene efectos negativos sobre ella, lo que demuestra que sus mecanismos de afrontamiento ya no logran mantener a raya su ansiedad.

Probablemente un escáner del cerebro de Liza revelaría una elevada activación tanto en la amígdala como en la parte del lóbulo frontal conocida como corteza cingulada anterior dorsal, que suelen activarse en los estados de ansiedad. Los comportamientos adaptativos de Liza, que una vez mantuvieron en equilibrio estas activaciones cerebrales, parecen tener menos efecto. Aún peor, estas activaciones cerebrales ahora parecen inadaptadas: el ejercicio vigilante, la búsqueda de *feedback* positivo, los cumplidos por parte de su jefe y sus compañeros, y la «inactividad» en forma de unas copas de vino solían aliviar su ansiedad lo suficiente como para relajarse, recuperar la energía y la ambición. Es difícil señalar cuándo empezó a cambiar todo. Como sabemos, el estrés crónico reduce los neurotransmisores importantes, interrumpe el sueño y degrada las glándulas suprarrenales; necesitamos todo eso para nuestra regulación emocional (por ejemplo, en el equilibrio físico y emocional, también llamado homeostasis). Y nunca hay una sola causa que explique por qué la ansiedad que antes manteníamos bajo control y era útil ahora se ha vuelto problemática.

Sin embargo, Liza tiene algunas opciones: puede seguir con los mismos comportamientos, reforzando el afrontamiento inadaptado, o puede dar algunos pasos para hacer las cosas de forma diferente. Sin embargo, antes de actuar necesita creer que tiene el poder de cambiar. Liza debe apropiarse de su capacidad de decidir, actuar y creer que controla más la situación de lo que actualmente percibe, e incluso probablemente imagina.

Es más que probable que el cerebro de Liza se encuentre procesando un tipo de adaptación negativa. Cuanto más tiempo ignore hasta qué punto sus mecanismos de afrontamiento ya no la benefician ni le ofrecen el descanso mental que necesita, más intensa será su ansiedad mala y más se enquistarán sus estrategias de afrontamiento negativo. Pero en cuanto sea capaz de entender su situación tal y como es —un ejemplo de actualización atrasada de su situación—, Liza empezará a cambiar aspectos de su situación que le permitirán orientarse hacia una vida más satisfactoria.

Presentamos otro ejemplo de mecanismos de afrontamiento que ya no funcionan.

Jared: socorro, no estoy seguro de qué hacer con mi vida

Cuando conocí a Jared, él tenía veintiséis años y había acabado la universidad hacía cinco. Incapaz de saber lo que quería, había estado viviendo con sus padres, quienes estaban muy preocupados al ver que ningún trabajo parecía lo suficientemente bueno o interesante para su hijo. Había ido a visitar a un cazatalentos, había trabajado con un *coach* laboral. Se sentía abrumado por la ansiedad de no saber qué hacer con su vida y no era capaz de comprometerse a intentar conseguir un trabajo que requiriese poca cualificación en una pequeña o mediana empresa ni en cualquier otro tipo de compañía. Jared pensaba en la posibilidad de hacer un posgrado, pero no le entusiasmaba ninguna materia específica y, ciertamente, no quería endeudarse. Sus padres, frustrados y molestos por haberse gastado tanto dinero en su educación y ver que él era incapaz de planificar su futuro, ya le habían dicho que no se lo pagarían.

También estaban molestos consigo mismos porque se sentían corresponsables de la incapacidad de su hijo de tomar una decisión o de seguir avanzando. Se preguntaban si tenían que echarlo de casa, para que se sintiera obligado a conseguir un trabajo, cualquier trabajo.

Jared estaba realmente aterrado.

A medida que pasaban las semanas y los meses, parecía cada vez más atrapado en una especie de parálisis, sin motivación, confianza ni energía alguna. Comía más de la cuenta (ganó diez kilos) y dejó de ver a los amigos (estaban ocupados con sus nuevos empleos o empezaban nuevas relaciones). La ansiedad de Jared era tan intensa que estaba completamente paralizado, incapaz de tomar una decisión que pudiera cambiar sus circunstancias.

Un apunte importante: Jared no solo padecía una ansiedad aguda, sino también una depresión de larga duración. La ansiedad y la depresión a menudo son problemas superpuestos que se dan de forma simultánea y comparten muchas características neurobiológicas, como una desregulación o un desequilibrio entre la serotonina y la dopamina, y una respuesta disfuncional al estrés. Jared no siempre había estado deprimido, pero siempre había estado ansioso; ahora, su ansiedad había durado tanto tiempo que había desencadenado una depresión. En un nivel neuroquímico, sufría lo que los médicos llaman distimia o trastorno depresivo persistente (TDP), una depresión crónica o de larga duración. Sin embargo, esta situación podría haberse evitado si Jared hubiera sabido que era posible encauzar su ansiedad: que su constante y creciente energía nerviosa podría haberse dirigido hacia el problema en lugar de alejarlo de él. Si Jared hubiera actuado más rápidamente para afrontar la ansiedad posterior a la graduación, y si hubiera permanecido social y físicamente activo, su ansiedad no se habría desbocado ni habría desembocado en una depresión. La relación entre ansiedad y depresión es compleja, y no hay una manera de predecir cómo se manifestará un desequilibrio neuroquímico en un individuo. Sin embargo, sabemos que ambos estados —por muy opuestos que parezcan— a menudo coexisten.

Las situaciones de Liza y Jared no solo demuestran vívidamente cómo nuestras conductas influyen en nuestros estados emocionales, y viceversa, sino también cómo la ansiedad mala cotidiana puede introducirse en nuestra vida, robarnos la energía y concentración y arrebatarnos la motivación y el bienestar. Liza y Jared tal vez no tuvieran trastornos clínicos, pero su vida sufría una gran perturbación debido a la ansiedad mala. Como todos nosotros, ellos crearon estrategias para gestionar sus emociones y su ansiedad. Para Jared, alejarse de los demás y apartarse de cualquier reto le concedió un cierto alivio a su temor al futuro. El problema de esta estrategia de afrontamiento reside en que, con el tiempo, la renuncia y la retirada exacerbaron su ansiedad y le hicieron sentir aún más solo y desesperado. El mecanismo de afrontamiento que podría haber sido útil a corto plazo acabó por arrojar la ansiedad a una zona negativa más profunda y fue el detonante de la depresión. Jared atravesaba una etapa de su vida sembrada de miedos; había culminado con éxito y se había divertido con su carrera universitaria y ahora, por primera vez, tenía que tomar decisiones en el mundo real. Se sentía completamente incapaz de hacerlo. Y, desgraciadamente, los mecanismos de afrontamiento a los que recurría tan solo empeoraban esas emociones.

Liza también estaba entrando en una fase diferente de su vida. Ya no tenía que demostrar lo que valía profesionalmente, por lo que estaba obligada a adaptar sus objetivos laborales a esta nueva época, más «evolucionada», de su vida. A medida que aumentaba su ansiedad, Liza empezó a depender cada vez más del alcohol para afrontar la incomodidad de sus sentimientos. Al principio, sus inquebrantables mecanismos de afrontamiento (el ejercicio y el vino) ponían a raya la ansiedad, de modo que podía descansar, relajarse y recuperarse durante la tarde, y así estar lista para iniciar la jornada siguiente. Pero recurrir cada vez más a menudo al alcohol empezó a crear problemas secundarios –perturbaciones del sueño y resacas– que entorpecían su pensamiento y la toma de decisiones, y deterioraban su entusiasmo y energía física. Las técnicas de afrontamiento de Liza ya no la ayudaban con su ansiedad; el alcohol, en particular, la exacerbaba y empeoraba su situación.

Nuestro cerebro trabaja para crear, automáticamente, estrategias que eviten emociones desagradables (como la ansiedad) y enmascarar su severidad. Esta evitación está integrada en nuestras vías y redes neuronales y nos ayuda a controlar el estrés y a seguir adelante. Pero en cuanto el entorno o nuestra vida interna y externa cambian, a menudo superamos estos mecanismos de afrontamiento o, simplemente, dejan de funcionar. Podemos ser o no ser conscientes de este cambio en su eficacia. Sin embargo, suele haber ciertas evidencias que apuntan a que el hábito supone más un problema que una ayuda: Liza empezó a tomar demasiadas copas de vino; la depresión y la ansiedad de Jared le impedían afrontar cualquier situación que implicara el mínimo reto, paralizándolo ante la mera necesidad de tomar una decisión. Son señales de que la ansiedad ha pasado de positiva a negativa, de controlable a incontrolable.

Para comprender mejor cómo sucede esto, puede resultar útil echar un vistazo a lo que realmente sucede en nuestro organismo cuando la ansiedad mala toma el control. En resumen:

- El agotamiento o la hipoactividad física se manifiesta de muchas formas. Cuando el cerebro-cuerpo se encuentra bajo la tensión crónica de la ansiedad, la capacidad para gestionar las emociones se desregula (es decir, es menos eficaz a la hora de responder a los estímulos internos o externos). La persona se vuelve muy sensible a todo tipo de estrés y empieza a sentir inseguridades y falta de confianza.

- A continuación, cuando el cuerpo está agotado y no recibe el suficiente tiempo de descanso, no es capaz de alimentar la motivación, que es la emoción predominante de una actitud positiva. Esta incapacidad para recomponerse erosiona la capacidad para mantener la regulación emocional.
- Si la persona se aísla, elimina la oportunidad de apoyo y aliento de las relaciones sociales y, por lo tanto, renuncia a un amortiguador vital de la ansiedad mala.
- Por otra parte, si se busca alivio en las drogas o el alcohol, se puede exacerbar involuntariamente la ansiedad en cuanto ha pasado el «subidón». De hecho, estas sustancias actúan como depresores del sistema nervioso. También interfieren con el procesamiento cerebro-cuerpo de la dopamina y la serotonina, lo que concede una falsa sensación de alivio de la ansiedad.

Estas respuestas representan una desregulación en el funcionamiento de diversas vías neurales del cerebro-cuerpo. Y, sin embargo, en todas estas estrategias de afrontamiento negativo y sus inconvenientes puede emerger un lado positivo: es completamente posible cambiar no solo formas actuales de afrontar la emoción negativa y la ansiedad, sino también los efectos que tienen en el cerebro-cuerpo. Restaurar la regulación emocional requiere energía, curiosidad y el reconocimiento de que tenemos opciones. Pero cualquiera de nosotros puede aprender a reconocer los signos de su propio agotamiento físico o desregulación emocional y empezar a hacer cambios. Esta es la esencia del funcionamiento de la ansiedad buena, y todo se reduce a la plasticidad del cerebro.

Si comprendemos cómo estas vías subyacentes se activan, se refuerzan o redirigen la excitación de la ansiedad, podremos combatir la ansiedad mala y tomar decisiones conscientes que nos permitan dirigir nuestro propio camino. Cuando aprendamos a identificar nuestros propios sentimientos, pensamientos y conductas, no solo podremos abandonar la ansiedad mala por la buena, sino que influiremos en nuestra energía, actitud, perspectiva e intenciones. Estaremos en condiciones de iniciar, reconfigurar o fomentar nuestra motivación en todos los sectores de la vida: el cuerpo, la mente y las relaciones. Todos nosotros podremos crear la vida que realmente deseamos destinando todos nuestros recursos a una forma positiva y estimulante que nos ayude a alcanzar nuestros objetivos y a manifestar nuestros sueños.

Como la propia ansiedad, toda nuestra experiencia, conductas, sentimientos, pensamientos, decisiones y constructos mentales (por ejemplo, percepciones e interpretaciones) se basan en parte en cómo funciona nuestro cerebro-cuerpo fisiológicamente (cómo responde nuestro organismo a todo tipo de estímulos), mentalmente (cognición y procesos de pensamiento), emocionalmente (nuestros sentimientos y estados emocionales centrales, a un tiempo conscientes e inconscientes) y socialmente (en qué sentido nuestras relaciones y situaciones sociales influyen en nuestra biología).

Al reformular tu forma de pensar en la ansiedad, podrás convertir lo que era una pesada carga en algo útil e incluso beneficioso para tu vida. Y al lograr este salto mortal, abrirás naturalmente la puerta a los extraordinarios beneficios que la ansiedad está diseñada para aportar a tu vida. Si su funcionamiento es óptimo, la ansiedad puede concederte, en esencia, seis superpoderes: la capacidad de reforzar tu resiliencia física y emocional en general; realizar tareas y actividades en un nivel superior; optimizar tu actitud; aumentar tu concentración y tu productividad; mejorar tu inteligencia social y estimular tus habilidades creativas. Controlar la ansiedad y convertirla en algo bueno abre la puerta al descubrimiento de hasta qué punto puede ser un superpoder.

En la segunda parte de este libro descubrirás seis vías de la ansiedad que podrás utilizar para empezar a renovar tu relación con este estado. Las seis vías o «redes neurales» (grupos de áreas cerebrales funcionalmente relacionadas) incluyen la red de la actitud o emoción, la red de la atención (que abarca la red regulatoria descendente a la que me he referido anteriormente), la red de conexión (relacionada con las vías de nuestro cerebro social), la red de recompensa o motivación, la red de la creatividad y la red de resiliencia (vinculada a nuestro impulso innato por la supervivencia). Todas estas redes cerebrales se solapan e interactúan entre sí, comparten vías neurales y se envían señales unas a otras de una forma dinámica y constante.

Segunda parte

APRENDER A INQUIETARSE BIEN

Los poderes ocultos de la ansiedad

Capítulo 4
SOBRECARGA TU RESILIENCIA

Gestionar la ansiedad y, en última instancia, transformarla en algo diferente y mejor tiene que ver con la resiliencia. Todas las redes cerebrales que hemos examinado ofrecen entradas para calmar los pensamientos y las emociones ansiosas o utilizar la energía, la excitación y el malestar para ser mejores, actuar y sentirnos mejor. Esta es la esencia de la resiliencia.

La resiliencia es la capacidad para adaptarnos y recuperarnos de las dificultades en nuestras vidas. Cada día necesitamos la resiliencia para ayudarnos a superar los desafíos, las decepciones, los insultos reales o imaginarios, o cualquier situación dolorosa. Además, es una de las herramientas más importantes a las que podemos recurrir ante la pérdida, el duelo o el trauma. Los acontecimientos traumáticos nos dan la oportunidad de sobrevivir; extraen hasta la última gota de nuestra fuerza y nuestros recursos físicos, y de la misma manera que estamos programados para la supervivencia, también lo estamos para la resiliencia. De hecho, la adaptabilidad propia de nuestra plasticidad cerebral nos prepara para ser flexibles y para recuperarnos después de los reveses. Como científica pienso que la resiliencia es una adaptación exitosa y que consiste en la capacidad para responder eficazmente a los agentes estresantes que surgen en nuestras vidas. La buena noticia es que, pese a la naturaleza inevitable de esos agentes estresantes –tanto los mayúsculos como los insignificantes–, podemos aprender a reforzar nuestra resiliencia. Lo conseguiremos aprendiendo a pensar con flexibilidad y a aceptar que no estamos definidos por nuestros fracasos. Reforzamos la resiliencia al reconocer lo que necesitamos y al saber cuándo pedir ayuda. También fomentamos la resiliencia al buscar el placer y una fuente de alegría, ya sea comida, deportes o sexo. ¡Sí, divertirse llena nuestra despensa de resiliencia!

Cuando nos retamos a nosotros mismos y ganamos en confianza, reforzamos nuestra resiliencia. Cuando descubrimos cómo reducir la respuesta del estrés del cuerpo a través de técnicas de relajación, reforzamos nuestra resiliencia. Cuando comemos bien, cuando dormimos lo suficiente y hacemos ejercicio, fomentamos nuestra resiliencia física y, a su vez, defendemos nuestra resiliencia psicológica. En esencia, como nuestro cerebro-cuerpo está programado para adaptarse, podemos reforzar la resiliencia del cerebro, el cuerpo y la mente. Al afrontar obstáculos, fracasos o tristeza, podemos elegir activamente encontrar oportunidades para optimizar nuestra respuesta al estrés. A veces esto implica revisar estrategias de afrontamiento que resultan inadaptadas (por ejemplo, si agravan la ansiedad y causan otros problemas). La resiliencia no es solo un sistema dinámico de señales interactivas cerebro-cuerpo que nos protege como un mecanismo de supervivencia al acudir a nuestro rescate en los momentos más difíciles, sino también una conciencia, una energía y una habilidad que cultivamos y reforzamos activamente.

No debería sorprendernos que la ansiedad pueda debilitar nuestra resiliencia; la hipervigilancia crónica, la ira, el miedo y la inquietud constantes nos desgastan física, emocional y espiritualmente. Nos arrebatan nuestra fuerza, valor e inmunidad, agotando nuestras reservas físicas y emocionales. Sin embargo, como hemos visto, cuando prestamos atención y actuamos sobre la señal protectora de la ansiedad desde lo más profundo de nuestro ser, nos sentimos motivados a cuidar de nosotros mismos, a buscar la seguridad, a rodearnos de personas dignas de confianza y a ser lo suficientemente valientes para alejarnos de aquellas otras que nos hieren. La resiliencia puede ser una elección consciente, deliberada.

El verdadero poder de la resiliencia es el que emana de la mezcla de nuestros propios éxitos y fracasos a medida que estos configuran, gradualmente, toda nuestra vida. La resiliencia también se refuerza si nos apoyamos en estrategias de afrontamiento adaptativas, aquellas que conocemos y a las que recurrimos para superar esos días duros y las situaciones estresantes en las que puede emerger la ansiedad. En realidad, queridos lectores, la resiliencia cierra el círculo de una de las más poderosas habilidades que la ansiedad cotidiana nos brinda: el poder de reforzar nuestra fuente de resiliencia, personal y renovable, en nuestras vidas. La ansiedad nos ayuda a llenar nuestras reservas de resiliencia; también nos alerta de la necesidad de cuidarnos y recuperarnos. En neurociencia lo llamamos «inoculación del estrés».[1]

LA TRAMPA 22 DEL ESTRÉS Y LA RESILIENCIA

El estrés y la resiliencia van de la mano, como el yin y el yang. La Asociación Estadounidense de Psicología define resiliencia como «el proceso de adaptación ante la adversidad, el trauma, la tragedia, las amenazas o las fuentes significativas de estrés».[2] Según esta definición, la resiliencia no existiría si no hubiera retos, estrés u obstáculos en nuestras vidas. En términos neurobiológicos, la resiliencia es el resultado de nuestra gestión del estrés cada día y durante toda nuestra vida. En 1915, Walter Bradford Cannon[3] identificó la resiliencia como la «respuesta adaptativa visceral a diferentes estímulos». En su laboratorio de Harvard, observó cómo el cuerpo cambiaba en respuesta a agentes estresantes como hambre, frío, ejercicio y emociones fuertes. Este antiguo trabajo facilitó que Cannon fuera el primero en identificar la respuesta de huida o enfrentamiento al estrés. Unos pocos años después acuñó el término *homeostasis* para describir el impulso del organismo para mantener el «equilibrio dinámico».

Esta investigación ha crecido y evolucionado desde principios del siglo XX, y ahora sabemos mucho más sobre el sistema de respuesta al estrés. De forma muy simplificada, podemos pensar que la respuesta al estrés presenta dos grandes trayectorias que corresponden a dos fases.

La primera fase de nuestra respuesta al estrés la estamos viendo desde el capítulo 1 (página 30). Implica la activación del sistema nervioso simpático (autónomo), que produce la respuesta de «huida o enfrentamiento». Recordarás que esto sucede cuando el cerebro-cuerpo se pone alerta, vigilante, y evalúa si existe una amenaza real o potencial y también desencadena una serie de cambios fisiológicos automáticos, como la movilización de las energías, cambios metabólicos, activación del sistema inmunitario y supresión de los sistemas digestivo y reproductivo.

La segunda fase es más lenta y dura más tiempo, y el elemento más habitual en ella es la producción de la «hormona del estrés», el cortisol, a través del eje hipotalámico-pituitario-adrenal (HPA). En paralelo a la liberación de cortisol se produce una amplia red de poderosos neurotransmisores que también contribuyen a regular nuestra respuesta al estrés. Por ejemplo, el neurotransmisor neuropéptido Y (NPY): esta sustancia fundamental cuyo nombre probablemente nunca hayas oído es célebre por contrarrestar los efectos ansiógenos del cortisol. Se ha demostrado que la galanina, otro neurotransmisor que interviene en el proceso, reduce la ansiedad. La liberación de dopamina en las áreas asociadas con la sensación de recompensa disminuye en momentos de estrés y ansiedad; y la serotonina mantiene una compleja relación con el estrés y la ansiedad: aumenta estas respuestas cuando se produce en ciertas áreas del cerebro y reduce sus niveles si es producida en otras.

Algunos científicos se han concentrado en la carga o sobrecarga alostática como una forma de comprender hasta qué punto el sistema del estrés funciona bien a la hora de gestionar los agentes estresantes procedentes del exterior. Independientemente de la terminología empleada, los científicos coinciden en que el estrés físico y psicológico se procesa en una compleja e interactiva red de circuitos en el cerebro. A veces la carga o sobrecarga se gestiona bien y se alcanza la homeostasis, pero en otras ocasiones se impone la sobrecarga.

La mayor parte de la comprensión de hasta qué punto la resiliencia se fortalece o debilita procede de la investigación de situaciones extremas como un trauma o el trastorno de estrés postraumático. Por ejemplo, los estudios sobre traumas en la primera infancia a menudo señalan la presencia de un eje simpático-adrenal-medular (SAM) de extremada sensibilidad, que también se ha relacionado con una amígdala de mayor tamaño y un hipocampo más reducido. La amígdala es la parte del cerebro que detecta el miedo; el área cerebral principal fundamental para nuestra capacidad de formar y conservar nuestra memoria a largo plazo, nos ayuda a *evaluar* la amenaza. Un hipocampo más pequeño sugiere que la capacidad para evaluar apropiadamente la amenaza está comprometida. Estas diferencias anatómicas no solo se han encontrado en personas que han experimentado traumas en la infancia, sino también en aquellas con trastorno de estrés postraumático. Estos hallazgos también han sido confirmados por amplias investigaciones realizadas con monos; entre ellas, estudios que revelan que los individuos en estado salvaje que ocupan un puesto muy bajo en la jerarquía y, por lo tanto, son los últimos en conseguir comida y parejas reproductoras, muestran señales de estrés crónico, entre las que se incluye un hipocampo más reducido.[4]

Aunque aún no tenemos todas las respuestas, hemos hecho progresos en la comprensión de algunos factores biológicos, psicológicos y ambientales fundamentales que arrojan a algunas personas vulnerables a una depresión/ansiedad/trastorno de estrés postraumático clínico y que permiten que otras, con un grado de sufrimiento aún mayor, lo resistan, gestionen la experiencia y recuperen la sensación de bienestar. La continua investigación también señala las diferencias psicobiológicas que parecen predecir una resiliencia más fuerte en algunas personas a partir del perfil genético (neuroquímica). Por ejemplo, las personas con una perturbación en la producción o regulación de dopamina, uno de los neurotransmisores centrales que modulan el sistema de recompensas del cerebro, pueden ser más propensas a la ansiedad, la depresión y las adicciones. Factores epigenéticos, como el impacto del estilo de vida de una persona en su funcionamiento cerebral, también pueden hacer a alguien más susceptible a la ansiedad y reducir la resiliencia física y psicológica general. Un sistema inmunitario mermado o comprometido es otro ejemplo de una resiliencia física debilitada que también puede acarrear efectos psicológicos. Por ejemplo, las personas con trastornos autoinmunes como la fibromialgia tienen una mayor incidencia de depresión; su capacidad para eludir los bajos estados de ánimo está debilitada por el estado depresivo general de su sistema inmunitario.

Una vez más, gran parte de nuestro pensamiento y estudio sobre la resiliencia se ha centrado en lo que ocurre como respuesta al trauma o al abuso. Pero al formular las preguntas —¿cómo es posible que algunas personas se recuperen antes que otras después de sufrir un revés en su vida?; ¿por qué quienes han experimentado tragedias y traumas, especialmente en fases tempranas de la vida, tienen más problemas a largo plazo, entre ellos, trastornos de la ansiedad, trastorno depresivo mayor (TDM) y trastorno de estrés postraumático (TEPT)?—, podemos identificar, y los científicos han empezado a investigar, las características de la resiliencia, de modo que aprendamos no solo cómo responder mejor a acontecimientos trágicos, pérdidas y otras formas de trauma, sino también cómo desarrollar las semillas de la resiliencia antes de que las necesitemos. Así como la medicina preventiva es un medio para evitar la enfermedad y contrarrestar el envejecimiento, fortalecer la resiliencia antes de que la necesitemos no solo es una medida de seguridad, sino un camino hacia una vida más equilibrada y más saludable.

Los científicos también han intentado aislar los factores biológicos que indican resiliencia. Por ejemplo, hay estudios que han demostrado que los niveles elevados de NPY suelen asociarse a la resiliencia ya que producen efectos relajantes y contrarrestan los efectos ansiógenos del cortisol; los soldados que han soportado acontecimientos traumáticos sin desarrollar un TEPT profundo tendían a presentar niveles más altos de NPY. Sin embargo, necesitamos un equilibro entre los NPY y el cortisol para desarrollar una respuesta saludable al estrés. Un exceso o un defecto perjudicarán la homeostasis. Del mismo modo, el factor neurotrófico derivado del cerebro (FNDC), un factor de crecimiento esencial para el desarrollo y el funcionamiento del hipocampo, imprescindible para la memoria a largo plazo y que también resulta estimulado por el ejercicio aeróbico, se considera implicado en la resiliencia.[5]

ESTRÉS TÓXICO, TRAUMA Y RESILIENCIA

Es bien sabido que las experiencias adversas en fases tempranas de la vida, como el maltrato, pueden provocar toda una serie de problemas psicológicos y sociales que perduran a lo largo de toda la vida. Los individuos que han sufrido maltrato infantil tienen un mayor riesgo de padecer trastorno de estrés postraumático,[6] ansiedad,[7] depresión,[8] drogadicción[9] y conducta antisocial.[10] Específicamente, los estudios neuroendocrinos han demostrado que las experiencias adversas en la infancia pueden alterar el funcionamiento del eje hipotalámico-pituitario-adrenal, asociado a una mayor sensibilidad a los agentes estresantes ambientales como la contaminación del aire y la inseguridad alimentaria.[11] La investigación ha demostrado diferencias cerebrales estructurales asociadas al maltrato infantil.[12,13]

El profesor de Harvard Jack Shonkoff ha estudiado desde hace tiempo esta área de investigación en el Centro de Desarrollo Infantil en la Escuela de Salud Pública Chan de Harvard.[14] Ha definido tres posibles vías para responder al estrés: positiva, tolerable y tóxica. Como se describe a continuación, estos términos se refieren a los efectos del sistema de respuesta al estrés en el organismo, no a la propia experiencia o acontecimiento estresante:

- Una **respuesta positiva** al estrés consiste en las habilidades biopsicosociales integradas que nos permiten afrontar los agentes estresantes cotidianos. De hecho, esta respuesta positiva al estrés es afín a nuestra definición de la ansiedad buena: un leve aumento del ritmo cardíaco y una moderada elevación de los niveles hormonales.
- Una **respuesta tolerable** al estrés está marcada por una activación del sistema interno de alarma del organismo, provocada

por un encuentro realmente aterrador o peligroso, la muerte de un ser querido, una gran ruptura sentimental o un divorcio. Durante este intenso estrés, el cerebro-cuerpo puede contrarrestar el impacto a través del autocuidado consciente, recurriendo, por ejemplo, a un sistema de apoyo. La clave aquí es que el factor de resiliencia del individuo sea lo suficientemente estable como para permitir la recuperación. Si, por ejemplo, alguien ha afrontado una crisis vital y no tiene un poderoso factor de resiliencia, tendrá menos opciones de recuperarse.

- Una **respuesta tóxica** al estrés tiene lugar cuando un niño o un adulto padece una adversidad constante o prolongada –pobreza, abandono, maltrato físico o emocional, negligencia crónica, exposición a la violencia– sin el apoyo suficiente. Este tipo de activación prolongada de los sistemas de respuesta al estrés no solo puede perturbar el desarrollo de la estructura cerebral y otros sistemas orgánicos del niño, sino que se perpetúa hasta la vida adulta, lo que impide a las personas disfrutar de su capacidad de gestionar cualquier tipo de estrés.

Cuando una respuesta reforzada al estrés tiene lugar de manera continuada, o ha sido ocasionada por múltiples fuentes, puede suponer un lastre acumulativo para la salud mental y física del individuo, durante toda la vida. Cuanto mayor sea el número de experiencias adversas en la infancia, mayor será la probabilidad de retraso en el desarrollo y, más tarde, problemas de salud, como enfermedades coronarias, diabetes, drogadicción y depresión. El estrés tóxico se asocia a trastornos de la ansiedad, conducta agresiva, falta de flexibilidad cognitiva y un bajo coeficiente intelectual.[15] Otros investigadores han descubierto que la percepción de un estrés prolongado se asocia a un reducido volumen del hipocampo, lo que hace esta estructura más vulnerable a la ansiedad, al deterioro cognitivo relacionado con la edad, así como a problemas de salud como la diabetes, el trastorno depresivo mayor, la enfermedad de Cushing y el trastorno de estrés postraumático.[16] Como hemos mencionado anteriormente, el hipocampo es la estructura cerebral esencial para nuestra capacidad de formar y conservar los nuevos recuerdos de acontecimientos y hechos, y es una de las estructuras más vulnerables en el envejecimiento y la demencia, como la enfermedad de Alzheimer. El estrés prolongado no solo afecta a nuestra capacidad de formar y retener nuevos recuerdos a largo plazo, sino que puede empezar a dañar literalmente las células del hipocampo, reduciendo su tamaño y, por lo tanto, volviéndolo más vulnerable al deterioro cognitivo relacionado con la edad. En estos casos, no hay una cantidad positiva de estrés.

INOCULACIÓN DEL ESTRÉS Y DESARROLLO DE ESTRATEGIAS DE AFRONTAMIENTO ACTIVAS

Recordarás que en el capítulo 3 señalábamos que nuestra primera línea de defensa en la gestión de cualquier tipo de estrés tiene lugar a través de estrategias de afrontamiento. Estas estrategias nos ofrecen vías para medir nuestra capacidad de gestión del estrés; que estas sean adaptativas (es decir, útiles) o inadaptadas (perniciosas) dice mucho sobre nuestra capacidad de resiliencia. Algunos neurobiólogos hablan de nuestras estrategias de afrontamiento con otro lenguaje, como respuestas de afrontamiento activas o pasivas en franco contraste. Las respuestas de afrontamiento activas son «esfuerzos intencionales del sujeto destinadas a minimizar el perjuicio físico, psicológico o social del agente estresante» y suponen el intento de «controlar» el aspecto estresante. El afrontamiento pasivo, que se refiere a la evitación o «indefensión aprendida»,[17] tiene lugar cuando la persona evita una situación estresante, pero también frustra la creación de resiliencia ante el agente estresante. En estos casos, el individuo se hace más vulnerable o susceptible al impacto del estrés y, por lo tanto, es considerado menos resiliente.

Estudios centrados en el estrés de la primera infancia han demostrado que la exposición temprana a situaciones estresantes incontrolables (por ejemplo, escenarios de guerra o maltrato infantil) pueden producir lo que los científicos llaman «indefensión aprendida».[18] Esto ocurre cuando los niños aprenden que nada de lo que hagan cambiará su situación estresante, y el resultado suele ser una patología de larga duración, que incluye trastorno de estrés postraumático (TEPT) y depresión. Las consecuencias negativas a largo plazo de la indefensión aprendida se han estudiado ampliamente en roedores. Curiosamente, los científicos descubrieron que, si se exponía a las ratas al mismo número de situaciones estresantes y se les daba la oportunidad de eliminar, evitar, escapar o controlar el agente estresante (es decir, utilizar una estrategia activa de afrontamiento), no solo no presentaban síntomas similares al TEPT, sino que estas ratas desarrollaban una resistencia mayor a situaciones estresantes posteriores. Los científicos han llamado a esta respuesta «inoculación del estrés» y no solo se ha estudiado y confirmado en roedores y monos, sino que también se ha demostrado que funciona en seres humanos.[19]

Lo que nos dice la ciencia de la inoculación del estrés es que todos nacemos con herramientas para escapar de una situación estresante o que provoca ansiedad. Para dejarlo claro, todas las situaciones que provocan ansiedad activarán tu respuesta de estrés, pero el acto de ejercitar esas respuestas te ayuda a inmunizarte ante futuras respuestas de estrés o ansiedad. Es como si te enseñaras a ti mismo que *puedes* sobrevivir a estas situaciones, y cuanto antes seas capaz de sentir esa ansiedad y actuar para mitigar la respuesta de estrés, mejor lo gestionarás en el futuro. En cierto sentido, esto te da la oportunidad de reentrenar tu respuesta de estrés en cada situación que provoca ansiedad, siempre y cuando seas consciente de tus opciones y herramientas para transformar esa respuesta de ansiedad mala en una buena.

Cuando me di cuenta del poder de utilizar la ansiedad actual para ayudarnos a inmunizarnos contra la ansiedad futura, me entraron ganas de querer crear un Fitbit para las emociones. ¿No sería estupendo tener un dispositivo que no contara pasos, sino que te diera una puntuación de inoculación del estrés basada en cómo has logrado evitar o disminuir una situación estresante? Creo que esa puntuación sería una herramienta motivadora fantástica, como una gran felicitación, para todos los que luchamos contra la ansiedad mala y nos acercamos más a la indefensión aprendida que a la inoculación del estrés. Aunque aún no tenemos ese «Stressbit», intenta llevar un recuento de tus intervenciones exitosas ante la ansiedad, conviértete en tu propio *coach* de la ansiedad, ¡y felicítate a ti mismo a medida que esos números y tu inoculación del estrés aumenten!

DESARROLLAR LA RESILIENCIA

Numerosos estudios han demostrado que podemos desarrollar activamente nuestra resiliencia y, a veces, incluso, revertir los efectos nocivos del trauma en nuestros sistemas del estrés. Los científicos siguen explorando los impactos negativos del estrés prolongado; también observan lo que sucede cuando las personas son capaces de evitar o resistirse a sus efectos negativos; esencialmente, lo que necesitan las personas para volverse más resilientes y proteger así su cerebro y su salud en general.

De hecho, en un informe sobre la neurociencia de los estudios de resiliencia, Gang Wu[20] y sus colegas identificaron numerosas características que han sido asociadas con las personas que demuestran una gran resiliencia. Resulta especialmente estimulante comprobar que la mayor parte de estos rasgos están en sintonía con los superpoderes de la ansiedad:

1. Se ha demostrado que una perspectiva optimista (a menudo denominada afecto positivo) reduce el estado de ánimo negativo y la ansiedad, y acelera la recuperación después de un acontecimiento traumático. Aunque no sugiero que podamos generar optimismo de la nada, sabemos que este se puede cultivar con el tiempo. Los estudios han demostrado hasta qué punto una actitud optimista suele acompañar al bienestar general, la bue-

na salud física y una fuerte red social. Esta forma de pensar optimista y caracterizada por la flexibilidad es la base del superpoder de la actitud activista (véase el capítulo 6).

2. La reevaluación y la flexibilidad cognitiva, dos aspectos fundamentales de la regulación emocional, también se pueden aprender, practicar y, en última instancia, utilizar como una forma de resiliencia psicológica. Como veremos en nuestro examen sobre cómo la red de la atención puede ser secuestrada por la ansiedad (véase el capítulo 7), la flexibilidad cognitiva nos permite reforzar nuestra atención, volver a concentrarnos y resistirnos a interiorizar los fracasos como indicadores de quiénes somos. Esta destreza cognitiva ayuda a alterar la ansiedad y se transforma en una forma de resiliencia psicológica.
3. El apoyo social, que implica buscar relaciones amables que contribuyan a contrarrestar el impacto del estrés, es, de hecho, un superpoder de la ansiedad. La importancia de nuestras relaciones, nuestra capacidad de empatizar y, en definitiva, nuestra capacidad de demostrar compasión son una barrera protectora contra la ansiedad; esta misma barrera es una forma de resiliencia.
4. Se ha demostrado que el humor es una forma activa de rebajar la ansiedad y la tensión producidas por el estrés y que contribuye al reforzamiento de la resiliencia física y psicológica.
5. El ejercicio físico no solo mejora nuestra salud general y el funcionamiento cerebro-cuerpo, sino que también actúa como una fuente de resiliencia fisiológica, ayudándonos a controlar el estrés física y psicológicamente.
6. El altruismo, o lo que los científicos llaman «conducta prosocial», ha demostrado ser capaz de fomentar la recuperación después de un trauma. Considero este potenciador de la resiliencia como una extensión del superpoder de la compasión, que nos ayuda a fomentar una conexión más intensa con nuestros semejantes y contribuye en gran medida a contrarrestar la ansiedad y reforzar nuestra resiliencia emocional.

7. El *mindfulness*, como práctica consciente que incluye la meditación, el yoga y otras actividades que requieren concentración, reduce el afrontamiento pasivo o evitativo, como la dependencia del alcohol, en respuesta al estrés. Así, la práctica de *mindfulness* es una profilaxis contra la ansiedad y la depresión y, a su vez, refuerza la resiliencia psicológica.

El estrés no es solo un hecho inevitable de nuestras vidas, sino también algo que estamos diseñados para afrontar; de hecho, el estrés es lo que nos obliga a adaptarnos, aprender y evolucionar, como individuos y como especie. El tópico es cierto: las lecciones vitales más importantes son consecuencia de los desafíos a los que nos enfrentamos y la manera como los gestionamos. La cuestión clave aquí es que la resiliencia procede no solo de la confianza y la autoestima que conquistamos con nuestros éxitos en la vida, sino, y tal vez esto es lo más relevante, de la supervivencia, la adaptación y la superación después de los inevitables fracasos y desafíos. Desarrollar el superpoder de la resiliencia requiere ambas partes de la ecuación. Hemos de atravesar situaciones difíciles para saber que podemos sobrevivir a ellas.

No importa nuestro nivel de resiliencia, siempre habrá experiencias que nos pongan a prueba. Personalmente tuve ocasión de pasar por una que me puso a prueba a mí y a mi resiliencia.

MI HISTORIA

Recuerdo perfectamente aquel momento: era una mañana fría y nublada de un lunes de mayo, en la que me desperté en mi apartamento de Nueva York después de una semana de viaje en Minesota, donde había dado tres conferencias y había pasado el fin de semana comprando alegremente en uno de los mayores festivales de alfarería de la región. Me encontraba en mitad de mi meditación matinal del té, que me sirve para centrarme en mí misma. Tenía planeado escribir más tarde, ese mismo día, el primer borrador del primer capítulo de este libro.

Eran los últimos días del primer semestre del año y me hallaba muy ocupada. Estaba concluyendo una clase de laboratorio de neurociencia de nivel avanzado para estudiantes con altas calificaciones, preparándome para presidir la última reunión de promoción y titularidad del año, escribiendo artículos, supervisando investigaciones y, lo más urgente, dándole los últimos retoques al discurso de graduación de la Facultad de Artes y Ciencias de la Universidad de Nueva York, que nuestro decano me había invitado a pronunciar en la ceremonia que se iba a celebrar en el Radio City Music Hall tan solo unos días más tarde. Estoy acostumbrada a esforzarme para cumplir con los diferentes plazos que tenga por delante y eso es algo que se me da bien: perseverar, trabajar ardua y diligentemente para cumplir con los plazos, y utilizar el estrés que todo ello genera para ayudarme a avanzar. Estaba a solo unos borradores de terminar mi discurso y, justo después de mi intervención, el año académico se daría oficialmente por concluido y mi agenda quedaría repentinamente vacía, lo que me permitiría involucrarme profundamente en el proceso creativo y en las minuciosas investigaciones de neurociencia imprescindibles para mi segundo libro, que ahora tienes en las manos.

Y, sin embargo, de repente, sucedió lo inimaginable.

A las seis y media de la mañana sonó el teléfono móvil. Era un compañero de trabajo de la empresa de Shanghái propiedad de mi hermano: me comunicó que mi único hermano, David, había sufrido un infarto de gravedad y había fallecido. Poco antes de cumplir cincuenta y un años, mi hermano se había ido repentinamente y para siempre.

David era empresario, inversor y emprendedor. Aunque estaba viviendo en Shanghái, donde había fundado su propia empresa, los últimos años viajaba frecuentemente a California para pasar tiempo de calidad con su familia. Había visto a mi hermano hacía tres meses, cuando tuvimos que volar a la Costa Oeste para estar con nuestra madre, tras el fallecimiento de nuestro padre. En sus últimos años, este había padecido demencia, y su muerte (también de un repentino ataque al corazón), aunque dolorosa, no fue del todo inesperada. Me había imaginado y preparado para la pérdida de papá. Pero ¿David? Su muerte me resultó difícil de asumir.

Aquellas primeras horas después de recibir la noticia fueron surrealistas. Me sentí desconectada de la realidad. Mi mundo se había venido abajo de repente y, aunque todo parecía seguir igual, yo sabía que todo había cambiado profundamente. ¿Cómo puedes perder a alguien que asumes que va a estar ahí durante el resto de tu vida? En los últimos años, mi hermano y yo habíamos formado un equipo maravilloso, organizado y unido para cuidar de nuestros padres. Él se encargaba de las finanzas, yo me ocupaba de los aspectos médicos, y ambos estábamos muy satisfechos de poder trabajar tan bien juntos en esta importante labor: cuidar de las dos personas que más queríamos.

De alguna manera, yo sabía que estaba en *shock*. Incluso poner esto por escrito me hace revivir esa sensación de confusión en la que estaba inmersa y vuelvo a sentir el corazón acelerado y las palmas de las manos sudorosas. Lo único que parecía ser capaz de activarme era pensar en mi madre, mi cuñada y mi sobrina. En aquel momento mi madre era la única que no lo sabía. ¿Cómo iba a ser capaz de decirle que su único hijo había muerto?

Sabía de manera instintiva que no podía darle esta noticia por teléfono: aún se estaba recuperando de la pérdida de mi padre, que fue dura y dolorosa. Así que compré un billete de avión a California, para comunicárselo en persona. Fue el peor vuelo de mi vida.

Al final, me sentí enormemente agradecida por poder contárselo en persona porque, en ese momento, no había nadie a quien yo necesitara más en el mundo que a mi madre y sabía que ella también me necesitaba a mí. Después de hablar con ella, me acomodé en el salón para telefonear a mi cuñada y preguntarle si quería que mi madre y yo nos quedáramos con ellas en la Costa Oeste, si necesitaban algo. Me lo agradeció, pero dijo que estaban bien. Tan bien como se podía esperar, dadas las circunstancias. Seguimos en estrecho contacto, consolándonos y asegurándonos unos a otros que íbamos a estar bien.

Durante la primera semana después del fallecimiento de mi hermano, ayudé a mi madre a gestionar las llamadas y las visitas de numerosos amigos y familiares que querían expresarnos sus condolencias. Llegaron a traernos tanta comida que ya no sabíamos qué hacer con ella. Los tipos de llamadas o visitas eran muy diferentes unos de otros. Algunos acababan llorando al teléfono, incapaces de controlar su propio dolor mientras intentaban consolarnos a nosotras. Otros enviaban correos electrónicos encantadores. Algunos recordaron la infancia de David, que había sido un niño muy revoltoso. Y algunos intentaron distraernos. Probablemente la visita que más agradecí esa semana fue la de un primo que llegó, tomó asiento y de inmediato empezó a mostrarnos una cantidad realmente exorbitante de fotografías de sus últimas vacaciones. ¿Y sabes qué? Ese fue el momento más agradable que mi madre y yo tuvimos aquella semana. No mencionó a mi hermano ni una sola vez, no tenía que hacerlo. Todos sabíamos lo que sentíamos, y, para variar, ¡era increíblemente refrescante concentrarse en imágenes de enormes jarras de cerveza en cervecerías alemanas y deliciosos platos de comida en Tokio!

Cuando volví a mi casa de Nueva York después de pasar siete días con mi madre, mi vida sufrió un parón terrible. Pasé de un estado de enorme ansiedad a otro de depresión severa. Se lo conté a muy pocas personas y no dije nada en redes sociales: tal declaración pública habría significado que aquello había pasado de verdad. Era como si un tsunami de profunda tristeza se abatiera sobre mí al salir de la ducha, desnuda, desprevenida y completamente vulnerable.

Evidentemente, sabía que no era la primera persona del mundo en afrontar una muerte inesperada, pero me abrumó lo desolador y devastador que aquello podía llegar a ser. Atravesaba ciclos de calma y dolor con unos períodos de aflicción más extensos cuando me topaba con algo que me recordaba a mi hermano.

No fue un verano memorable.

Me di cuenta de que iba a tener que enfrentarme a lo más duro que había hecho en mi vida: escribir y leer el elogio fúnebre de mi hermano. Esto era aún más doloroso para mí porque, justo tres meses atrás, cuando mi hermano y yo planificamos el funeral de mi padre, recuerdo que yo sabía perfectamente que no iba a ser capaz de pronunciar unas palabras; me encontraba demasiado devastada. Ese día, mi hermano se encargó de todo y leyó el perfecto panegírico que mi padre se merecía. Fue conmovedor e incluyó una historia que yo no conocía, sobre el perseverante espíritu optimista de mi padre, que capturaba a la perfección su presencia alentadora, amable y cariñosa en nuestras vidas.

Esta vez era diferente. Estaba yo sola y no tenía ninguna ayuda. Y este acontecimiento era demasiado importante. Mi hermano tenía una vasta red de amigos, algunos de los cuales se remontaban a la escuela primaria, y nos veíamos obligados a limitar la lista de invitados a unas doscientas personas entre amigos y familia, aunque eran muchos más los que querían acudir a lo que llamábamos la «Celebración de la Vida» de David. Yo quería decir algo que realmente reflejara quién era él –su lado divertido, su vertiente familiar, su asombrosa red de amigos– y el terrible *shock* que todo el mundo sentía. Realmente no sabía si sería capaz de escribir ese discurso; nunca había escrito uno. Y aunque lo consiguiera, no sabía si sería capaz de leerlo sin echarme a llorar delante de todos. He aquí una situación que provoca miedo y ansiedad.

Lo que más me ayudó en aquella época fueron mis meditaciones regulares por la mañana, acompañando el té. En el mes anterior al evento, mientras meditaba, como cada mañana, intentaba no escribir el discurso. De hecho, procuraba activamente NO pensar en escribir el discurso. Sin embargo, con la lucidez mental que me procuraba la meditación, percibía cómo se abría el espacio y me revelaba exactamente lo que quería decir. Por supuesto, lo supe todo el tiempo. Necesitaba despejar el miedo, la ansiedad y la tristeza que enturbiaban aquellos pensamientos. También tenía el pensamiento –casi una premonición– de descubrir no solo cómo ir más allá del dolor, sino convertirlo en algo significativo. Creo que en aquel momento intentaba que todas aquellas emociones se transformaran y que, en vez de obstáculos se convirtieran en herramientas. Me asaltaron recuerdos de la semana en la que visité a mi hermano en Shanghái el año anterior, y cómo deseé haberlo hecho antes y más a menudo. Pensé que, aunque no habíamos pasado mucho tiempo juntos, era consciente de cuánto lo quería, pese a no habérselo dicho nunca de viva voz. Todos estos pensamientos parecían cristalizar después de las meditaciones, por lo que cuando me senté ante mi portátil, en el salón de mi casa, para escribir el elogio, fluyó de mí más fácilmente de lo que habría imaginado nunca.

El día en que mi hermano habría cumplido cincuenta y un años, le di la despedida amorosa, atenta y emocionante que siempre le quise dar. Ese día sentí que estaba con nosotros. A lo largo de mi vida había dado cientos, quizá miles, de discursos. Este fue, con diferencia, el más significativo y el que nunca olvidaré. No estaba ni mucho menos cerca de «recuperarme» de la terrible doble pérdida de mi padre y mi hermano, pero compartir ese panegírico fue un primer paso importante hacia mi recuperación, que continúa a día de hoy. También descubrí que la terrible aflicción y la ansiedad me impulsaron a encontrar las palabras que reflejaban no solo mi amor, sino todo el afecto de mi familia hacia mi hermano. En parte debido a la profundidad de ese dolor, fui capaz de articular todo lo que había de divertido, grande y realmente único en mi hermano.

A veces me cuesta creer que fuera capaz de pronunciar el elogio, dado el estado en el que me encontraba. Probablemente fue el ejemplo más profundo de resiliencia que haya habido en mi vida. Si ha habido un momento en el que he necesitado empujarme literalmente e ir más allá de mis emociones, ha sido ese.

Al examinar esa época de mi vida, entiendo que realmente se trató de un momento en el que utilicé mi superpoder personal. Fue cuando mi profundo dolor, mi ansiedad y mi sufrimiento fueron reemplazados y superados por mi propia resiliencia. ¿De dónde provenía esa resiliencia? En parte, de mi práctica matutina de meditación. Había estado trabajando mi musculatura meditativa para habitar el instante presente y concederme cierto alivio del dolor. El respiro de esa mañana fue muy útil. La otra cosa que me ayudó fue el inicio de un estado de asombro. Pocos días después de perder a mi hermano fui consciente, con una verdadera sensación de admiración, de que yo aún seguía aquí. Empecé a sentirme intensamente afortunada por seguir viva y por ser capaz de disfrutar del mundo y de las personas que lo habitan, cuando mi hermano ya no podía. Durante aquella época, lo más duro fue la terrible culpa por no haber hecho lo suficiente por él y con él. Yo no era una hermana lo suficientemente buena; no le llamaba bastante; y no aprecié sus sorprendentes cualidades hasta que fue demasiado tarde (pienso en esto último todo el tiempo). Pero tal vez pude expresar todo estos pensamientos y emociones en el panegírico, y lo dije para que el mundo lo escuchara y así afirmar que yo iba a aprender de la muerte de mi único hermano. También sentí un nuevo impulso para buscar activamente nuevas formas de apreciar mi vida y, especialmente, a las personas que habitan mi mundo.

Sé que no estoy sola en mi experiencia de pérdida, duelo y angustia. Todos tenemos que profundizar y atravesar situaciones deprimentes como esta cada día. Somos una especie resiliente, y muchos de nosotros ni siquiera lo sabemos. Pero yo lo sabía entonces y lo sé ahora: no tenía que superar ese elogio; tenía que lidiar con el resto de mi vida.

En las semanas y meses posteriores a la muerte de mi hermano me sorprendió descubrir que era capaz de seguir adelante con mi vida. Empecé a investigar sobre el duelo, y supe que no solo está marcado por la depresión, sino también por la ansiedad: la ansiedad mala que he estado examinando desde el principio de este libro. También empecé a entender que mi red de resiliencia entraba en acción. Pese a seguir lamentado estas pérdidas, a medida que avanzaba el verano, fui capaz de atisbar destellos de esperanza y optimismo; fui capaz de levantarme de la cama cada mañana para afrontar mi lista de tareas.

De pronto quería (y necesitaba) ver a mis amigos más cercanos. Quería volver a trabajar en mi investigación y en los muchos proyectos que había dejado atrás. Quería retomar la escritura de este libro. De hecho, mi ansiedad por quedarme atrás en el trabajo, mi inquietud por avanzar en este libro, incluso la flojera física que sentía... toda esta incomodidad empezó a motivarme. ¿Tuve que esforzarme? Por supuesto. No fue fácil. Pero también sabía que mi ansiedad me guiaba y me impelía a comprometerme con aquellos aspectos de mi vida que aportaban significado. Seguí adelante y eso forma parte de la complejidad y el misterio de la resiliencia humana.

De aquella época recuerdo especialmente un ejercicio matinal. Mi entrenadora, Phoenix, ese día describía el profundo beneficio mente-cuerpo si nos exigimos físicamente en un ejercicio duro y que nos hace sudar. Compartió esta cita del Eclesiastés (1, 18):

«Con gran dolor llega la gran sabiduría».

Y fue entonces cuando me golpeó. Como una imagen en blanco y negro que explota en multitud de colores vibrantes, de pronto fui consciente de la profundidad de la sabiduría que puede traer el terrible dolor. Descubrí que el malestar físico y emocional que había experimentado desde el golpe de estas tragedias era como muchas formas de ansiedad que había vivido a lo largo de toda mi vida. Actuaba como un enorme impulso para «avanzar», «seguir adelante», «tú puedes hacerlo». Yo encarnaba realmente lo que describe la investigación neurocientífica: puede motivarte para cambiar y adaptarte. También me mostraba la magnitud del acontecimiento del que era capaz de alejarme.

Este terrible suceso me dio un curso intensivo sobre mi resiliencia, y ser capaz de leer el panegírico y comprometerme plenamente en el proceso de recuperación era una prueba de ello. Pero tal vez la consecuencia más relevante fue el nuevo nivel de amor y aprecio que sentía por mi familia, mis amigos, mis seguidores, y las maravillosas oportunidades que disfruto en mi vida. Imaginemos algo que pasa del blanco y negro al tecnicolor: este cambio en mi conciencia, apreciación y gratitud hacia lo que más amo en la vida fue muy profundo, como un rotulador fluorescente gigante que me mostrara las bondades de todo lo que disfruto en la vida.

Mi resiliencia no solo es consecuencia de sobrevivir a la pérdida de mi hermano y de mi padre, sino también de haberme adaptado y aprendido de los episodios de ansiedad en mi vida. Este es el poder de comprender la naturaleza de la ansiedad y de la resiliencia. Es la idea de que no tenemos que combatir el dolor, la aflicción y la ansiedad en nuestras vidas. Podemos utilizar esas emociones poderosas y negativas y transformarlas para llegar a ser más plenos, más sabios, y lograr la fortaleza y hacer algo nuevo y creativo con esta sabiduría recién descubierta. Sí, no solo he transformado mi relación con la ansiedad; he descubierto una reserva interior, una fuerza que alimenta todos los aspectos de mi vida. Actúo más, siento más, creo más y amo más. Mi rendimiento es mejor y me siento mejor. Mi vida ha mejorado.

Así pues, ¿qué es la resiliencia?

Es la tenacidad en respuesta a no alcanzar nuestro objetivo.

Es el valor de continuar pese a la decepción.

Es la creencia de que puedes hacerlo y lo harás mejor si te esfuerzas y practicas.

Es la confianza en creer que eres importante.

Es una apertura para aprender y seguir aprendiendo.

Es la fortaleza para perseverar.

Siempre supe que la resiliencia iba a ser uno de los elementos clave alrededor del cual giraría *La buena ansiedad*, pero experimentar estas terribles pérdidas justo cuando iba a escribirlo alteró drásticamente el libro y el papel que la resiliencia desempeña en él. Antes de lo ocurrido, deseaba compartir la idea de que podían utilizarse las «señales de advertencia» de la ansiedad para nuestro beneficio. Después, la idea de transformar la ansiedad mala cotidiana en buena dejó de ser una nueva idea estimulante y adquirió el estatus de misión. Descubrí que estaba utilizando este planteamiento para sobrevivir a un período muy difícil; no solo eran ideas útiles, sino profundas lecciones vitales que cualquiera podría utilizar para mejorar su vida cotidiana: desde la preocupación por haber tardado demasiado en responder el correo electrónico de tu jefe hasta una tragedia personal.

Así pues, a todos aquellos que a día de hoy padecéis ansiedad, mi mayor deseo es que utilicéis las herramientas contenidas en este libro para desarrollar vuestro propio superpoder de resiliencia y resistir así cualquier forma de estrés y ansiedad, ya sea grande o pequeña, para recuperar el equilibrio, asimilar las lecciones aprendidas y la enseñanza que encierran, y seguir adelante con más fuerza, sabiduría y empoderamiento. Tal y como lo hice yo.

Capítulo 5

MEJORA TU RENDIMIENTO Y ABRE LA PUERTA AL FLUJO

Probablemente hayas oído que hacen falta diez mil horas de práctica para llegar a ser un experto en algo: para dominar un instrumento musical, un deporte, las técnicas culinarias o una lengua extranjera. Mucho se ha escrito sobre la investigación de K. Anders Ericsson sobre este tema; aún se hizo más célebre cuando Malcolm Gladwell la describió en su bestseller *Outliers*.[1] Sin embargo, recientemente, un grupo de investigadores ha vuelto a examinar los estudios y la investigación en torno a la cifra de las diez mil horas y han concluido, con gran rotundidad, que esta regla carece de sentido. Específicamente, no hay nada especial en las diez mil horas, y aunque la práctica es muy importante para mejorar el rendimiento, hay otros factores que pueden desempeñar un papel aún más relevante.

¿Cuáles son los factores que nos hacen alcanzar el nivel de maestría en un determinado rendimiento? ¿El puro talento innato? ¿La inteligencia? ¿Una cuestión de azar? ¿La perseverancia? ¿El trabajo duro? Sí, todo eso y... más. La edad, la experiencia y el entorno también desempeñan un papel importante. En otras palabras, no hay un único factor que pueda predecir o asegurar la destreza o el rendimiento óptimo en una determinada actividad.

El psicólogo húngaro-estadounidense Mihály Csíkszentmihályi ha liderado esta área de la investigación en neurociencia afectiva, primero con sus estudios sobre atletas de élite y, más tarde, estudiando el rendimiento óptimo en muchos campos, como la ciencia, el arte y la música. El flujo es un espectro.[2] Incuestionablemente, no es una experiencia de todo o nada. Tiene que ver con una combinación correcta de preparación, diálogo interno positivo y fluidez, y gran parte de su activación se relaciona con cómo estamos aprendiendo a desentrañar la ansiedad, su excitación y sus desafíos. Pero esta investigación también es relevante para la ansiedad; en particular, los elementos o características que permiten fluir se alinean con nuestra forma de canalizar la excitación de la ansiedad. Entran en juego la capacidad de calmar nuestro cuerpo, sostener la mentalidad activista y el uso de la atención. Un nuevo aspecto sobre el que el flujo llama la atención es la motivación. El flujo requiere que nos comprometamos profundamente con la actividad y la disfrutemos; todo eso se activa en parte en la red de recompensas del cerebro. Como veremos, la ansiedad puede beneficiar este circuito de recompensas o atenuarlo y, por lo tanto, mejorar nuestro rendimiento u obstaculizarlo. Comprender la neurociencia que regula cómo la ansiedad (negativa y positiva) interactúa con las redes de recompensa y motivación nos ayuda a comprender cómo podemos utilizar la ansiedad buena para mejorar nuestro rendimiento y disfrutar de más oportunidades de cultivar la experiencia del flujo.

Podemos aplicar la neurociencia del rendimiento óptimo a todo lo que queramos aprender o reaprender, cualquier nueva habilidad o tarea por la que sintamos curiosidad. La palabra clave aquí es, sin embargo, *querer*. Utilizar la ansiedad para optimizar el rendimiento nos exige acercarnos a la tarea con entusiasmo e interés, sin miedo ni reservas. Para utilizar nuestra ansiedad tenemos que hacernos amigos de ella. Veamos cómo es posible hacerlo.

ANSIEDAD POR EL RENDIMIENTO

Creo que todo el mundo estará de acuerdo en que la ansiedad provoca que el nivel de rendimiento caiga en picado. Por lo tanto, al margen de las horas, meses o años de práctica de una habilidad –hablar en público, tocar el piano, jugar al tenis o al baloncesto–, la ansiedad no solo erosiona el rendimiento, sino que elimina absolutamente toda oportunidad de fluir o alcanzar un rendimiento óptimo. Sin embargo, el tiempo que he dedicado a sumergirme en esta investigación me ha permitido comprender que, así como podemos aprender a fomentar la mentalidad activista, usar los errores o fracasos como *feedback*, y recurrir a la excitación de la ansiedad para aumentar nuestra atención, también podemos aprender a mejorar nuestro rendimiento y tal vez acercarlo un poco más a la experiencia del flujo.

Personalmente he vivido experiencias en las que mi ansiedad mala se interpuso en mi capacidad de hacer las cosas bien bajo presión. En otras situaciones he aprendido a apoyarme en la energía de la ansiedad buena para mejorar mi rendimiento. Es importante entender que ambas experiencias son susceptibles de darse. Un ejemplo de la primera es algo que prefiero olvidar. Fue poco después de conseguir mi puesto en la Universidad de Nueva York, cuando me encargaron ser la anfitriona de una respetada neurocientífica sénior que iba a dar una conferencia en nuestro departamento. Esta mujer era brillante, mundialmente conocida, y yo sabía que no soportaba a los tontos. No solo debía cumplir con mi obligación como «anfitriona» oficial en la universidad, lo que implicaba que yo era responsable de organizar sus encuentros con los estudiantes y profesores durante la jornada, sino que uno de mis deberes más importantes consistía en presentarla en la charla anteriormente mencionada. Previamente había investigado su carrera, con diligencia, e hice una lista de sus premios más relevantes. Estaba muy motivada para hacer una presentación de altura ese día. Y cuando subí al estrado para mi presentación de dos minutos me sentía nerviosa. Tal vez se debía a que esta científica en particular me intimidaba un poco (bueno, quizá mucho). O tal vez se explicaba porque era una de las primeras veces en que, como joven miembro de la facultad, tenía que presentar a un orador tan destacado en mi departamento. Quizá me sentía personalmente responsable de cada aspecto de su visita y me puse mucha presión para ofrecer una presentación clara, informativa, significativa e incluso memorable. Hay que señalar que se trataba de una presentación de unos dos o tres minutos. Pero debido a mis altas expectativas, cuando subí al estrado la energía nerviosa que me consumía se transformó rápidamente en un ejemplo clásico de ansiedad mala.

Recuerdo nítidamente oír cómo mi voz temblaba y se rompía al empezar a hablar y pensé con horror que sonaba como una estudiante durante su primera presentación en clase, y no como un miembro de la facultad presentando a una colega. Lo peor no era el temblor de voz, sino que era incapaz de leer la nota que llevaba conmigo. Acabé por saltarme la larga lista de premios y me apresuré a acabar la presentación.

Todavía hoy me estremezco al recordar aquel momento. Mi ansiedad había interferido tan intensamente que no solo había causado estragos en mi cuerpo, sino también en mi cerebro: mi memoria estaba paralizada, mi boca no era capaz de funcionar con normalidad y parecía haber perdido la capacidad de leer las notas que había preparado y que tenía delante de mí.

Como hemos visto una y otra vez, la activación subyacente tras la ansiedad puede impulsarnos en uno u otro sentido: nos puede arrastrar a la zona negativa o lanzarnos a la zona positiva, donde pueden suceder todo tipo de maravillas. La espada de doble filo de la ansiedad tiene un papel importante a la hora de aprender a usarla para optimizar el rendimiento. Evidentemente, todos somos vulnerables a la ansiedad del rendimiento: la sensación de nervios, el sudor en las palmas de las manos y el corazón acelerado que ocurren en momentos importantes, como antes de hacer un examen o una entrevista de trabajo, al subir al escenario para dar un discurso o antes de un evento o competición deportiva. Hasta cierto punto, se trata de una excitación positiva: centra tu atención y te motiva. El nerviosismo es, de hecho, útil: te recuerda que estás haciendo algo importante para ti, que tienes que hacer algo que significa mucho para ti. Pero cuando el nerviosismo es excesivo, cuando se instala la duda y aparece el miedo, podemos experimentar un derrumbe físico; ya no somos capaces de utilizar la excitación propia de la ansiedad.

LA NEUROCIENCIA DEL RENDIMIENTO ÓPTIMO (ES DECIR, FLUYE, CARI, FLUYE)

Entonces, ¿qué es el flujo?

Csíkszentmihályi[3] y sus colegas, entre ellos Jeanne Nakamura,[4] identificaron un estado de compromiso reforzado o inmersión en una actividad que el individuo realiza a un gran nivel y le dieron el nombre de «flujo». El *flujo* se define como un estado de profundo compromiso en el que un elevado rendimiento o habilidad acompaña a un estado mental aparentemente relajado, casi sin esfuerzo, de intenso gozo e inmersión. También señalaron que estos estados no se dan todos los días. Por el contrario, son momentos que solo acontecen ocasionalmente, cuando se produce la alineación casi mágica de la combinación adecuada de aspectos cognitivos, físicos y emocionales.

Los estudios centrados en la relación entre la excitación y el rendimiento se vienen realizando desde hace mucho tiempo. En 1908, investigadores de Harvard que intentaban comprender lo que motiva la conducta orientada a objetivos, como estudiar para sacar buenas notas en un examen, establecieron la que se conoce como Ley Yerkes-Dodson.[5] Querían comprender si el estrés desempeñaba o no un papel positivo en la motivación. Descubrieron que existe un nivel óptimo de excitación, y de ansiedad resultante, que maximiza el rendimiento (el punto alto de la curva en la página siguiente). Sin embargo, más allá de cierto nivel de excitación, lo que llamamos ansiedad mala propicia el desplome del rendimiento.

Dediquemos un tiempo a examinar el lado izquierdo de este gráfico. El compromiso implica disfrute y placer. La excitación habla de la necesidad de provocar un estado de alerta; este es el aspecto positivo de la ansiedad. Por último, la interacción de todas estas dimensiones nos prepara o despeja el camino para el estado de flujo, donde el rendimiento puede alcanzar su punto más alto. Hay que señalar que la ansiedad buena surge cuando el nivel de excitación empieza a aumentar, junto al incremento de la concentración y de la atención. La excitación se evalúa, en parte, gracias a medidas periféricas de actividad

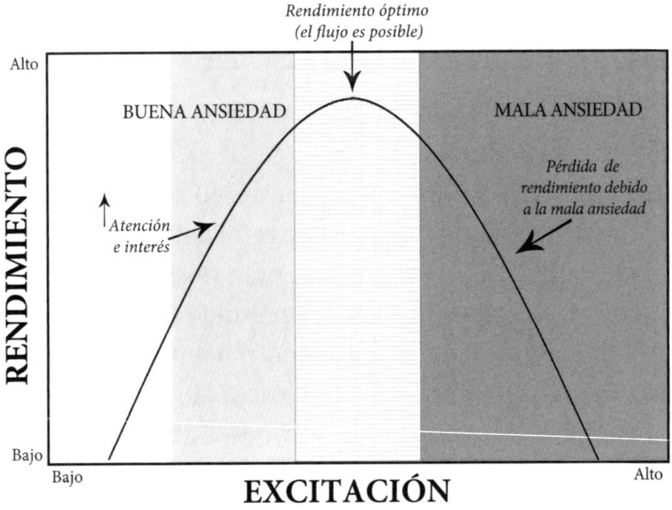

Figura 4. Relación entre excitación y rendimiento

Este mecanismo y diagrama, que define el flujo, también refleja nuestra relación con la ansiedad: cuando aprendemos a encauzar la excitación, resulta útil, pero hay una tensión entre las dos que necesitamos tener en mente.

autónoma como el ritmo cardíaco y la conducción eléctrica de la piel. También se mide por la actividad cortical que puede detectarse en un electroencefalograma. Junto a este aumento de la excitación (energía positiva) y de la atención encontramos nuestro interés o grado de compromiso. Todos estos factores contribuyen a una aguda trayectoria ascendente. Cerca de la cima de la «montaña» del rendimiento, por así decirlo, cuando el rendimiento es óptimo, podremos experimentar el flujo. Este gráfico ilustra muy bien por qué el flujo clásico no es algo que experimentemos muy a menudo. Hay muchos elementos que tienen que darse simultáneamente para alcanzar la cima del verdadero «flujo de Csíkszentmihályi».

Otro elemento que puede predecir la experiencia de flujo es la mejora. Evidentemente, «el máximo rendimiento» es distinto de una persona a otra. Mi rendimiento máximo al tocar el chelo siempre será muy diferente al de Yo-Yo Ma, pero la posibilidad de alcanzar mi propio flujo independientemente de mi nivel técnico refuerza mi motivación:

quiero hacerlo mejor, quiero mejorar. Este deseo activa la red de recompensa. Recordamos la experiencia del placer porque el cerebro produce dopamina, que nos hace sentir bien. Esta buena sensación es lo que recordamos y lo que nos induce a repetir. Cuanto más hábiles seamos en algo, más eficaz será el rendimiento de nuestro cerebro-cuerpo. Cuanto más hábil eres, más competente te sientes. Y cuanto mayor sea tu nivel de competencia, más relajado te sentirás al actuar.

Si volvemos a examinar el gráfico, es importante señalar que todos caminamos por una fina línea –podríamos decir que es el filo de la navaja– entre el punto de rendimiento óptimo, donde fluir es posible, y el punto donde es fácil sucumbir a la ansiedad mala con la subsiguiente caída del rendimiento. Sin embargo, otra forma de describir el lado derecho del gráfico, donde el rendimiento se derrumba y la excitación se dispara, es el «bloqueo». Echemos un vistazo rápido a cómo la ciencia de este fenómeno tan familiar arroja luz sobre la manera en que la ansiedad puede interferir... o no.

LA CIENCIA DEL BLOQUEO

Sian Beilock, exmiembro de la Universidad de Chicago y actual presidente del Barnard College, ha estudiado la asfixia en los atletas de élite.[6] Descubrió que cuando hay mucho en juego, tendemos a dejar que la ansiedad se salga con la suya. La ansiedad puede trabajar contra nosotros, sin que muchos advirtamos lo que está pasando. A veces, independientemente de lo preparados que nos sintamos, la ansiedad puede hacer acto de aparición y apoderarse de nuestro sistema nervioso *porque empezamos a pensar*. Estoy seguro de que podrás imaginar esta situación: te dispones a hacer el examen de conducir después de haber suspendido dos veces; vas a conocer a los padres de tu nueva pareja; estás a punto de hacer la entrevista que tanto esperabas. Las apuestas son altas y tú estás petrificado. Todos podemos imaginar el sudor en la palma de las manos, cómo nuestro corazón se acelera y nuestra mente se desboca, pensando en «hipótesis», colapsando literalmente las autopistas de nuestra mente. Tiene sentido que un jugador de béisbol que coge el bate en la novena entrada de la World Series, Tiger Woods ante el último hoyo del US Open o Michael Phelps al intentar volver a los Juegos Olímpicos se sientan tensos y no cumplan con sus expectativas de rendimiento cuando hay tanto en juego. Y aunque sus horas, meses y años de entrenamiento de alto nivel los protegen del bloqueo, la ansiedad es un jugador complicado.

Beilock explica que la respuesta cerebro-cuerpo a una presión excesiva se apodera de un valioso «espacio cerebral» y provoca respuestas inadaptadas. El bateador que se queda petrificado pensando en su muñeca, el estudiante que intenta recordar en qué página aparece una fórmula, el programador informático que quiere recordar un fragmento de código; este tipo de cavilaciones interfieren con el rendimiento y nos impiden acceder a las habilidades que sabemos que tenemos. ¿Acaso el jugador de béisbol necesita pensar en su muñeca en la novena entrada? ¿Realmente el estudiante necesita pensar en qué página se encuentra la fórmula? ¿Tiene que recordar el programador todo el código? No. Si una persona ha trabajado el material o las destrezas una y otra vez, conoce la información «de memoria» y, cuando llega la presión, utiliza su estado de excitación (fisiológica, cognitiva y emocional) para recordar automáticamente la información necesaria para realizar la tarea: golpear la bola, resolver el problema matemático e introducir el código. Todo esto se debe a las horas de práctica. Cuanto más practicamos una determinada habilidad o conjunto de habilidades, más patrones crea nuestro cerebro-cuerpo para poder trabajar sobre ellas con eficacia. Y el enemigo de este estado de relajación y confianza en uno mismo es el pensamiento.

Cuando algún tipo de presión interna o externa se vuelve excesiva, el camino hacia este funcionamiento automático se interrumpe. Esta es la base del bloqueo. En aquella presentación que di al principio de mi carrera, mi miedo a hablar en público, junto con la presión a la que me había sometido a mí misma, interfirieron con mis preparativos. Yo misma había creado mi bloqueo. Me sentí atrapada en una exigencia desproporcionada: no tenía herramientas para relajar mi cuerpo, y carecía de confianza en mí misma. Mi conciencia de la situación interfirió con mi preparación y me dejó a los pies de los caballos.

La investigación de Beilock reveló otra interesante faceta del bloqueo: lo que desencadena este fenómeno es la *percepción* del estrés. Beilock descubrió que incluso los estereotipos sutiles —las mujeres son peores que los hombres en matemáticas; los blancos son malos en el salto de longitud— influyen negativamente en el rendimiento. Por ejemplo, si se les pide que expresen su género antes de un examen, las mujeres obtienen unas calificaciones más bajas. El recuerdo cognitivo despierta una respuesta emocional que, a su vez, influye en el rendimiento. La buena noticia es que, si se les pide que recuerden sus credenciales académicas, obtienen una media del 10 por ciento más de puntuación en el examen. Una vez más, llegamos a la conclusión de que cognición y emoción van de la mano. Las emociones negativas pueden obstaculizar nuestro pensamiento, y las emociones positivas lo mejoran. En términos de la experiencia del flujo, esta es la razón por la que disfrutar de la actividad resulta tan fundamental; ese placer estimula la producción de dopamina (el neurotransmisor de la felicidad), que propicia nuestra relajación y mejora el rendimiento.[7]

EL MOMENTO DE LA PERFECCIÓN

Al trabajar con estudiantes brillantes que suelen someterse a una enorme presión, soy testigo de versiones clásicas del bloqueo con demasiada frecuencia. Lo que hace que la siguiente historia sea tan memorable es que este estudiante aprovechó el poder de su ansiedad para mejorar su rendimiento.

Tom era muy inteligente y elocuente, y escribía mejor que cualquier estudiante de su nivel que yo hubiera conocido. Le encantaba escribir, y esto se notaba en su actitud y entusiasmo por los artículos que elaborábamos juntos. Cuando presentaba artículos científicos o sus propios datos en reuniones de laboratorio, se sentía como pez en el agua: divertido, inteligente y muy a gusto en esa situación. Pero si lo ponías delante de un auditorio lleno de científicos (aunque los conociera a todos) de pronto se bloqueaba. Se mostraba visiblemente nervioso, lo que era aún más llamativo, dado que nunca lo habíamos visto responder así en el laboratorio.

Después de uno de estos derrumbes públicos en el que estaba tan sobreexcitado que era incapaz de hablar, se presentó ante mí muy molesto y al borde de las lágrimas. «No sé cómo pararlo, no importa lo mucho que ensaye antes de la presentación, no soy capaz de manejarlo.»

Yo me sentí un tanto sorprendida por las intensas emociones que expresaba y me ofrecí a ayudarle.

«¿Cómo aprendiste a estar tan tranquila durante las conferencias, charlas y presentaciones públicas?», me preguntó.

«Bueno —empecé—. Creo que en realidad es porque me gusta hablar e interactuar con el público. Sentirme confiada me ayuda a relajarme y me impulsa a hacerlo mejor cada vez que me dirijo al público.»

En otras palabras, querer mejorar en algo que disfruto me motiva a hacerlo mejor. Estoy tranquila en una presentación pública porque creo que es algo que me produce placer, y no algo que me provoca dolor.

Decir esto en voz alta me ofreció una pista: tenía que ayudar a Tom a avanzar en sus presentaciones, pero en primer lugar necesitaba crear algunas estrategias que lo sacaran de la zona del miedo, para que pudiera sentirse más confiado. Me pareció que tenía que mantenerlo vinculado a su amor por la escritura científica; esto era clave para que se sintiera relajado y comprometido.

Tom se reservaba tiempo para ensayar, y le encantaba la ciencia, pero me di cuenta de que tenía que ayudarle a descubrir lo que podía motivarle a utilizar esa ansiedad en su propio beneficio. Tom tenía otras cualidades que podrían ayudarle a superar su ansiedad a la hora de hablar en público, como su gran sentido del humor y su experiencia como maravilloso pensador en nuestra reunión semanal en el laboratorio. Así pues, con su permiso, decidí hacer un pequeño experimento con él.

Le pregunté qué otros miedos o ansiedades tenía, además de hablar en público. Me explicó que el dinero le generaba ansiedad y que el modesto estipendio que recibía como estudiante de posgrado no le estaba ayudando.

«¿En qué sentido te afecta?»

«Creo que he aprendido a vivir con eso. Pero a veces me desvela hasta altas hora de la noche. Me queda mucho para pagar mis préstamos estudiantiles y me preocupa encontrar un trabajo bien remunerado en la academia después del posgrado.»

Le pregunté: «¿Eres capaz de imaginar que vives con esa incomodidad?».

«Creo que sí —dijo—. Es decir, quiero este título pese a los bajos ingresos que tengo ahora. Me encanta aprender sobre ciencia.»

Le hice ver entonces que ya se había acostumbrado a afrontar un cierto tipo de incomodidad de bajo nivel en su vida. Estuvo de acuerdo.

Le pregunté si se daba cuenta de que podría aplicar sus estrategias para gestionar su ansiedad en relación con el dinero a su miedo a hablar en público.

No lo creía posible, pero estaba dispuesto a intentarlo.

Le expliqué que, en mi opinión, podría utilizar su tolerancia hacia la «ansiedad económica» para reducir su miedo a hablar en público. Aunque su origen sea diferente, los diversos tipos de ansiedad constituyen una forma de activación muy similar, con respuestas fisiológicas parecidas (activan el mismo sistema de respuesta al estrés, fundamentalmente de la misma forma). La cuestión era descubrir cómo podría Tom conseguir que su tolerancia a la ansiedad por hablar en público alcanzara el nivel de su tolerancia a la ansiedad financiera. El primer paso consistía en ser consciente de que ya controlaba su ansiedad en torno al dinero; esta conciencia de su tolerancia al estrés era esencial para poder aplicarla a otros aspectos de su vida. Esta conciencia también le permitía poner en marcha la mentalidad activista, en la que podía creer que podía reducir la ansiedad por hablar en público a niveles tolerables.

Este era el primer paso.

A continuación, anticipándonos con tiempo, le ayudé a diseñar un plan estratégico para dar la conferencia del tercer año, que el departamento exigía a todos sus estudiantes de posgrado y que ya le estaba quitando el sueño a Tom.

Esto es lo que hicimos:

- *Practicamos* juntos su intervención, hasta que supo todo lo que tenía que decir y tuvo respuestas para (casi) cualquier posible pregunta. No le pedí que memorizara el discurso. De hecho, era importante que se sintiera cómodo compartiendo sus ideas de una forma algo diferente cada vez; por eso no abandonó su faceta conversacional. Yo quería que comprendiera sus ideas y las conexiones entre las mismas. Esta práctica hizo que su comprensión pasara de la memoria operativa a una memoria más declarativa. Le formulé las preguntas más difíciles que se me ocurrieron y vi cómo sus respuestas eran cada vez mejores. Mientras trabajábamos, ganó en confianza y fluidez, e incluso disfrutaba al responder a las preguntas en nuestras sesiones prácticas. Una parte fundamental del ensayo consistía en que yo le planteaba las preguntas más amplias y complejas que se me ocurrían, ya que buena parte de su ansiedad parecía centrarse en el miedo que parecía bloquearlo ante la sorpresa. Los dos sabíamos que, aunque diera una conferencia sensacional, si no respondía a las preguntas con confianza, la gente tendría una impresión negativa de la presentación. Por mi experiencia sabía que un orador experimentado empieza por conocer las preguntas más habituales que se le pueden formular y cómo responderlas. Sí, puede haber ocasionales preguntas inesperadas, pero la mayoría se centran en un tema concreto que podemos practicar y con el que sentirnos cómodos. Además, te das cuenta de que las mejores preguntas que recibes son aquellas que te aportan nuevos y maravillosos conocimientos sobre las posibles interpretaciones en las que pensar y discutir con el público, que es uno de los aspectos más fascinantes de dar una charla. Conforme avanzaba en mis preguntas, Tom mejoraba y las respondía sucintamente. Vi cómo su confianza empezaba a hacerse más fuerte y cómo la ansiedad desaparecía de su rostro.

- Trabajé con Tom para replantear su forma de pensar en relación con hablar en público. Le recordé que parte de lo que estaba haciendo era *compartir* su trabajo y su amor por la ciencia con el resto de la comunidad. Necesitaba darse cuenta de que su conferencia debía reflejar la alegría y la curiosidad que yo veía cada día en él, en el laboratorio. Tenía que apoyarse en ese entusiasmo para interiorizar su amor por el material real.
- Le ofrecí un *feedback* positivo sobre el duro trabajo que estaba realizando para la presentación y su enorme calidad. Le reiteré lo orgullosa que estaba de él por trabajar tan intensamente en su presentación y le aseguré que no tenía ninguna duda (y era cierto) de que haría un trabajo notable.

Puedes adivinarlo: ¡dio una perfecta conferencia de tercer año! Al principio estaba nervioso, pero lo reconoció. En lugar de permitir que su nerviosismo iniciara una caída libre y se convirtiera en ansiedad mala, fue capaz de apoyarse en los ensayos que habíamos hecho juntos y encauzar su ansiedad buena. Pronto encontró su ritmo e hizo un trabajo fantástico. Las preguntas fueron difíciles, pero se esforzó en responderlas y salió adelante. Lo vi muy aliviado, y también muy orgulloso, cuando sus compañeros de posgrado le felicitaron por un trabajo bien hecho.

Tom mejoró significativamente su rendimiento, pero no llegó a fluir. Le encantó la experiencia y le excitó y motivó tener que practicar más para fluir. ¡Estaba en el buen camino!

Mi mayor interés a la hora de compartir la historia de Tom es este: como muchas personas ambiciosas, Tom tenía motivación para aprender a gestionar su ansiedad. También entendió que su ansiedad podía ser útil y productiva, y mejorar su desempeño apelaba a su deseo de superación. He presenciado este patrón muchas veces a lo largo de los años tanto en estudiantes universitarios como de posgrado. Ellos conocen el material perfectamente, en un nivel de sobresaliente, pero se estresan y se ponen tan nerviosos en el momento del examen (ya sea escrito u oral) que no logran expresar ese conocimiento claramente en la prueba. Leen mal las preguntas y cometen errores innecesarios al seguir las instrucciones, lo que da como resultado una calificación que no refleja el verdadero estado de su conocimiento. Lo crucial, desde mi punto de vista como profesora, es que los estudiantes aprendan a controlar su ansiedad. Como sabemos, el estrés en la vida es inevitable; un estudiante que opta por tener menos estrés solo está perjudicando sus posibilidades de aprender a funcionar bien bajo presión.

He descubierto que cuando tengo la oportunidad de brindar *feedback* a un estudiante y confirmar su comprensión de un tema, se siente alentado, tiene menos ansiedad y a menudo le va mejor en los exámenes (es decir, en su rendimiento). Este tipo de retroalimentación positiva es la esencia de las charlas de motivación tradicionales, pero se centra en su capacidad de ampliar su tolerancia al estrés y encontrar una forma de gestionar cómodamente la presión.

También animo a los estudiantes a convertirse en sus propios «*coach* ejecutivos» para los exámenes, especialmente aquellos que representan un porcentaje importante de su calificación. Sugiero que traten de hacer un examen como si estuvieran entrenando para un evento deportivo: practicar, ensayar y darse una charla motivadora. ¿Cómo se hace esto? Después de repasar el material y responder a cualquier pregunta práctica relacionada o, mejor aún, crear tus propias preguntas para determinar si comprendes plenamente el material, te has de decir a ti mismo que ¡lo tienes asegurado! Repasa mentalmente todo el tiempo de calidad que has invertido en revisar el material y visualízate respondiendo metódica y tranquilamente todas las preguntas que el profesor te haga, una tras otra, sin ningún problema. Si te quedas atascado, simplemente repasa todo el material que SÍ conoces y vuelve a la pregunta problemática más tarde. Luego, el día del examen, repite en voz alta: «¡Voy a ARRASAR con este examen! ¡He estudiado mucho y conozco el material como un CAMPEÓN!».

El diálogo interno positivo va de la mano de la visualización. ¿Por qué resulta útil la visualización? Porque te permite creer en el escenario antiansiedad fundamental. La visualización te permite crear, en tu mente, un nuevo modelo con el que afrontar una situación potencialmente ansiógena y te muestra otro posible camino que seguir. Si hacer exámenes te ha provocado siempre una gran ansiedad, tal vez podrías visualizarte respondiendo con serenidad a cada una de las preguntas y elaborando minuciosamente las respuestas. Visualízate en la situación tal como deseas presentarte. Puedes ampliar la imagen simple de ti mismo en el examen agregando detalles sobre cómo sentirás el bolígrafo en tu mano o la sensación de calma que experimentarás durante la prueba. Las visualizaciones pueden ser muy poderosas, pero requieren práctica y bastante imaginación. Mantente concentrado en resultados positivos relacionados con la situación que genera ansiedad. Como cualquier nuevo hábito que quieras formar, empieza desde abajo y trabaja desde ahí.

¿PUEDES APRENDER A FLUIR?

El flujo depende de tu capacidad de calmar tu ansiedad, darle la vuelta y, luego, utilizarla. Y aunque el estado de flujo experimentado por maestros como Yo-Yo Ma y Michael Phelps parezca fuera de tu alcance, todos podemos alcanzarlo y aspirar a él. Cada vez que nos acercamos a esa zona nos sentimos sorprendidos: parece casi una droga. Pierdes la noción del tiempo, te sientes completamente atrapado en ese momento, disfrutas y todo va como la seda. El flujo no solo requiere alegría, sino que la produce y mejora el rendimiento en un nivel superior, que tenderá a producir nuevos estados donde fluir sea posible. ¿Quién no quiere fluir más en su vida?

Por lo tanto, ¿y si redefinimos el flujo? ¿Y si, por ejemplo, en lugar de las diez mil horas de trabajo para alcanzar el rendimiento elevadísimo exigido por el flujo clásico de Csíkszentmihályi, por un momento consideramos lo que podríamos llamar *microflujo*? Permíteme explicarme. El microflujo es un estado de duración más breve que el clásico flujo de Csíkszentmihályi, pero es más frecuente y puede utilizarse para enriquecer nuestras vidas, así como nuestro rendimiento, de una forma significativa. En cierto sentido, el microflujo consiste sencillamente en darte la oportunidad de disfrutar de ti mismo. El microflujo se sitúa en el corazón de la neurociencia: cualquier experiencia se puede asemejar a la de fluir si incorpora la atención, el compromiso y la diversión. Cuando experimentamos este tipo de placer mente-cuerpo, nuestro cerebro produce dopamina, almacenamos ese recuerdo y lo usamos para motivarnos en el futuro.

Consideremos algunos ejemplos de microflujo:

- Un profundo savasana (postura de descanso) después de una dura clase de yoga;
- una profunda y reparadora noche de sueño después de una semana muy dura;
- una conversación reconfortante o divertida con tu mejor amigo;
- el profundo estado de relajación que alcanzas después de un masaje maravilloso;
- un día supereficiente en el que has acabado cinco tareas (y solo has tardado quince minutos en hacerlas);
- un esfuerzo colectivo del vecindario para rescatar un gato de un árbol, en el que todos han compartido un objetivo y se han sentido en sintonía unos con otros.

Ninguno de estos ejemplos podría ser un profundo flujo de Csíkszentmihályi, está claro. Sin embargo, todos ellos incluyen relajación y disfrute tras un trabajo intenso o un compromiso profundo y, por lo tanto, producen una recompensa. Como el clásico flujo de

Csíkszentmihályi, el microflujo tiene un poderoso componente motivacional. ¿Para qué es bueno esto? Estos momentos de flujo, más frecuentes, no solo disminuyen la ansiedad mala y fomentan la buena, sino que también te ayudan a aprovechar plenamente los momentos alegres en tu vida cotidiana, y esta será una de las estrategias motivacionales, de descanso y recuperación más eficaces a tu disposición.

¡VE A POR ELLO!

No hace mucho un grupo empresarial ruso me invitó a una presentación en su gran conferencia anual en Moscú. Me encontraba detrás del escenario del Estadio Olímpico, preparándome para dirigirme a miles de personas y hablarles del tema de mi primer libro, los efectos transformadores del ejercicio en el cerebro. La instalación era grandiosa, y mientras miraba el escenario y el enorme estadio, empecé a sentirme nerviosa, porque de pronto me di cuenta de que probablemente este iba a ser el público más numeroso al que me había dirigido nunca. Recuerdo mis palmas sudorosas y el latido de mi corazón, tan fuerte que me preguntaba si los técnicos que había por allí podrían oírlo. El día anterior había visto a dos de los otros oradores del programa, Malcolm Gladwell (¡célebre por las diez mil horas!) y Richard Gere (célebre por *Pretty Woman*) entrar en el escenario y hacer una magnífica presentación. ¿Podría yo hacer lo mismo?

Para aumentar aún más mi ansiedad, el día anterior, sentada entre el público para escuchar a Gere y Gladwell, me di cuenta de que los oradores eran recibidos con fuegos artificiales que estallaban frente al escenario. Me gustó ver la pirotecnia el día antes o me habría asustado mucho: obviamente, ¡la mayoría de los escenarios no incluyen un despliegue de fuegos artificiales! Me quedé fuera del escenario, pensando en la magnitud del momento y preparándome para esos fuegos que estallarían en cuanto pusiera el pie en el escenario. Esto podría haber activado en mí el estrés, la ansiedad mala y mi pesadilla de la «presentación del orador» vivida años antes. Pero en esta ocasión fue muy diferente. Dominaba mi charla, y no solo eso: me entusiasmaba poder darla. Recuerdo pensar nítidamente, con una conciencia hiperlúcida, justo en el momento en el que subía al escenario: «¡Voy a darles una charla a la altura de los fuegos artificiales que están a punto de estallar!».

Y lo hice.

Utilicé mi corteza prefrontal para concentrarme en la alegría de transmitir un mensaje en el que creía, lejos del miedo al fracaso o la angustia de no estar «a la altura». En lugar de asustarme, esos fuegos artificiales me inspiraron para reforzar mi energía y mi nivel de entusiasmo y, por lo tanto, la calidad de mi intervención. ¿Estaba nerviosa antes? ¡Por supuesto! Pero esos nervios constituyeron una motivación para estar a la altura de las circunstancias y realizar una presentación excelente: ¡mi ansiedad buena en acción! Y lo mejor fue que, pese a las dimensiones del lugar y a que la mayoría del público me escuchaba a través de unos auriculares con traducción al ruso, ¡pude percibir la atención de la gente durante toda la presentación!

Es cierto que no me había sentido «csíkszentmihályiana» muchas veces en mi vida. Pero me sentí así en aquel escenario de Moscú. Quizá se debió al impulso de energía que recibí de los fuegos artificiales, o tal vez porque cuando en mi charla dije: «El ejercicio es lo más transformador que podemos hacer hoy por nuestro cerebro», la idea clave de la conferencia, el público rompió a aplaudir, ¡algo que NUNCA me había pasado! Tal vez fue por el percusionista ruso que subió dos veces al escenario para poner música a los dos miniejercicios que invité a realizar al público y que todos llevaron a cabo. Fue una de las charlas más memorables que he dado jamás no solo por el lugar único, sino por la participación de un público maravilloso. Durante mi intervención sentí que el público y yo fluíamos al unísono.

Capítulo 6
CULTIVA LA MENTALIDAD ACTIVISTA

Poco antes de cumplir cuarenta años tropecé con una muralla emocional. Me había pasado los veinte años anteriores estudiando, investigando y obligándome a alcanzar nuevas cotas, primero académica y luego profesionalmente. Era una triunfadora y en realidad tenía poca identidad más allá de eso. ¿La chica que había crecido prendada de los *shows* de Broadway? Ya no existía. ¿La joven que había viajado a Francia y se había entusiasmado con la lengua, la cultura, la comida y el vino de ese país? Ya no existía. ¿La joven que se había enamorado localmente de un joven músico francés? No existía. A los cuarenta años, tras pasar toda mi vida adulta en la academia, de pronto me sentía poco menos que como un autómata.

Trabajaba obsesivamente. No me concedía tiempo para descansar, relajarme y recuperarme. No me gustaba mi aspecto ni cómo me sentía. Me había alejado de la gente, y solo me comunicaba con un pequeño círculo de personas que incluía a unos pocos amigos que no vivían en Nueva York. En aquel momento me había alejado de mis padres y de mi hermano. Era un manojo de nervios: ansiosa, angustiada y agotada. Esto era lo que en parte me impulsaba a trabajar tan intensamente: la productividad y el éxito en el trabajo eran algunos de los pocos placeres que encontraba en la vida. Mi otro placer era la comida, lo que me llevó a ganar doce kilos. El hecho de que yo me pusiera una máscara «alegre y enérgica» de cara al mundo exterior no hacía más que empeorar la situación. No quería que me vieran como a una persona solitaria sin amigos. Quería ser percibida como alguien con energía, contenta y activa. Pero proyectar este rostro feliz de cara al exterior acababa reforzando mi ansiedad y mi sensación de soledad, en mucho mayor grado que si hubiera manifestado mis verdaderos sentimientos.

Al principio no tenía ni idea de cómo salir de esta situación. Sentía que estaba empujando a un elefante de tres toneladas hacia la cima de una montaña. Pero más tarde, al cambiar conscientemente de marcha y basarme en mi comprensión de la ciencia y en una desesperada necesidad de cambio, empecé a hacer pequeños ajustes. Imaginaba que, si me sentía mejor físicamente, también me sentiría mejor mentalmente. Por eso cambié mi dieta, dejé de comer tan a menudo en mis amados restaurantes de Nueva York y cuidé mi alimentación. A continuación, decidí hacer ejercicio con más regularidad. Me llevó un tiempo descubrir una forma de ejercicio que realmente me resultara placentero; por suerte, vivo en Nueva York, donde hay una asombrosa cantidad de opciones. Finalmente, acabé probando una clase llamada intenSati, una mezcla de yoga, danza y ejercicios aeróbicos combinados con afirmaciones pronunciadas en voz alta, y me gustó. Me lancé a fondo. Lo último que añadí a mi vida fue la meditación. Tardé cierto tiempo en integrarla en mi rutina cotidiana. No puedo decir que de la noche a la mañana estableciera una práctica de meditación regular. Pero al probar apps, clases y sencillas secuencias por mí misma, poco a poco aprendí a meditar; de hecho, tiene que ver con aprender qué es lo que funciona en cada caso. No hay una única forma de meditar: no hay una que esté bien y otra que esté mal.

Estuve muy atenta a mi respuesta a estos nuevos estímulos y analicé los resultados. Creaba y reunía mis propios datos en tiempo real. Lo que observé fue poco menos que una transformación: sí, perdí el peso extra no deseado. Sí, empecé a sentirme con más energía y con una sensación positiva en relación con mi cuerpo. Sí, me sentía más tranquila y concentrada. Dormía mejor, encontraba tiempo para relajarme y no trabajaba todo el día. Pero la transformación más significativa que experimentaba en tiempo real era un profundo cambio en mi estado de ánimo y en mi actitud hacia mí misma y hacia la vida.

Al dar un paso atrás e intentar comprender y analizar estos cambios en mi vida como si le estuvieran ocurriendo a otra persona, me surgieron algunas preguntas: ¿por qué una persona aprende y crece a partir de las experiencias más difíciles de su vida, mientras que otra se hunde? ¿Qué impulsa a una persona a asumir una situación profundamente dolorosa e intentar encontrar una salida, no solo para sobrevivir, sino para prosperar? ¿Qué me impulsó a mí a ir más allá de mis verdaderos sentimientos de estar desperdiciando la vida y a querer hacer algo al respecto? ¿Qué me llevó a darle la vuelta a la situación, sin saber cuáles iban a ser necesariamente los resultados?

Siempre me he considerado afortunada por haber nacido con una curiosidad innata por el mundo (lo que explica el haberme dedicado a la docencia y la investigación). De hecho, en ciencia usamos el fracaso casi como una prueba de fuego en los experimentos. En su artículo «A Celebration of Failure»,[1] Joseph Loscalzo, médico y profesor en la Escuela Médica de Harvard, señala lo siguiente: «El fracaso es, evidentemente, parte del método científico. Todos los experimentos bien diseñados se enmarcan en términos de una hipótesis nula, que a menudo resulta ser más válida que su alternativa». Esta familiaridad con el fracaso no era nueva para mí, pero nunca la había personalizado. De hecho, en el pico de la ansiedad me vi obligada a considerar mi situación como una especie de fracaso, un fracaso que, sin duda, podría llegar a comprender.

La ciencia dice que es posible alimentar este tipo de reacción productiva hacia los fracasos, errores o incluso lo que llamamos mala suerte. Nacemos con la capacidad de utilizar literalmente todo lo que nos sucede (tanto lo bueno como lo malo) como una oportunidad para aprender, crecer y ampliar nuestro horizonte; esa misma capacidad nos puede llevar a interpretar cualquier cosa que nos suceda (tanto buena como mala) como problemática, aterradora e inestable. La lente a través de la cual interpretamos y procesamos nuestra experiencia y, lo más importante, nuestra creencia en nuestra propia competencia es lo que llamamos *mentalidad*. Este fascinante y candente tema de investigación tiene sus raíces en el trabajo de Carol Dweck,[2] psicóloga y educadora de Stanford que, a lo largo de años de investigación, ha identificado que niños, estudiantes y adultos manifiestan una de estas dos mentalidades: la fija y la orientada al crecimiento.

Dweck estaba interesada en comprender por qué algunos estudiantes persisten pese a al fracaso y los obstáculos, mientras que otros abandonan. Centró su investigación en la percepción que los estudiantes tienen de su competencia e inteligencia. Descubrió que los jóvenes, por ejemplo, que creen que la inteligencia es algo ya determinado cultivan una mentalidad fija y, por lo tanto, les cuesta más perseverar. También tienden a creer que cualquier error o fracaso es una demostración (prueba) de su inteligencia o competencia limitada.

Por otro lado, los jóvenes que creen que la inteligencia se puede desarrollar y cultivar con esfuerzo tienden a considerar que los errores son información que puede producir una mejor solución la siguiente vez, lo que demuestra una mentalidad de crecimiento. Los jóvenes —y también los adultos— orientados hacia el crecimiento se conciben a sí mismos en un constante proceso de aprendizaje, y se sienten capaces de mejorarse a sí mismos y a sus circunstancias. La buena noticia es que Dweck ha demostrado que es posible desarrollar una mentalidad de crecimiento. En general, identifica cuatro pasos específicos en este proceso:

- En primer lugar, hay que aprender a oír la «voz» de la mentalidad fija, esa voz que dice que existe un límite a lo que podemos lograr en cada situación.
- En segundo lugar, hay que reconocer conscientemente que se dispone de una opción: escuchar esta creencia limitada en nuestra propia capacidad o atender a la voz de la mentalidad de crecimiento, que nos dice que tenemos control sobre nuestra propia respuesta al estrés.
- En tercer lugar, habrá que contrarrestar activamente la voz negativa y autolimitante con una voz positiva y orientada al crecimiento. Esto puede parecer cursi, pero es una forma de ensayo y práctica. En lugar de «Nunca superaré esta situación. No lo soporto más. Olvídalo. Es un horror», prueba con «Es una situación muy estresante, pero sé que la voy a superar. Puedo hacer

esto o lo otro, y sé que eso me hará sentir mejor y más segura. Luego podré descubrir los siguientes pasos que tengo que dar».

- Por último, actúa. Esto implica descubrir qué es lo que hay que hacer. Ocurre cuando predicas con el ejemplo y actúas con el conocimiento de que un error o un obstáculo, o un *feedback* negativo, es información que impregna tus pensamientos y acciones.

A lo largo de los años he sido testigo de cómo muchos estudiantes pasaban de la mentalidad fija a la mentalidad orientada al crecimiento. No solo se convirtieron en estudiantes más comprometidos y motivados: a menudo mejoraron su rendimiento académico general. Pero lo más relevante para nuestros intereses y el estudio de la ansiedad es cómo este cambio de mentalidad abre la puerta a lo que yo llamo el «giro».

Al prestar atención a las respuestas iniciales al estrés, cuando la ansiedad empieza a asomarse, tenemos una opción: podemos dejarla campar a sus anchas o tomar una decisión y actuar y responder de una forma diferente al estrés. Este es el primer paso para controlar la ansiedad y aprender a encauzarla.

Una parte importante de poder «cambiar» la experiencia de la ansiedad de algo completamente negativo a algo neutral o incluso positivo depende de una decisión consciente de hacerlo. Me refiero a esta elección consciente como una *mentalidad activista*, y está relacionada con la naturaleza misma de la plasticidad del cerebro: es la decisión activa de utilizar la ansiedad como un catalizador para el cambio, una forma de replantear la ansiedad, que deja de ser un problema para ser una lección. Cuando desarrollas una mentalidad activista (pensemos en ello como una mentalidad de crecimiento intencional), puedes ejercer un mayor control desde arriba sobre tu actitud y orientación hacia los sentimientos negativos e incómodos asociados con la ansiedad, cambiando tanto tu experiencia de los sentimientos negativos (es decir, estos tienden a disminuir) como tu creencia de que puedes canalizarlos de manera positiva.

¿Conoces el refrán «Lo que no te mata te hace más fuerte»? Eso señala un aspecto crucial de una mentalidad activista: aprender a confiar en que la ansiedad no te matará y saber cómo concentrar tu fuerza para superarla. Esta forma de pensar te permite controlar una situación, acontecimiento o experiencia a pesar de su incomodidad, aprender de ello y luego aplicar ese nuevo aprendizaje en una dirección productiva y generativa. El poder completo de una mentalidad activista implica tomar conciencia de cómo tus actitudes hacia ti mismo moldean la forma en que interpretas o evalúas los acontecimientos o las situaciones en tu vida. Cuando crees que una puerta se ha cerrado de golpe, la ansiedad puede hacerte sentir que no hay forma de salir de la habitación; la mentalidad activista te permite dar un paso atrás y buscar una ventana.

Cuando me encontraba en mitad de mi crisis vital, mi constante nivel de preocupación me centraba únicamente en las posibilidades negativas que se cernían sobre el horizonte: ¿Y si no conseguía mantener mi puesto de forma permanente? ¿Y si me echaban, sin darme explicaciones, de la facultad? ¿Y si no era capaz de perder esos doce kilos de más? ¿Y si a nadie le importaba que los perdiera?

Para poder hacer algo que realmente cambiara mi situación, primero tenía que reconocer lo mal que me sentía. Después de meses, y probablemente años intentando silenciar el malestar u obligándome a trabajar más intensamente para evitar las emociones negativas, tenía que admitir que realmente algo andaba mal. Detenerme y darme la oportunidad de experimentar esos sentimientos significaba que no podía limitarme a atajar esa angustia: tenía que afrontarlos y decidir si quería seguir padeciéndolos o pasar página. Descubrí que necesitaba una distracción positiva para darme un respiro y distanciarme de esas emociones. Supe que, al buscar clases de entrenamiento físico lo suficientemente complejas, me centraba tanto en los ejercicios que no podía pensar en nada más. Entendí que era imposible preocuparse por el trabajo cuando se está en mitad de una clase de *kick boxing* que exige el cien por cien de nuestra capacidad mental y física para seguir las complejas coreografías.

De esa manera superé algunos de esos sentimientos negativos y pude darme un merecido descanso. Pero al echar la vista atrás me doy cuenta de que incluso en ese momento todavía estaba evitando algo realmente importante. Mi ansiedad era una gran señal roja intermitente que realmente decía: «¡Necesitas más interacción social, amigos y amor en tu vida! ¡No eres un robot que solo trabaja! ¡Presta atención a todas estas emociones negativas que te estoy enviando; te están dando un mensaje! ¡Estas emociones negativas son VALIOSAS!».

Tuve que reconocer que podía elegir: o seguir haciendo lo que estaba haciendo o realizar un ajuste en mi vida. Ese momento llegó cuando me di cuenta de eso y, lo que es más importante, admití que no era muy feliz en mi vida. Cuando vi claro que marcar todas las casillas académicas en el camino hacia la titularidad y obtener un «asiento en la mesa académica» en términos de publicaciones e invitaciones a conferencias no garantizaba una vida feliz. También tuve que afrontar el hecho de que, aunque vivía en Nueva York –donde siempre había soñado vivir–, estaba disfrutando de todas las oportunidades que esa ciudad me brindaba (¡restaurantes increíbles!, ¡Broadway!, ¡numerosos museos que visitar!) en soledad. Esta lucidez me hizo examinar profundamente mi vida y pensar no solo en todo lo que contribuía a mi ansiedad, sino en lo que no estaba haciendo, en lo que me perdía. Vacaciones. Viajes. Amigos. Mi amor por los idiomas. En aquel momento, mi actitud hacia las vacaciones era esta: «Como no tengo a nadie, no seré capaz de disfrutar de unas verdaderas vacaciones divertidas yo sola, así que no tengo que planear nada especial». Esta actitud, junto a agachar la cabeza y trabajar intensamente, era la mejor manera de no sentirme mal, lo que me encadenaba al banco del laboratorio de forma poco saludable. Sin embargo, el *feedback* positivo que obtenía de los cambios que realizaba en otros aspectos de mi vida me brindó la oportunidad de considerar mis opciones. Me propuse cambiar explícitamente mi actitud hacia las vacaciones y decirme lo siguiente: «Como no tengo ataduras, puedo darme el lujo de ir a donde quiera mi corazón, sin que las preferencias o el calendario de otra persona me limiten. ¡Qué suerte tengo!».

¿Qué es lo que hice? Decidí hacer las vacaciones más extraordinarias que pudiera imaginar. Y tuve la idea perfecta. Un fin de semana había ido a un spa en el que uno de los instructores de *fitness* me había hablado de una empresa de viajes de aventura para la que trabajaba. La organización llevaba a personas de todo el mundo a parajes bellísimos, donde descubrían el entorno y experimentaban las nuevas culturas al mismo tiempo. Pensé: «¡Eso es! ¡Voy a romper mi rutina con unas espectaculares vacaciones de aventura!». Mi primer viaje fue a Grecia, para hacer kayak en el mar con un maravilloso grupo de guías y quince aventureros llenos de energía (incluyendo a una persona que viajaba sola: ¡yo!). Íbamos en kayak de un pequeño pueblo griego a otro, disfrutando de deliciosos alimentos frescos, haciendo mucho ejercicio e incluso visitando ruinas griegas. ¡Fue un viaje espectacular! Qué lujo conocer a todos aquellos exploradores modernos en un lugar diferente a Nueva York. Aquel viaje fue el inicio de una serie de aventuras entre las que se cuentan recorrer las cataratas Victoria y el río Zambeze, en la frontera entre Zambia y Zimbabue; hacer *rafting* en el río Cotahuasi, en Perú, y recorrer toda China.

Recuerdo la libertad y la alegría que supuso cambiar los meses de verano trabajando en el laboratorio por una nueva y excitante aventura vital. Esta fue la primera transformación en una larga lista de cambios de mentalidad que experimenté después de controlar mis niveles iniciales de ansiedad. A medida que empecé a desentrañar el poder de este cambio en la actitud (solo más tarde lo llamé mentalidad activista), empecé a jugar a un juego conmigo misma: ¿sería capaz de cambiar mi ansiedad respecto al dinero?

Empecé examinando las creencias que me impedían realizar verdaderos cambios. Si crees que los unicornios son reales y tienen poderes mágicos, vivirás con ese sistema de creencias. Si crees que cierto número de horas en el trabajo se corresponden con tu productividad como persona, vivirás tu vida así y pasarás mucho tiempo trabajando. Por ejemplo, mi antiguo temor a no tener dinero (¿alguien más lo comparte?) se basa en mi creencia temerosa de que el dinero es difícil de conseguir, que cuesta encontrar nuevas fuentes de ingresos y que siempre es escaso. ¿Y si me concedo permiso para identificar evidencias de que 1) tengo un buen sueldo que cubre mis necesidades, y 2) siempre he pagado mis facturas y he podido irme de vacaciones? Al recordarme conscientemente estas realidades, me doy la oportunidad de actualizar las creencias que alimentan mi ansiedad. Cuando decidí fundar una *start-up* tecnológica basada en mi investigación, inmediatamente tropecé con mis creencias sobre la escasez del dinero. Un año después, fue evidente que fundar una nueva empresa era muy caro; tendría que hacer una aportación económica mayor de lo que había pensado en un principio. En lugar de rendirme o dejar que la ansiedad sobre el dinero me paralizara, decidí reformular, reorientar e incluso remodelar mis creencias sobre el mismo.

Ahora mi nueva actitud hacia el dinero se parece a esto: «Soy buena encontrando nuevas fuentes de financiación y siempre tengo opciones a mano. Sé que tengo que gastar dinero (con prudencia) para conseguir material y hacer una inversión inicial, así que lo gasto despreocupadamente para poner en marcha el trabajo. Hay mucho dinero para una buena idea, yo creo en la mía y pienso que habrá recursos disponibles para respaldarla».

Así es como cambió mi actitud:

Vieja mentalidad	Nueva mentalidad activista
El dinero es escaso	El dinero es abundante
Estoy sola	Tengo un gran grupo de personas que me apoyan
Necesito hacer feliz a todo el mundo	Centrarme en alcanzar el objetivo de mi vida es la mejor forma de avanzar
Tengo pocos buenos amigos	Tengo muchos amigos maravillosos
Solo si trabajas constantemente, tendrás éxito en la vida	La alegría y la risa es la mejor forma de poner a punto el cerebro para que dé lo mejor de sí mismo
Me avergüenzan mis fracasos	Aprendo y crezco a partir de cada uno de los errores de mi vida

Tabla 2

Tenía que encontrar la forma de pasar de tener demasiado miedo como para arriesgar el dinero a no temer los riesgos, pero también creer que merecía la pena asumirlos porque disponía de recursos fiables y acceso a capital.

Comprender que tenía el poder de calmar mi ansiedad respecto al dinero fue un punto de inflexión para mí. Sentí una increíble sensación de alivio y control. Fui capaz de identificar creencias que nublaban mi capacidad para evaluar con precisión una situación, y cambiar a otras creencias que me fueran de utilidad. Cada vez que lo lograba, sentía que el mundo se expandía. Esto no quiere decir que bastara con chasquear los dedos y de pronto aparecía todo el dinero que necesitaba: ¡por supuesto, no es algo tan simple! Pero era capaz de derribar los muros que me impedían ni tan siquiera intentar alcanzar los objetivos que quería. Cultivar la mentalidad activista requiere pensamiento, compromiso, una conciencia constante y la voluntad de tolerar el malestar. No es que la ansiedad por el dinero haya desaparecido, pero sigo intentándolo y cosecho beneficios.

A medida que fui capaz de apaciguar mi ansiedad mala y empezar a cultivar más activamente una mentalidad activista, también empecé a comprender la «verdadera» función de mi ansiedad: era un sistema de alerta. Mi ansiedad surgía cuando mi vida se acercaba a los límites de mis creencias limitadoras: cuando asumía riesgos, soñaba a lo grande o me atrevía a salir de mi zona de confort. Cuando mantuve mi ansiedad a distancia para considerarla como lo que era, descubrí que se parecía a creencias obsoletas e inútiles: el miedo/ansiedad en relación con el coste de lanzar una nueva *start-up* nació del hecho de que yo creía que el dinero es siempre un bien escaso. La ansiedad y los nervios que sentía al planificar unas vacaciones de verdad surgían de mi rechazo a experimentar cualquier tipo de sentimientos negativos. Mi ansiedad era señal de que mis planes y mi sistema de creencias no estaban en sintonía.

El sistema de alerta de la ansiedad nunca desaparece, pero empecé a entender cómo podría utilizarlo en beneficio propio.

JARED: SACUDIRSE LA ANSIEDAD MALA Y ABRAZAR UNA NUEVA MENTALIDAD ACTIVISTA

¿Recuerdas a Jared, que se quedó en casa dos años después de acabar la universidad, inmovilizado por la ansiedad y la depresión? Su primer paso para hacerle frente a la parálisis de la ansiedad tuvo lugar cuando sus padres le dieron un ultimátum para que consiguiera un trabajo o se marchara de casa. También le recordaron que tenía oportunidades, opciones. Que era capaz de conseguir un trabajo, aunque no fuera el que había soñado en la universidad.

La presión de sus padres removió algo en lo más profundo de Jared: se enfadó. En primer lugar, el malestar hacia sus padres se tradujo en un cambio de actitud y en un deseo de demostrar de lo que era capaz («Os lo voy a demostrar»). Y a continuación, al buscar empleos *online*, su enfado creció aún más. Era inteligente, era inventivo. ¿Estaba atascado? Sí. ¿Era capaz de encontrar algo que hacer? Sí.

La exigencia de sus padres también lo obligó a reconocer lo avergonzado que se sentía por no tener un trabajo ni un proyecto vital. Pero en esta ocasión, en lugar de hundirse en este sentimiento, se aferró a su ira como si fuera una balsa salvavidas. Y en cierto modo lo era.

Jared recordó que su madre había mencionado un programa de voluntariado en Costa Rica, en el que los voluntarios recibían formación para construir viviendas y enseñar inglés al mismo tiempo. Era un compromiso de un año y Jared había estudiado español como asignatura optativa. Buscó información sobre el programa, rellenó la solicitud *online* y fue aceptado. Parecía algo muy conveniente. Aunque se sentía aterrado y muy ansioso, también creía que podía afrontar este trabajo; por eso se obligó a salir de casa y subirse al avión. Se sentía solo y desesperado, pero esas emociones no eran tan intensas como la vergüenza de estar atrapado en el sótano de la casa de sus padres.

Casi en cuanto se bajó del avión en la capital, San José, y conoció a algunos de los compatriotas con los que iba a trabajar en el programa, empezó a sentir que volvía a la vida. Los sentimientos oscuros y volubles que le envolvían como una manta húmeda y fría se desvanecieron. En el transcurso de los siguientes seis meses, Jared inició un proceso de ajuste. Su ansiedad y depresión no desaparecieron, pero en este nuevo escenario, gradualmente fue encontrando una fuente de tolerancia en su propio malestar. Se comprometió con las familias, la cultura, las aldeas. Su trabajo era físicamente exigente: formaba parte de un pequeño equipo que literalmente ayudaba a construir casas en una remota aldea en las colinas situadas en el centro de la zona norte de Costa Rica. Pero el trabajo requería dos cosas que Jared necesitaba desesperadamente: esfuerzo físico para despertar su cuerpo y redirigir la atención centrada en sí mismo y sus apuros laborales, vitales y de vivienda hacia las necesidades de otros.

A medida que recuperó la actividad física (tuvo que caminar diez horas solo para llegar a la remota aldea donde iba a trabajar), sintió que regresaba el nivel de energía que había tenido durante la escuela secundaria y la universidad, su estado de ánimo mejoró, y tuvo la sensación de que no todo andaba mal en su vida. Y lo más importante, no se sentía ansioso ante cualquier cosa. También se benefició de la creciente interacción social exigida por ese trabajo. Tenía que hablar con los niños (después de todo, enseñaba inglés) y comunicarse con sus compañeros, mientras pasaban su tiempo libre construyendo estructuras de viviendas para la comunidad. Esta interacción social le dio un *feedback* positivo: era valorado, su trabajo era significativo. Y gracias a este *feedback* fue capaz de reevaluar conscientemente su propia valía.

Jared hizo una transformación de 180 grados: la obligación de realizar una actividad física, emocional, cognitiva y social deliberada no solo le dio un nuevo sentido y propósito a su vida, sino que permitió operar un cambio muy consciente en su mentalidad. De la vida con sus padres conservaba el intenso recuerdo del miedo a no encontrar algo significativo que hacer en la vida, su ansiedad ante la creciente presión de sus padres para que se marchara de casa y su desesperación, alimentada por su ansiedad mala. Ahora era capaz de utilizar las emociones negativas para su transformación. Por el contrario, en Costa Rica tenía un propósito estimulante, nuevo y totalmente inspirador. En lugar de un futuro atrapado en el sótano de la casa de sus padres, podía vislumbrar una carrera docente, en organizaciones benéficas o una combinación de ambas. En lugar de no tener pista alguna sobre qué hacer después de la universidad, ahora sabía que podría ser un profesor atento y excelente. En lugar de sentirse aislado y sin amigos cercanos que pudieran apoyarlo, sentía que en esa comunidad de profesores solidarios y socialmente comprometidos había encontrado su sitio. Al realizar un cambio tan intenso y casi inmediato en su vida, Jared fue capaz de descubrir cómo, al disminuir su ansiedad mala, pudo acceder a una nueva mentalidad (de hecho, suele llevar más tiempo) hacia sí mismo y hacia su vida. Y lo manifestaba en su rostro, en su actitud, en sus relaciones personales y profesionales, y en su nueva relación consigo mismo. Era algo hermoso de ver.

Por lo tanto, ¿qué nuevos circuitos se activaban en el cerebro de Jared? ¿Qué estaba detrás del impulso para superar la ansiedad mala y el cambio resultante en la mentalidad?

Desde la perspectiva de la neurociencia, sabemos mucho de los circuitos cerebrales que se activan con la ansiedad.[3] Antes de que Jared se marchara a Costa Rica, probablemente hubo una fuerte activación de la amígdala, amplificada por un área clave del lóbulo frontal conocida como corteza cingulada anterior dorsal, entre otras áreas cerebrales interconectadas asociadas con las emociones de la ansiedad y la depresión. En cuanto Jared fue recibido por su nueva comunidad en Costa Rica, su amígdala, la corteza cingulada anterior dorsal y la corteza prefrontal ventromedial empezaron a calmarse. El cambio radical de escenario literalmente alteró el cerebro de Jared, mejorándolo. Los desencadenantes negativos de su viejo entorno fueron eliminados y nuevos estímulos positivos despertaron su sistema nervioso. El cambio en su entorno actuó como un agente estresante nuevo y positivo que redujo su ansiedad mala y a la vez impulsó una nueva conciencia de su propio estado emocional.

También veríamos que su corteza prefrontal y su corteza cingulada anterior mostraban más actividad y que, en líneas generales, había una mayor interactividad entre las diversas regiones del cerebro. Era como si las emociones positivas actuaran como lubricante en un motor oxidado, resucitando a Jared.

En este caso, el chico encontró una vía rápida para revertir su ansiedad porque:

1. Su actividad física aumentó, y el movimiento le permitió eliminar algunas de las sustancias químicas estresantes acumuladas en su cuerpo.
2. Se desplazó a un entorno completamente nuevo y en el que no existían sus antiguos y bien definidos detonantes de la ansiedad, por lo que fue capaz de crear nuevas respuestas.
3. Aceleró su estimulación social, lo que le hizo sentir más conectado a los demás; eso liberó oxitocina, una hormona que le hizo sentirse mejor.
4. Empezó a participar en actividades que le hacían sentirse valorado, y eso cambió su perspectiva sobre el propósito de su vida y su capacidad para aportar algo al mundo.

Por otra parte, Jared fue *consciente* de que estos ajustes le estaban ayudando a cambiar su vida de una forma profunda. Como el cambio fue muy rápido, pudo comparar literalmente las creencias limitadoras que no dejaban de dar vueltas en su mente antes de desplazarse a Costa Rica («Nunca encontraré un trabajo», «Nunca encontraré nada mejor para vivir que el sótano de mis padres», «Estoy solo», «No tengo ni idea de qué hacer con mi vida») con una mentalidad activista asombrosamente distinta que le llevaba a afirmar que había encontrado un propósito en la vida, que había descubierto la comunidad de la que quería formar parte, y que tenía el talento innato y la energía para convertir todo esto en una carrera estimulante. De hecho, reconoció su brillante sistema de creencias de los días más felices en la escuela secundaria y la universidad. Él simplemente necesitaba encontrar una forma de liberarse de la ansiedad mala que se había apoderado de él (y encontrar este programa en Costa Rica) a fin de volver a descubrir esa parte de sí mismo que sabía cómo utilizar una mentalidad activista para superar inseguridades e indecisiones.

No estoy diciendo que Jared disfrutará el resto de sus días de una vida sin dudas, miedos o ansiedad; lo más probable es que tenga cierta tendencia a la ansiedad, sin que ello suponga ningún problema. Pero al escuchar lo que su ansiedad le estaba diciendo que andaba mal, pudo impulsarse hacia una situación novedosa que alivió la fuente de su ansiedad: sus inseguridades, la falta de confianza en sí mismo y el miedo a no saber qué hacer. Alejarse físicamente del lugar de su ansiedad fue el comienzo para aprender cómo canalizarla y lo que le permitió cambiar, y su conciencia de este cambio forma parte de lo que constituye su mentalidad activista.

REEVALUAR NUESTRAS ACTITUDES

Una mentalidad de crecimiento utiliza la reevaluación que examinamos en la primera parte del libro. Al reevaluar una situación ejercitamos lo que los neurocientíficos llaman «flexibilidad cognitiva»: vemos la situación con un enfoque diferente. Esta flexibilidad puede marcar la diferencia entre sentirnos atrapados en una situación de la que no hay escapatoria y poder encontrar soluciones creativas a un problema. Para muchos, la ansiedad procede del sentimiento de fatalidad que rodea un cierto acontecimiento, como si no existiera forma de resolver un problema, salir de un aprieto o evitar una situación adversa. La reevaluación es una herramienta poderosa para utilizar en situaciones específicas y que nos permite empezar a debilitar los detonantes de la ansiedad, uno tras otro, y hacerles frente de forma distinta. La reevaluación nos ayuda a ver una situación de una forma diferente, de la misma manera que una capa de pintura transforma el ambiente de una habitación que nos resulta conocida. En este caso, optar por una mentalidad activista implica adoptar la costumbre de pensar en las emociones negativas, como la ansiedad, como si fuera información; esta elección nos enseña a «ver» nuestros sentimientos en lugar de simplemente sucumbir a ellos. Cuando hice esa primera observación de que estaba atrapada en una ansiedad mala, que me enfrentaba a un muro de ladrillos, me di cuenta de que había una diferencia entre cómo me sentía yo y lo que realmente estaba sucediendo. Encontré el suficiente espacio mental para poner en marcha el modo científico y comenzar a ver mis sentimientos como algo separado de mí misma. Este es el comienzo de la adopción de una mentalidad activista capaz de transformar la ansiedad mala en buena.

Utilizar una mentalidad activista para reevaluar tu situación puede ser el inicio del cambio de tu actitud hacia la situación para convertirla en algo que sea realmente productivo. Investigaciones recientes en neurociencia que profundizan en las bases cerebrales de la actitud y la evaluación ayudan a arrojar luz sobre este fascinante tema. Por ejemplo, un estudio de Stanford[4] mostró que actitudes más positivas hacia el rendimiento en matemáticas en niños en edad escolar no solo se asociaban a un mejor rendimiento en esa materia, sino también a niveles más altos de actividad en el hipocampo al resolver problemas matemáticos. En otras palabras, tener una actitud positiva y proactiva nos hace más funcionales, tanto emocional como cognitivamente. Por otro lado, varios estudios demuestran que la depresión, la ansiedad y las actitudes negativas en general conducen a un peor rendimiento. Si bien la correlación no implica necesariamente causalidad, una posible interpretación es que las actitudes positivas hacia las matemáticas contribuyeron a un mejor rendimiento en esta materia (y a una mayor activación del hipocampo).

Estudios relevantes de William Cunningham[5] y sus colegas sugieren que tenemos la capacidad de alterar y modificar nuestras actitudes, que es exactamente lo que la mentalidad activista nos pide que hagamos para ayudarnos a cambiar nuestras evaluaciones. Cunningham lo llama «marco de reprocesamiento iterativo» (RI). Esta es una forma peculiar de decir que en un mundo complejo siempre utilizamos nueva información para reevaluar o alterar nuestras actitudes en relación con determinados temas. Por ejemplo, ¿es Lance Armstrong un héroe por superar un cáncer y dar esperanza y mucho dinero para ayudar a otros enfermos, o es el villano número uno del mundo del dopaje? Estas reevaluaciones se modulan a partir de la información actual y del marco que usamos para la evaluación (por ejemplo, cáncer versus dopaje). Nuestras actitudes son procesadas por una red de áreas centradas en la corteza orbitofrontal, y tienen la capacidad de ser moduladas por la información procesada y evaluada en la corteza prefrontal lateral. Estas actitudes pueden tener un efecto positivo o negativo en nuestra conducta, y está completamente en nuestras manos decidir qué efecto tienen.

EL PODER DEL EFECTO DE CONTRASTE NEGATIVO

El efecto de contraste negativo, señalado por primera vez por Leo Crespi en 1942,[6] es un fenómeno que los psicólogos usan para describir cómo algo puede resultar más atractivo cuando se lo compara con algo significativamente menos atractivo. He aquí un sencillo ejemplo que muestra el papel que puede desempeñar el efecto de contraste negativo en la vida real, en particular en la mía. La experiencia tuvo lugar cuando di mi primera conferencia «real» sobre ciencia como estudiante de posgrado en un prestigioso congreso sobre aprendizaje y memoria en UC Irvine. Había practicado horas y horas, asegurándome de saberlo de memoria; sin embargo, seguía estando muy nerviosa. Me sudaban las palmas de las manos y podía sentir mi corazón desbocado. No dejaba de pensar en que podía tropezar en el escenario y olvidarme del texto que llevaba preparado. Era evidente que el estudiante que me precedió (en esta sesión, solo los estudiantes hacían presentaciones) no había practicado su intervención. El pobre no dominaba la información de sus diapositivas y balbuceaba todo el tiempo; todos, incluida yo, deseábamos que terminara su presentación para poner fin a su desdicha (y la nuestra). Pero al verlo tartamudear entendí que yo estaba mucho más preparada de lo que pensaba;

había repasado las diapositivas una y otra vez; había practicado lo que iba a decir. Me di cuenta de que el listón del éxito era un poco más bajo de lo que había imaginado. Yo era la siguiente. Comparada con el pobre chico, mi intervención fue lo mejor del día. Recibí muchos elogios en aquella primera presentación. La experiencia incluso me llevó a establecer una nueva mentalidad en relación con la oratoria en público: «Soy una excelente oradora».

Esto es lo que puede hacer el contraste negativo: ayudarte a sentir que las cosas en realidad son mucho mejores de lo que podrían ser y permitirte empezar a ver el lado positivo en casi cualquier situación. En lugar de contemplar únicamente el mejor escenario posible y angustiarte por no llegar a alcanzarlo nunca, el contraste negativo te permite imaginar el peor escenario y darte cuenta de que estás mucho mejor. Sí, fue muy importante invertir tiempo y energía para asegurarme de estar bien preparada, pero el contraste negativo (con el otro chico como ejemplo), combinado con el *feedback* positivo que recibí, consolidaron una fuerte creencia en mis capacidades como oradora, que dura hasta el presente. Podríamos pensar que está relacionado con el entrenamiento en el «peor escenario posible»: con una nueva reevaluación, una situación que parecía realmente mala resulta tolerable porque no es el peor escenario posible.

Jared también se benefició de un impresionante efecto de contraste negativo. Debido a la extremada diferencia entre sus entornos (el sótano familiar versus una aldea remota en Costa Rica), Jared fue capaz de recordar fácilmente lo mal que se sentía al vivir en el sótano de sus padres si lo comparaba con su situación actual, en la que se sentía mucho mejor. La inquietud, el nerviosismo procedente de la falta de sueño y su malestar crónico de no ser capaz de tomar una decisión eran recordatorios tangibles de lo ansioso y estancado que había estado; aunque la vida en Costa Rica trajo todo tipo de nuevos desafíos a su vida, los percibió como estimulantes debido a la mejora que suponía respecto a la situación en que se había encontrado. Esos recuerdos viscerales formaron lo que se conoce como la referencia interna que permitió el efecto de contraste. Era muy consciente del *feedback* positivo que recibía de los niños y las familias a los que ayudó, y también extremadamente sensible a lo bien que se sentía haciendo todas las cosas que le habían sacado de su zona de confort. Esta conciencia le hizo ganar confianza en su capacidad para asumir nuevos desafíos.

Y esta es exactamente la conciencia y la motivación que impulsaron su definitivo cambio de mentalidad, no solo como una solución temporal, sino apropiándose de ella para siempre.

ANNE: CÓMO FOMENTAR UNA MENTALIDAD ACTIVISTA

Anne tiene setenta y ocho años. Nacida en California, trabaja en el sector inmobiliario, juega al tenis todo el año, nada y hace yoga. Sale tres o cuatro noches a la semana: a cenar con una o dos amigas, a una biblioteca para escuchar una conferencia interesante, al cine o al teatro. Siempre le ha gustado estar físicamente activa, disfruta al sentirse sana, enérgica y «dándolo todo». Pero ahora algo ha empezado a cambiar; a menudo se muestra irritable, se siente fácilmente abrumada por cosas que solía tomarse con calma, y lo peor de todo, siente que su situación se le escapa de las manos. Aunque tiene dos hijas que la adoran y quieren cuidar de ella, Anne rechaza su ayuda porque no quiere que se inmiscuyan en su vida. Sus hijas intentan convencerla de que se está sobrepasando y que tiene que bajar el ritmo, pero Anne insiste en que «Siempre he sido así. Así es como soy». Sin embargo, en momentos más tranquilos, sabe que algo le pasa. Últimamente se da cuenta de que se está obligando a salir a la calle; le disgustan las invitaciones y teme los eventos en su calendario. Anne sigue creyendo que toda esta actividad es buena para ella; esta ha sido la estrategia precisa que le ha funcionado durante décadas. Tenía que mantenerse activa para controlar su ansiedad. Sí, admite para sí misma que su cuerpo y su mente van más lentos debido al envejecimiento, pero si ella se deja ir y comienza a cambiar cualquiera de estos hábitos en los que confía, todo se desmoronará. De hecho, la aterra dejar de moverse.

Probablemente desde fuera resulte fácil ver que sería muy beneficioso para Anne bajar un poco el ritmo: que descansara más, que combinara la actividad física con ejercicios de relajación más pausados, que no se obligara a salir con tanta frecuencia por las noches... Pero lo que la tiene atrapada es su creencia de que sus actividades definen quién es. Si se detiene, teme venirse abajo. Así que sigue adelante, con miedo a hacer cualquier cambio.

Ella siempre se había apoyado en estos hábitos —ejercicio, una vida social intensa y un trabajo atractivo— para sentirse centrada y resuelta. En realidad, no los asociaba a la disminución de la ansiedad durante los años en que había mantenido su apretada agenda. Pero ahora que su nivel de actividad se ve amenazado, siente ansiedad y cree estar perdiendo el control de su vida. El hecho de estar tan ocupada la ha ayudado a afrontar su ansiedad durante años, amortiguando el estrés. Ahora tiene que desacelerar y atender a lo que estos cambios le están señalando: que su nivel de ansiedad ha aumentado.

Como muchos de nosotros, Anne no quería admitir que sentía ansiedad. Su idea de sí misma estaba muy anclada a sentirse física y emocionalmente vital y muy estable. Pero cuando enfermó de neumonía se vio finalmente obligada a bajar el ritmo. Sí, se sintió fatal. Apenas podía levantar la cabeza de la almohada y, durante dos semanas, lo único que quería hacer era dormir. Sin embargo, esta desaceleración tenía un aspecto positivo: obligó a Anne a admitir lo débil que se sentía y lo ansiosa que había estado durante un tiempo.

Para Anne, el aumento de la ansiedad fue una señal de advertencia de que era hora de un cambio. Odiaba sentirse tan agotada y admitió que sus hijas podían tener razón; lo que antes solía hacerla sentir bien ya no funcionaba. Decidió adoptar un ritmo de vida más bajo solo para probarlo. Su enfermedad le dio una buena excusa. Pudo notar cómo el sueño más largo y profundo que acompañaba a su recuperación la hacía sentir un poco mejor cada día. También decidió explorar qué cantidad de sueño le convendría más una vez completamente recuperada, en lugar de simplemente volver a sus viejos hábitos. Se dio cuenta de que en realidad sentía cierto alivio al no tener que salir siempre con amigos, asistiendo a conferencias, cenas y galas. Al crear algo de espacio entre ella misma y sus actividades, pudo tomarse el tiempo para reevaluar si las estaba viendo tal como eran o si las juzgaba por lo que significaban para ella antes de que su situación cambiara. Se permitió darse cuenta de que la inactividad le sentaba bien y la ayudaba a sentirse más fuerte. En lugar de volver inmediatamente a su vida social, decidió elegir aquellos eventos a los que realmente quería asistir, lo que automáticamente redujo el número de compromisos en su calendario. Comenzó a sentir el deseo de volver a la actividad física regular y creyó que eso era una buena señal, pero también decidió que su estrategia sería experimental en lugar de prescriptiva. Comenzaría a jugar al tenis lentamente, solo un día, y dejaría que su cuerpo le dijera cuántos partidos por semana eran suficientes.

En este caso, Anne se vio obligada a reaprender una lección valiosa: somos seres en cambio constante y necesitamos estar sintonizados con nuestros cambios, a fin de adaptarnos. Aferrarse tenazmente a una antigua rutina solo porque es lo que siempre había hecho estaba haciendo daño a Anne, pero su miedo impedía que se tomara el tiempo que necesitaba para una reevaluación y el diseño de un nuevo plan. Había descubierto una idea central de la mentalidad activista: *Si crees que eres capaz de adaptarte, prosperarás mientras te adaptas*. Sus hijas no podían creer el cambio que se había operado en su madre: ella siempre había sido una fuerza de la naturaleza, y aún lo era, pero los nuevos elementos de profunda autoconciencia, optimismo, y su creencia en que todavía era capaz de aprender le reportaron una confianza añadida para hacer de su vida algo maravilloso, especialmente en la temprana edad de setenta y ocho años. De hecho, Anne descubrió otra ventaja del superpoder de la mentalidad: el poder de la autoexperimentación. Descubrió que, cuando escuchaba a su cuerpo e intentaba cosas diferentes para optimizar su respuesta, no solo sabía lo que su cuerpo necesitaba, sino que sentía que controlaba más su salud. Al final, esta comprensión fue el mejor regalo que se podía haber hecho a sí misma: «Nadie va a decirme que es tarde para aprender».

LIZA: NO SILENCIES TUS HIPOTÉTICOS PROBLEMAS

A veces, nuestros mecanismos habituales de afrontamiento pueden decirnos mucho sobre cómo estamos lidiando, o no, con el estrés de la vida diaria. Es importante tener en cuenta que hay una diferencia entre los mecanismos de afrontamiento que simplemente enmascaran el problema y no hacen nada para abordarlo realmente, y los mecanismos de afrontamiento saludables que adaptamos intencionalmente, con el tiempo, porque nosotros o nuestras circunstancias han cambiado. Acceder a nuestra mentalidad activista requiere ser objetivos y positivos al mismo tiempo. También exige desarrollar conciencia de los desencadenantes de nuestra ansiedad y los consiguientes sentimientos negativos.

Tomemos la situación de Liza como ejemplo. Puede que recuerdes cómo acostumbraba a salir a correr todas las mañanas antes de ir a la oficina, cómo se esforzaba al máximo en el trabajo y luego terminaba el día derrumbada en el sofá, con una botella de vino vacía a su lado. En sus buenos días, podía salir adelante con esta rutina. Pero, con el tiempo, estos mecanismos de afrontamiento dejaron de ser tan efectivos. De hecho, parecía haber llegado a un punto muerto en el que sus estrategias habituales estaban interfiriendo con su vida. Se sentía fracasada. Y el *feedback* que le llegaba en el trabajo era negativo: «Desmoralizas a los demás», «Eres demasiado controladora» y «Eres muy dura con quienes te rodean».

Liza apenas se reconocía a sí misma. Sabía que no se sentía bien, pero desconocía la razón, y temía que, si observaba el problema con suma atención, todo su mundo se desmoronaría sin esperanza de reconstrucción. Se despertaba en mitad de la noche con una larga lista de «hipótesis» con todo lo que pensaba que podía ir mal en el trabajo. Se sentía ligeramente paranoica en relación con sus compañeros, imaginando que diversas personas intentaban desprestigiarla o arrebatarle proyectos. El único alivio que encontraba a los pensamientos obsesivos era el final de la larga jornada de trabajo, cuando regresaba a casa y tomaba vino. Durante unas escasas dos o tres horas, el alcohol alejaba sus dudas sobre su rendimiento en el trabajo, toda la angustia ante un error que le podría costar el puesto y los miedos por el futuro. Era como silenciar sus problemas.

Sudando y con el corazón acelerado, se preguntaba a sí misma: «¿Qué le ha pasado a mi confianza? ¿Por qué me he vuelto tan insoportable?». Su irritabilidad y su dificultad para controlarla eran señales evidentes de que algo estaba cambiando.

Para enderezar el barco, en primer lugar, tenía que empezar a reconocer que su conducta ya no la ayudaba a controlar su ansiedad; tuvo que admitir que tenía que limitar o suprimir el alcohol. A continuación, buscó ayuda para comprender cómo y cuándo su ansiedad había adquirido proporciones imposibles de manejar. Por último, cuando Liza eliminó el vino de la noche, empezó a dormir mejor. Este primer paso fue esencial porque calmó su sistema nervioso y le aportó más equilibrio. Desde esa posición más sólida, Liza pudo considerar qué era lo que necesitaba reevaluar en su entorno. Sabía que tenía una mala rutina laboral. Lo que Liza más deseaba era ese murmullo de excitación, la emoción de amar su trabajo. El subidón de trabajar en un equipo productivo. Por lo tanto, pidió a su jefe que le asignara un nuevo proyecto con un nuevo grupo de personas; esto le permitiría pulsar el botón de reinicio en su realidad laboral. Liza también preguntó si podía recurrir a un *coach* privado para incentivar su desarrollo profesional. Estos cambios reactivaron su interés y motivación en el trabajo. El *coach* la ayudó a identificar hasta qué punto restablecer su mentalidad podría transformar su vida por completo. Por ejemplo, descubrió que no siempre había sido tan dura consigo misma, y que su autocrítica negativa contribuía a sus sentimientos de frustración y miedo en el trabajo. Cambiar su mentalidad le permitió adoptar una actitud más amable y bondadosa hacia sí misma y hacia sus objetivos y rendimiento laboral. Por añadidura, esta nueva actitud se expandió naturalmente a todos sus compañeros de trabajo. Aprendió a adoptar un marco mental más abierto: ya no se sentía obligada a controlar cada aspecto de su jornada laboral para que no se la considerara menos valiosa. No siempre tenía que hacerse cargo de todo. También podía relajarse y escuchar.

Nuestra perspectiva de la vida y nuestra actitud hacia nuestra propia experiencia son facetas importantes de nuestra salud, felicidad y bienestar general. A medida que consideras qué quieres cambiar acerca de tu actitud hacia ti mismo y tu vida, comienzas a probar con uno o más de los trucos que ofrecemos más adelante. Has de experimentar de manera abierta adoptando la postura de un científico. Y confía en que es muy probable que, al adoptar esta nueva actitud optimista, te sientas mejor. Esta recompensa, por sí sola, reforzará una nueva red de actitudes que mejoran la vida. En esencia, Liza creó una mentalidad activista.

UNA ROSA CON OTRO NOMBRE

Mientras trabajaba en este capítulo, me pregunté a mí misma: «¿Existe el exceso de reformulación?».

Pensaba en mi amiga Celine, una brillante periodista, escritora y emprendedora, que una vez me contó que nunca le habían rechazado un artículo.

«¡Guau! –le dije con cierta ironía–. ¡Sabía que la gente que va a Harvard es muy inteligente, pero no tenía idea de que tenían poderes mágicos!»

Enseguida me explicó que nunca había sido rechazada porque cada propuesta había resultado en un paso adelante positivo. Es decir, o bien establecía una conexión más profunda con un editor, adquiría un *feedback* útil (por ejemplo, «Querida Celine, tu artículo es una basura. Saludos, el editor») o descubría una nueva dirección para el propio artículo. Consideraba que todo esto era un «éxito» y NO un rechazo.

Esta es una reformulación de gran alcance. Pero me hizo preguntarme a mí misma: ¿existe un exceso de reformulación? ¿Puede una reformulación excesiva incurrir en el «engaño a uno mismo», cuando hasta tus amigos y familia quieren intervenir? Me planteo estas cosas porque creo que aprendo más de mis errores y rechazos que de mis éxitos más contundentes. Evidentemente, experimentamos el éxito como algo más deseable, pero siempre nos ofrece los mismos datos: aquello que funciona bien. Como científica, redactora de solicitudes de subvenciones, conferenciante y ahora emprendedora, me encanta tener éxito, pero sé que aprendo del fracaso. La reformulación es una herramienta para examinar el fracaso a través de una lente productiva, no para borrarlo hasta el punto de no aprender nada de él. Al final, me gusta decir que un éxito rotundo es un éxito rotundo, y un fracaso terrible es un fracaso terrible; en todo caso, ambos son un reflejo de cómo trabajo, aunque no el reflejo total de mi valor como persona. Aunque me permito sentir el aguijón del fracaso, el rechazo o una negociación fallida, procuro concentrarme en lo que este puede enseñarme: ¿qué es lo que he comprendido?, ¿cómo debería modificar mi plan actual o revisar mi objetivo? Así, puedo utilizar mis experiencias negativas como herramientas de aprendizaje, pero me sigo permitiendo sentir todo el rango de mis emociones.

PONER LA MENTALIDAD ACTIVISTA A TODA VELOCIDAD

Una mentalidad activista no es un regalo secreto que solo poseen unos pocos afortunados. En realidad, es una habilidad que se aprende con el tiempo y la práctica. Y como cualquier otro hábito en nuestras vidas, cuanto más lo practicamos, más poderoso y automático se vuelve. Los que sufrimos de ansiedad tenemos una clara ventaja al cultivar el superpoder de la práctica. ¿Por qué? Porque la reevaluación solo puede tener lugar cuando somos conscientes de lo que no funciona, y la ansiedad es la emoción que determina exactamente eso.

En mi caso, una obstinada fuente de ansiedad solía ser el miedo a que me vieran como realmente soy en mi interior. Tenía la sensación de que, si revelaba cualquier imperfección, inseguridad o aspecto negativo, no tendría éxito o no sería aceptada. Era un miedo difícil de desarraigar porque formaba parte de lo que pensaba de mí misma; si mostraba algunas grietas, todo el edificio se vendría abajo. En lugar de admitir este miedo, lo evitaba; una forma clásica de conducta evasiva. ¿Cómo lo evitaba? Me atenía al dicho «Finge hasta conseguirlo» y me decía a mí misma que mi «fingimiento» se transformaría en «logro» si lo creía con la suficiente intensidad. En mi caso el problema es que era muy buena enmascarando la frustración, la ira y la discrepancia en lugar de comunicarlos con sinceridad y claridad. Mi verdadero temor era que nadie quisiera conocer mi «verdadero» yo con toda la frustración, la ira, las quejas e imperfecciones que vienen con el hecho de vivir nuestra vida.

También descubrí que una parte de mi propia forma de ansiedad mala era consecuencia de mi rechazo a expresar cualquiera de esas emociones negativas y, por el contrario, encapsularlas y mostrarlas solo en situaciones muy limitadas. Necesitaba entender que era eso lo que me estaba haciendo a mí misma, no que expresar esos sentimientos negativos tuviera consecuencias reales. Me llevó tiempo reconocer que no era saludable impedirme expresar esas emociones negativas en público. No hablo de tener un berrinche, sino de la expresión normal del enfado cuando algo no va bien o un compañero o asociado actúa como un cretino; evidentemente, tengo derecho a sentirme frustrada y enfadada. Admitir que a veces me irrita un compañero de trabajo o mi madre fue un enorme paso adelante hacia la aceptación de mí misma como una realidad total, incluida mi ansiedad. También me permitió comprender que esas emociones negativas no eran un déficit, sino que me ofrecían información sobre relaciones y situaciones que necesitaban más atención.

Me llevó mucho tiempo advertir la profundidad de mi represión de las emociones negativas y hasta qué punto, al actuar así, me reprimía a mí misma. Sin embargo, ahora tengo una actitud mucho más saludable respecto a mis emociones y la manera de expresarlas, y así muestro al mundo mi verdadera manera de ser.

Ahora considero que este conocimiento es uno de mis superpoderes. No hay mejor motivación para indicarte en qué tienes que trabajar que tus propios detonantes de la ansiedad. Constituyen un camino hacia algunos de los mejores cambios y materializaciones que puedes implementar en tu vida.

La ansiedad nos ofrece un constante suministro de razones para aplicar nuestra mentalidad activista en tareas relevantes y modestas. Al concedernos espacio para observar nuestras emociones negativas, nuestros miedos e inseguridades, nos damos la oportunidad de identificar formas de reforzar nuestros cimientos. Aplicar una mentalidad activista con la intención de desarrollar esa habilidad te concederá el estatus de superpoder. Piensa en los perfiles que han aparecido en este capítulo. La ansiedad de Anne apuntaba a que tenía que reexaminar su calendario, e ignorarlo solo la llevó a enfermar. Solo cuando se vio obligada a bajar el ritmo fue capaz de utilizar su mentalidad activista para descubrir que su tolerancia a la actividad social y física estaban cambiando. Después de su enfermedad, tuvo que concentrar esa mentalidad en el presente y descubrió que lo que ahora iba a funcionar para ella sería diferente a lo que había funcionado cinco o diez años antes. Desarrolló el verdadero superpoder de una mentalidad activista que ahora disfruta aplicando a voluntad. Jared aprendió que, al crear un espacio entre su persona y sus emociones negativas, era capaz de reformular su percepción de sí mismo. También Liza necesitaba darse a sí misma permiso para afrontar la fuente de su ansiedad antes de abordar las causas profundas. En cuanto lo hizo, pudo alcanzar un nivel de satisfacción más profundo. A menudo permitimos que el miedo eclipse el mensaje más sutil y matizado que la ansiedad está intentando enviarnos. Pero si puedes tomarte un momento para observar lo que esa ansiedad intenta decirte, te concedes a ti mismo el potencial de convertir la mentalidad activista en tu propio y no tan secreto superpoder.

Capítulo 7

AUMENTA TU CONCENTRACIÓN Y TU PRODUCTIVIDAD

La relación entre ansiedad y atención es, como cualquier relación significativa, complicada. La ansiedad mala es esa bestia astuta que nos roba la concentración, distrae nuestros pensamientos e impide que hagamos lo que tenemos que hacer. Nos volvemos vulnerables a lo que yo llamo nuestra enojosa lista de preocupaciones, que nos despierta en mitad de la noche y nos arrastra en una espiral de pensamientos.

- ¿Y si no me suben el sueldo?
- ¿Y si no le gusto a él/ella/ellos?
- ¿Y si no puedo pagar el alquiler?
- ¿Y si no puedo cerrar el próximo trato?
- ¿Y si mi hijo no entra en la escuela que quiero?
- ¿Y si alguien enferma?

La lista de preocupaciones puede ser infinita. Y, sin embargo, esta lista (que incluye, por ejemplo, la inquietud) ¿es siempre negativa? ¿Las preocupaciones son siempre un efecto negativo de la ansiedad? Sí y no.

La ciencia ha demostrado que la ansiedad mala perturba la red de la atención (véase página 145), provocando distracciones y dificultad para mantener la concentración en una tarea. Sin embargo, la investigación también ha demostrado que las personas muy ansiosas (por ejemplo, aquellas que padecen un trastorno generalizado de la ansiedad) a menudo manifiestan una especie de hiperconcentración. Como un nivel elevado de ansiedad puede surgir de una respuesta extremadamente sensible a la amenaza, los individuos se tornan muy vigilantes y superconcentrados ante el peligro, real o imaginado. Esta hiperconcentración se extiende a todos los aspectos de su vida. Por ejemplo, recientemente unos investigadores[1] hicieron que personas con un diagnóstico clínico de trastorno de ansiedad generalizada y personas con ansiedad no diagnosticada clínicamente realizaran una prueba de atención que mide aspectos de las tres redes de atención (es decir, las redes de alerta, orientación y control ejecutivo; ver más detalles a continuación). Cada grupo realizó esta tarea bajo lo que se llama carga cognitiva alta (una forma de «estrés» cognitivo, como contar hacia atrás desde cien de tres en tres) o carga cognitiva baja (contar hacia atrás desde cien de uno en uno). Descubrieron que cuando una persona tiene alta ansiedad con TAG y realiza la tarea de carga cognitiva alta, en realidad su TAG puede ayudar a que su atención sea más precisa; el enfoque necesario para controlar la carga cognitiva exige más a la red de atención. Pero, en general, sabemos que, si la carga cognitiva es demasiado alta, nuestra atención se vuelve menos eficiente.

Esta interacción entre la atención, el pensamiento y la emoción se desarrolla en lo que llamamos *función ejecutiva*: todas esas habilidades en las que confiamos cuando gestionamos información en nuestra mente mientras nos enfrentamos al estrés de la vida diaria y tratamos de hacer nuestras tareas. Pero también es cierto lo contrario: cuando las personas ansiosas están menos ocupadas (es decir, con baja carga cognitiva, sin estrés o sin estimulación), se vuelven más vulnerables a sus preocupaciones y, por lo tanto, más distraídas.

Todos tenemos un punto óptimo de ansiedad buena, un espacio cuerpo-cerebro en el que nos sentimos comprometidos, alerta y con el nivel justo de estrés para maximizar nuestra atención y concentrarnos en lo que queremos hacer. En este estado, podemos perseverar en la tarea, perfeccionar proyectos o plazos y, en última instancia, ser más productivos. Si estamos atrapados en una ansiedad excesiva, seremos más vulnerables: por un lado, corremos el riesgo de distraernos; por el otro, corremos el riesgo de concentrarnos tanto en las amenazas que perdemos la capacidad de evaluar si alguna de ellas es real y merece que le dediquemos nuestro tiempo, o es imaginaria y no debemos preocuparnos por ella. Nuestro reto consiste en aprender a mantener la concentración en nuestra recompensa (independientemente de cuál sea el objetivo), mientras resistimos las distracciones o una hiperconcentración inútil. De hecho, es una especie de acto de «alta tensión» que mejora con la práctica. ¿Qué implicaciones tiene esto para los que buscamos la forma de canalizar nuestra ansiedad hacia algo productivo? Necesitamos aprender a cultivar nuestra lista de preocupaciones.

La gran noticia aquí es que puedes aprender a redirigir la energía inquieta detrás de la lista de preocupaciones y no solo controlar tu concentración, sino mejorar tu productividad. Esto es una forma de canalizar tu ansiedad. Además, muchas de las estrategias que pueden amplificar y apoyar la concentración y la productividad también se pueden utilizar para transformar la ansiedad mala en buena, creando un bucle de retroalimentación positiva en tu cerebro-cuerpo que continúa activo, independientemente de cualquier agitación en tu vida o episodios de ansiedad mala. ¿Cómo? Las características clave de la red de atención incorporan o dependen del control ejecutivo, que, como recordarás, desempeña un papel importante en la regulación de nuestras emociones: un paso clave para calmar la ansiedad. Echemos un vistazo más de cerca a la neurobiología subyacente.

LOS FUNDAMENTOS DE LA FUNCIÓN EJECUTIVA Y EL SISTEMA DE ATENCIÓN

Hablando en términos generales, la función ejecutiva incluye el sistema de atención y se puede descomponer en tres áreas distintas:

- La inhibición o control inhibitorio es una de las funciones ejecutivas más básicas que se relacionan con nuestra capacidad para gestionar la atención y las emociones fundamentales. En esencia, es la capacidad de pensar antes de actuar: esta capacidad para resistir el impulso de decir o hacer algo nos concede tiempo para evaluar una situación y cómo nuestra conducta puede influir en ella. El control inhibitorio también permite la atención sostenida: la capacidad de mantener la atención en una situación o tarea a pesar de las distracciones, el cansancio o el aburrimiento. Cuando esta función está madura, la gente es capaz de esperar su turno pacientemente y resistir el enfado si alguien se cuela. El niño que tiene dificultades para inhibir el control es aquel que tiene más problemas para resistirse a coger una segunda chuchería cuando el maestro está fuera de la clase. El adolescente o adulto que presenta dificultades en esta área tiene problemas para controlar la ira e incluso puede llegar a un punto en el que reaccione con violencia física a la menor provocación. La ansiedad –especialmente cuando es crónica– puede exacerbar el control inhibitorio, lo que dificulta que tengamos un control descendente sobre emociones intensas.

- La memoria de trabajo es como una nube de memoria que se mantiene lo suficientemente cerca de la persona para poder recuperar activamente información cuando se necesita. Como adultos, nuestra memoria de trabajo entra en juego mientras organizamos nuestro día, mantenemos el ritmo y realizamos tareas al mismo tiempo. Incorpora la capacidad de recurrir a aprendizajes o experiencias pasadas para aplicarlos a la situación actual o proyectarlos en el futuro. La memoria de trabajo es distinta a la memoria a corto plazo y se refiere al proceso dinámico de mantener la información en la mente mientras se realizan tareas complejas. La memoria de trabajo no se debe confundir con la memoria a largo plazo, dependiente del hipocampo, pero es igual de esencial. La mejor manera de pensar en la memoria de trabajo es como en un tipo de memoria que utilizamos para conservar información en la mente mientras planeamos nuestros próximos pasos. Por ejemplo, en la popular serie *Gambito de dama*, el personaje principal, Beth Harmon, un prodigio del ajedrez, a menudo visualiza el tablero en el techo, y así estudia sus opciones antes de hacer el siguiente movimiento. Esa capacidad de mantener el diseño del tablero real «en la mente» mientras elegimos el próximo movimiento es un gran ejemplo (y muy avanzado) de memoria de trabajo. Nada que temer: aunque, a diferencia de Beth, muchos de nosotros no seamos capaces de recordar la posición de las treinta y dos piezas mientras planificamos nuestro próximo movimiento, podemos retener el nombre de alguien a quien acabamos de conocer mientras dure la conversación: otro ejemplo habitual de memoria de trabajo. La ansiedad puede afectar a la memoria de trabajo, limitando su capacidad. Todos recordamos esos momentos en los que, bajo la presión del estrés o el miedo olvidamos lo que queríamos decir, o tenemos dificultades para recordar el nombre de una persona. En realidad, el nombre no ha desaparecido de nuestra «nube», pero nuestra memoria de trabajo ha perdido su capacidad de acceder a él en ese momento concreto.

- Flexibilidad cognitiva: en pocas palabras, la flexibilidad cognitiva es la capacidad de pasar de una tarea a otra cuando han cambiado el objetivo o las circunstancias. A través de una lente más conceptual, la flexibilidad cognitiva se refiere a la capacidad de revisar los planes ante los obstáculos, reveses, errores o nueva información. Es una especie de «saber encajar los golpes», en el que somos lo bastante flexibles como para cambiar las condiciones. Sin duda, se trata de una capacidad tanto mental como emocional. En la investigación sobre la relación entre la ansiedad y la flexibilidad cognitiva, los científicos han observado hasta qué punto las personas ansiosas pueden ser cognitivamente inflexibles. Pero, así como nuestra respuesta a la ansiedad puede variar, también lo hace nuestra capacidad para cambiar de tareas y adaptarnos a las nuevas circunstancias. ¿Recuerdas cuando describimos la capacidad para reformular o reevaluar una situación? ¿Ser capaces de concebir un fracaso o un error como información y no como una merma de nuestras capacidades? Este cambio de actitud es un ejemplo de flexibilidad cognitiva.

Las funciones ejecutivas son realizadas por una amplia variedad de áreas cerebrales situadas en la corteza prefrontal, justo detrás de la frente, pero también en otras muchas zonas, algunas de las cuales aparecen en la siguiente ilustración.

Se pensaba que las personas con un elevado grado de ansiedad simplemente manifestaban un control ejecutivo deficiente y una dificultad para regular sus emociones. Pero estudios recientes han ido más allá en nuestra comprensión de cómo afecta exactamente la ansiedad a la atención en general, y al control ejecutivo en particular.

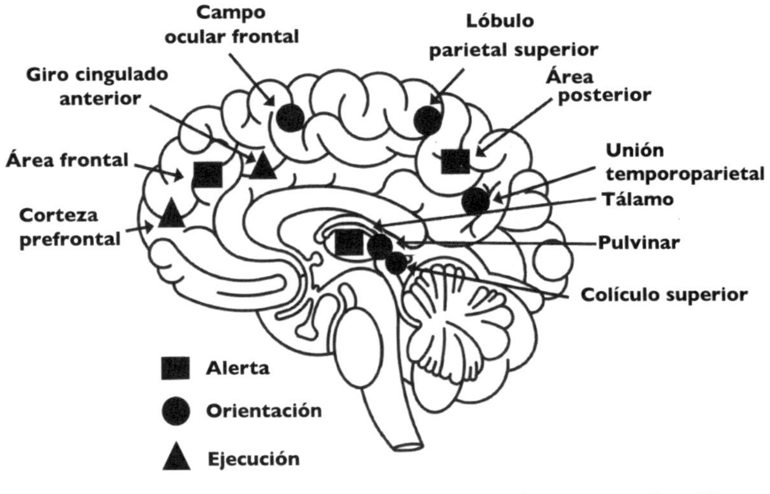

Figura 5. Amplio conjunto de estructuras que subyacen tras los diferentes aspectos de la atención

Las mayores deficiencias de la atención se observan después de lesiones en la corteza prefrontal (a la izquierda del diagrama del cerebro), pero hay una red más amplia de estructuras cerebrales implicadas en la concentración y el mantenimiento de la atención. (Tomado de Peterson y Posner.)[2]

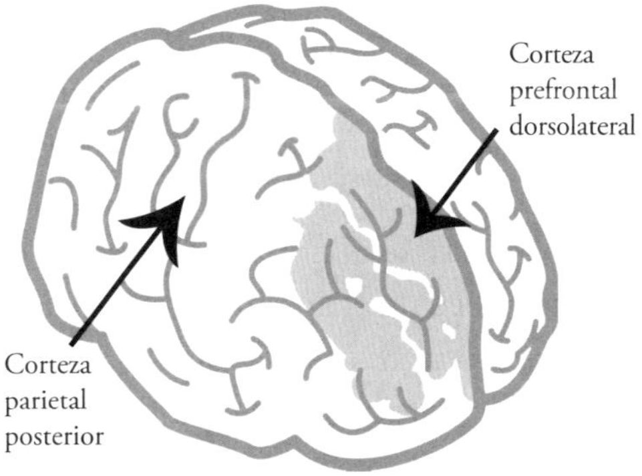

Figura 6. Red de control ejecutivo

En líneas generales se cree que el sistema de la atención[3] consta de tres redes independientes pero relacionadas y que corresponden a varias áreas anatómicas: 1) la red de **alerta** nos ayuda a mantener un nivel apropiado de percepción de los estímulos de nuestro entorno, tanto visuales como emocionales, y de su potencial peligrosidad (esto está relacionado con nuestra respuesta de amenaza integrada); 2) el sistema de **orientación** se encarga de seleccionar los estímulos que hay que atender. En otras palabras, orienta la información de la red y decide qué es importante y qué no lo es; y 3) la red de **control ejecutivo** es la compleja red de interacciones que ejerce el control descendente de cualquier situación; este tercer sistema influye en cómo procesamos la ansiedad.

La función ejecutiva, las habilidades mentales en la intersección de la atención, el pensamiento y la emoción, es la red o sistema cerebral «descendente» que forma parte de nuestro control y canalización de emociones como la ansiedad. Utilizamos nuestras funciones ejecutivas para hacer las cosas, organizarnos y mantener el ritmo, y gestionar los altibajos de nuestros sentimientos. Si este sistema está sobrecargado por agentes estresantes (demasiados plazos de entrega, poco descanso), nuestra habilidad para controlar estas funciones decae. Los científicos llaman «proceso esforzado» a esta dimensión de la función ejecutiva: no sucede automáticamente; requiere un pensamiento deliberado y consciente. Necesitamos cierta excitación (por ejemplo, en la ansiedad buena) para motivar ese esfuerzo; pero una excitación o estimulación excesiva puede inutilizar el esfuerzo.

KYLIE: POR QUÉ EL *MULTITASKING* PODRÍA NO FUNCIONARTE

Kylie es la típica adolescente de quince años que no puede vivir sin su teléfono móvil. Lo usa para enviar mensajes a sus amigos, seguir a un amplio círculo de amigos o conocidos, jugar en sus muchas apps y, ocasionalmente, comprobar el correo, aunque solo sea para enterarse de los cambios en las tareas encomendadas por sus profesores. Siempre ha sido una chica activa, que después de clase juega dos horas al fútbol, duerme bien por las noches (su madre está especialmente pendiente de que Kylie duerma ocho o nueve horas) y, en general, parece una persona equilibrada, salvo que en los últimos tiempos se siente cada vez más ansiosa.

Está teniendo problemas para dormir y ha detectado una caída en su rendimiento académico, lo que la hace sentir peor consigo misma. Está trabajando tanto como siempre, y ha hablado con sus profesores para descubrir si hay alguna área en la que pueda mejorar. Su madre ha identificado la que probablemente sea la causa de su problema: el *multitasking*. Kylie insiste en que puede concentrarse mejor cuando escucha música o cuando aprovecha los descansos que se toma para realizar algunas compras a través de su teléfono. «Me ayuda a relajarme», explica. Pero su madre ha hecho sus deberes y ha descubierto que los cerebros adolescentes se encuentran en un prolongado proceso de cambio y aumento de la plasticidad. De hecho, el cerebro adolescente es tan dinámico que estos cambios no solo tienen que ver con crear neuronas (neurogénesis), sino también con la poda (es decir, eliminar las conexiones no necesarias).

En la primera infancia, el cerebro está muy activo creando nuevas neuronas y sinapsis. Cuando llegamos a la adolescencia, empieza la poda: es la forma que tiene el cerebro de poner orden y librarse de las sinapsis que no se utilizan, para ayudarle a ser más eficiente. Esta poda tiene lugar fundamentalmente en la corteza prefrontal y en el lóbulo parietal adyacente, áreas muy relevantes para las funciones ejecutivas como la toma de decisiones. Mientras sucede este proceso hay muchas sinapsis extra no utilizadas. Esto explica por qué los adolescentes suelen tomar decisiones irracionales o exhiben un juicio cuestionable: ¡sus sistemas ejecutivos están cambiando y se encuentran totalmente desordenados!

Con el repunte de estímulos de Kylie —el constante envío de mensajes, el uso de Snapchat y las visitas a las redes sociales—, están aumentando las exigencias de su función ejecutiva. En otras palabras, su cerebro no puede asimilar toda la estimulación y los cambios internos que suceden al mismo tiempo. ¿Por qué esto es significativo? Porque siente más ansiedad. El aumento de la ansiedad es una señal de que se está desequilibrando.

¿Acaso la incesante sobreestimulación está creando la ansiedad, o es que la ansiedad es más notable e intensa debido a la sobreestimulación? En cierto modo se parece al problema del huevo y la gallina: ambas cosas son ciertas. Pero el resultado final es el mismo: ella está distraída, es menos productiva y se siente cada vez más incómoda consigo misma. La principal conclusión que extrae la madre de Kylie es que su hija, normalmente equilibrada, parece haber perdido el control de su capacidad para gestionar su vida *online*, la escuela, el deporte y sus emociones. La que extraigo yo es que la ansiedad de Kylie ha aumentado y su función ejecutiva se encuentra comprometida.

Es más que probable que Kylie pueda realizar el *multitasking* de forma más eficaz pasados unos años, una vez completada la fase de poda. Sin embargo, por ahora, es mejor eliminar las distracciones para que se sienta más capaz de centrar su atención y sintonizar con sus tareas escolares. Cuando su madre insiste en que deje el teléfono en otra habitación mientras hace sus deberes y restringe el acceso *online*, el ánimo de Kylie empieza a cambiar. Kylie incluso tiene que admitir que, sin su teléfono cerca, se siente mejor en relación con la escuela, y además menos ansiosa. Ni a su madre ni a ella les sorprende que sus calificaciones empiecen a mejorar.

Si observáramos su cerebro a través de la imagen por resonancia magnética funcional (IRMf), probablemente detectaríamos cómo su red de atención había sido secuestrada por su teléfono, por cualquier razón. El cambio en su atención fue suficiente como para interrumpir el circuito, lo que desencadenó sus emociones ansiosas.[4]

La historia de Kylie demuestra hasta qué punto nuestro sistema de atención se ve fácilmente influido por fuerzas externas. También demuestra cómo la distracción y otras interrupciones de la función ejecutiva pueden provocar ansiedad o exacerbarla. En el caso de Kylie, ella y su madre descubrieron una solución fácil, aunque temporal. La clave para seguir avanzando es seguir prestando atención a lo que más conviene a Kylie en el control de su ansiedad, y qué tipo de distracciones impulsan su carga cognitiva y alteran el equilibrio.

Cuando la ansiedad crece y empieza a sobrecargar nuestro cerebro-cuerpo, arrojándonos a la ansiedad mala, anular las interferencias y recuperar nuestro equilibrio puede ser más complicado. En el caso de Kylie, no sufrió alteraciones de larga duración, por lo que su recuperación fue sencilla: al eliminar la tecnología, que era una fuente de distracción, recuperó su concentración y su ansiedad disminuyó. Pero en esta era de constantes avances tecnológicos es muy posible crear relaciones más profundas y siniestras con la tecnología, así como una mayor dependencia respecto a la misma. Esto es problemático no solo en términos de distracción y función ejecutiva (pérdida del control inhibitorio y tensiones en la memoria de trabajo), sino que influye en otras áreas, como las relacionadas con la recompensa, y pueden adoptar entonces una naturaleza adictiva. (Más adelante abordaré con más detalle cómo la relación adictiva con diversas sustancias y otras fuentes de recompensa y relajación tienen implicaciones mucho más significativas.)

Sin embargo, independientemente de la edad, la investigación demuestra que el *multitasking* pone a prueba la memoria de trabajo, la concentración y el pensamiento profundo. ¿Alguna vez has mantenido una conversación mientras conduces y de pronto descubres que te has perdido o has tomado la salida equivocada? ¿O has leído correos electrónicos mientras mantienes una conversación telefónica? Creemos que podemos atender y procesar ambas cosas, pero no es así. La lección aquí, respaldada por la psicología y por la neurociencia, es la siguiente: el *multitasking* deposita una carga cognitiva excesiva en nuestras funciones ejecutivas, lo que puede provocar o empeorar la ansiedad. La otra cara de la moneda nos dice que prestar una atención activa a la fuente de nuestras distracciones, mantener nuestra concentración y atención en un solo punto, no solo mejora la productividad, incluso en situaciones complicadas, sino que también atenúa un brote de ansiedad mala.

Pero, como sabemos, la ansiedad puede ser engañosa. El problema al enfrentarnos a ella no es siempre la falta de atención o concentración; la ansiedad también puede ir de la mano de esa lista de preocupaciones que no se detiene.

GAIL: APRENDER NUEVAS FORMAS DE ENTRENAR LA ATENCIÓN Y LA CONCENTRACIÓN

Gail tiene algo más de cincuenta años y hace poco ha vuelto a trabajar después de quedarse muchos años en casa criando a sus tres hijos. Cuando los tres se fueron de casa para estudiar en la universidad y desarrollar sus carreras, ella decidió buscar trabajo. Encontró un empleo como gerente de oficina de un ajetreado consultorio dental. Durante los dos primeros años esperaba con ansia el momento de ir a trabajar y encontrarse con sus compañeros, así como recibir un sueldo. Su empleo implicaba que su marido podía pasar menos horas trabajando y eso le gustaba. De hecho, uno de sus objetivos era ahorrar su sueldo para poder viajar juntos y disfrutar de su mutua compañía.

Pero las cosas empezaron a cambiar.

Su marido, Ron, consideraba a su mujer una persona infatigable: alguien que se levantaba al amanecer para dar un paseo matutino, cuidaba de los niños y preparaba tres comidas al día, se ofrecía como voluntaria, compartía coche, era activa en su grupo de la iglesia…, podía hacerlo todo con una mano atada a la espalda. Y cuando regresaba a casa, seguía siendo una maestra de la eficiencia y la productividad. Sin embargo, lenta pero inexorablemente, empezó a perder fuelle, como decía ella. Gail empezó a tener problemas para conciliar y mantener el sueño. Empezó a padecer una ansiedad creciente y persistente. «Estoy de mal humor –explicaba–, y mi ansiedad ha alcanzado un nivel inesperado. Ya no siento que sea yo misma.» Se cansaba con mucha facilidad, y en general sentía que la vida se le escapaba. «Es como si un elefante de diez toneladas se hubiera sentado en mi pecho: estoy aplastada y soy incapaz de moverme.»

Gail estaba dispuesta a vivir con su fatiga e incluso con su mal humor. Pero el hecho de comenzar a sentirse completamente incapaz de concentrarse en el trabajo fue la gota que colmó el vaso. Fue a ver a su médico, que le explicó que la ansiedad y los problemas para dormir son efectos secundarios comunes de la menopausia. Esta información no sorprendió a Gail: habían pasado casi dos años desde su última menstruación. Su médico explicó que hay una conexión entre la disminución de los niveles de estrógenos y un declive general en la función cognitiva, que a menudo se manifiesta como dificultad para mantener la concentración. Gail tenía una deficiencia tan grande de estrógenos que su médico sugirió que podría beneficiarse con el suplemento de hormonas bioidénticas (terapia de reemplazo hormonal, o TRH), lo cual podría ayudar a aliviar sus síntomas. Como no tenía antecedentes de cáncer de mama en su familia y todas las investigaciones recientes sobre la TRH no mostraban efectos secundarios negativos, sino solo beneficios, como la protección contra enfermedades cardíacas y una compensación general del envejecimiento, decidió que no tenía nada que perder. Estaba especialmente motivada a probar la TRH porque su médico le había prometido que dormiría mejor, su ansiedad disminuiría o desaparecería por completo y recuperaría su energía.

¿Es la ansiedad un efecto secundario común de la deficiencia de estrógenos? Sí. La menopausia es exactamente eso: una disminución o deficiencia en la producción de estrógenos, la hormona sexual que se encuentra principalmente en las mujeres. Esta deficiencia de estrógeno se asocia con un aumento de la ansiedad, alteraciones del sueño y una pérdida general de energía. Muchas mujeres también se quejan de sentirse más distraídas, dispersas y menos concentradas, como Gail. Y el suplemento de estrógenos puede revertir esa sensación de atención fragmentada.

Gail se sintió mejor al iniciar la TRH, pero solo recuperó un 75 por ciento de su concentración previa. En su caso, el punto de inflexión fue leer un artículo sobre estrategias para entrenar la atención. En la lista aparecían tres elementos con un respaldo científico sustancial —la meditación, el entrenamiento cognitivo y el ejercicio—, y ella decidió incorporar los tres a su lista habitual de actividades, porque no quería únicamente recuperar su antiguo nivel; quería descubrir si realmente podía mejorar su concentración y atención diarias.

¿A qué le dio prioridad Gail? Empezó por la meditación regular. Empezó por ahí porque, según lo que había leído sobre esta práctica, tenía todo el sentido del mundo.

EL PODER DE LA MEDITACIÓN

Hay sólidas y elocuentes evidencias científicas que respaldan que la meditación puede remediar la hiperconcentración y la atención fragmentada.[5] Los neurocientíficos han estudiado el impacto de la meditación en el cerebro, y en particular en los procesos de la atención. En estudios dirigidos por el doctor Richard Davidson y sus colegas[6] se examinaron tres tipos de meditación diferente: la meditación de atención focalizada, en la que el meditador se centra en la respiración (inhalación y exhalación) como medio para mantener la atención e impedir que la mente divague; la meditación de monitoreo abierto, en la que el meditador es consciente y se muestra abierto a todos los estímulos sensoriales recibidos; y la meditación de compasión y bondad amorosa, en la que el meditador envía pensamientos compasivos y amorosos hacia los demás y hacia el universo en su conjunto. Estos tres tipos de meditación influyen en diferentes áreas del cerebro. La meditación de compasión y bondad amorosa activa la unión temporoparietal (la intersección entre los lóbulos temporal y parietal en nuestro cerebro), por ejemplo, y produce pensamientos empáticos (es decir, que implican ponerse en la piel de los demás). La meditación de monitoreo abierto influye en la amígdala y otras áreas del sistema límbico y muestra evidencias de disminución de la ansiedad y de emociones como el miedo y la ira. La meditación de atención focalizada afecta a la corteza cingulada anterior, implicada en la autorregulación y la detección de errores; ciertos estudios han demostrado que la meditación de atención focalizada aumenta la capacidad para encontrar la respuesta correcta a problemas bien definidos. Se ha demostrado que todas ellas disminuyen la ansiedad y mejoran la capacidad de regular las emociones.

Los hallazgos clave demuestran que la meditación mindfulness, el entrenamiento integral cuerpo-mente, en forma de yoga o taichí, y la simple exposición a la naturaleza pueden mejorar la atención y la regulación emocional. Por ejemplo, un estudio[7] demostró que un entrenamiento de tres meses en meditación intensiva mejoró la tarea de detección visual basada en la atención en adultos sanos. Otro estudio[8] mostró que el entrenamiento integral cuerpo-mente (una práctica tomada de la medicina tradicional china que incorpora aspectos de la meditación mindfulness), realizado durante cinco días, a razón de veinte minutos al día, por estudiantes universitarios mejoró el rendimiento en tareas estándar de control inhibitorio conocidas como tarea de flancos de Eriksen, en la que hay que concentrarse en una letra del alfabeto con un amplio rango de distracciones visuales. Recordemos que el control inhibitorio es una de las tres funciones ejecutivas principales descritas al inicio de este capítulo. El grupo de control en este estudio practicó la relajación durante el mismo período de tiempo. El grupo que practicó meditación también manifestó un nivel inferior de ansiedad, depresión, ira y cansancio, así como niveles superiores de vigor y reducción del estrés, medidos a partir de los niveles de cortisol. Este estudio sugiere que este tipo de entrenamiento cuerpo-mente ayuda a la gente a desarrollar un estado de alerta reposada que permite un grado superior de conciencia, lo que en última instancia mejora la conducta. La buena noticia es que en la actualidad existe una amplia gama de apps de meditación para guiar a los meditadores novatos.

Gracias a estudios realizados en meditadores expertos y novatos, tenemos una idea muy aproximada de cómo la meditación influye en el cerebro. De hecho, los meditadores expertos muestran una mayor activación de las áreas cerebrales implicadas en la red de atención, en comparación con los meditadores novatos. También se señaló (aunque esto no debería ser una sorpresa) que los meditadores expertos eran menos susceptibles a distraerse durante la meditación que los novatos. Se han encontrado diferencias anatómicas similares en las áreas cerebrales relacionadas con la atención en los meditadores expertos en comparación con los novatos; algunos estudios demuestran que estas diferencias estructurales se pueden detectar apenas ocho semanas después de iniciar el entrenamiento en meditación. Esto sugiere que no necesitamos aislarnos en la cima de una montaña y practicar durante meses la meditación silenciosa para empezar a ver estos efectos. Incluso ocho semanas de entrenamiento pueden inducir cambios cerebrales con el potencial de mejorar la red de atención en un meditador novato. Este es exactamente el tipo de cambios que Gail probablemente experimentó después de su propio régimen de entrenamiento personal en meditación.

LA ACTIVIDAD FÍSICA Y LA ATENCIÓN

Como sabes, creo profundamente en el poder del ejercicio para cambiar el cerebro. Mis estudios han demostrado que la actividad física mejora la atención y contrarresta la ansiedad. Hacer ejercicio de forma puntual, una sola vez, puede mejorar la atención y el rendimiento ejecutivo en un test de Stroop.[9] En esta tarea, que conocen todos los estudiantes de psicología, se pide al sujeto que diga el nombre del color en el que está impreso el texto de una serie de palabras. El truco es que todas las palabras nombran diferentes colores (por ejemplo, rojo, verde, amarillo). Cuando el color mencionado en la palabra (ROJO) coincide con el color del texto (es decir, está impreso en tinta roja), es fácil y nombramos el color del texto muy rápidamente. Pero si el color de la palabra (AMARILLO) está impreso en texto verde, nos lleva mucho más tiempo decir verde. La capacidad de ignorar la palabra y centrarse en el color se llama atención selectiva y depende de la corteza prefrontal. El rendimiento en esta tarea mejora después de una única sesión de ejercicio, y cambios a largo plazo en tus hábitos de ejercicios pueden provocar una mejora persistente en el rendimiento en esta área.[10]

Si preguntas a cualquier deportista habitual, probablemente te dirá que no solo percibe un mejor estado de ánimo general y un nivel superior de energía después de hacer ejercicio, sino que también se siente más concentrado. Yo sé que después de una sesión de entrenamiento (que ahora practico exclusivamente por las mañanas), maximizo mi concentración para escribir o afrontar los aspectos más complicados de mi lista de tareas. Siempre me siento mejor preparada para sumergirme en cualquier proyecto que tenga «entre manos» después de mis ejercicios matinales.

El ejercicio mejora muchos aspectos del funcionamiento cerebral. Como la meditación, el ejercicio aeróbico regular tiene poderosos efectos positivos en la ansiedad y la depresión; un estudio ha demostrado que el ejercicio puede ser tan efectivo como el más popular de los antidepresivos a la hora de tratar el trastorno depresivo mayor.[11] Se ha demostrado que el ejercicio reduce los síntomas de los trastornos de la ansiedad y aborda el funcionamiento neuronal subyacente.[12]

Un estudio reveló que tres meses de ejercicio aeróbico aumentado en adultos mayores se tradujo en un aumento del volumen de la materia blanca, la estructura de salida de las células cerebrales que transmiten información a las células situadas en un nivel inferior.[13] Aunque el mecanismo preciso de cómo mejora la función prefrontal y aumenta el volumen de la materia blanca no se ha descubierto por completo, el aumento de la concentración en una amplia gama de factores de crecimiento en el cerebro probablemente sea parte de la respuesta. En un sentido práctico, dado que se ha demostrado que incluso una sesión de ejercicio (especialmente una que dure al menos treinta minutos y esté diseñada para aumentar la frecuencia cardíaca) mejora la atención/función ejecutiva,[14] y cualquier persona, incluso con ropa de calle, puede aumentar su frecuencia cardíaca con una buena caminata enérgica, la actividad física es una de las formas más rápidas, fáciles y convenientes, en general, de reducir la ansiedad y aumentar la concentración y la atención.

Una de las observaciones más impactantes que he hecho ocurrió casi sin pretenderlo. Estaba impartiendo una charla virtual en directo de treinta minutos (a través de Zoom) a un grupo de estudiantes de primer año en la Universidad de Nueva York, y decidí que quería que la charla fuera memorable. Les pedí a todos que hicieran ejercicio conmigo durante los últimos diez minutos de clase para que realmente pudieran «sentir» los efectos del ejercicio en su estado de ánimo y su función cognitiva. En el último minuto pensé que sería interesante medir sus niveles de ansiedad haciendo un test de ansiedad rápido pero estandarizado antes y después del ejercicio, y me ofrecí a enviarles los resultados después de la charla. Encontré elevados niveles de ansiedad en el grupo en el primer test, pero después del ejercicio hubo una disminución impresionante de quince puntos en las mediciones de ansiedad, lo que normalizó sus niveles. En mi opinión, esto demuestra el poder que tiene añadir tan solo diez minutos de movimiento a nuestra vida.

VERÓNICA: CUANTIFICAR EL RENDIMIENTO DE UNA ATLETA DE ÉLITE

El sujeto de ejercicio más memorable que he tenido en mi laboratorio fue una estudiante de la Universidad de Nueva York a la que llamaré Verónica. Se postuló como voluntaria para mi laboratorio (algo que sucede regularmente a lo largo del año). Me dijo que estaba entrenándose para los Juegos Olímpicos en patinaje artístico sobre hielo por parejas y quería estudiar los efectos del ejercicio en el cerebro. Estábamos realizando uno de los primeros estudios sobre el ejercicio en el laboratorio; examinábamos cómo una sesión de ejercicio podría influir en la capacidad del sujeto para completar una ficha que involucraba la participación de la corteza prefrontal. La tarea consistía en trazar una línea entre letras y números progresivamente crecientes y alternos. Por ejemplo, los números y las letras están impresos al azar en la página, y el sujeto tiene que encontrar el «1» y trazar una línea desde el «1» hasta la «A» y desde el «2» hasta la «B», y así hasta que se agote el tiempo. Hay que buscar y recordar las ubicaciones de estas letras y números y, además, hacer un seguimiento de la secuencia correcta. Esta tarea requiere atención al conjunto de letras y números y a la progresión a lo largo de las secuencias, así como memoria de trabajo, también llamada «memoria bloc de notas», que permite recordar dónde hemos visto el «8» o la «K» mientras recorremos las secuencias. Encargué a Verónica la tarea de ser el sujeto de prueba de nuestro ejercicio, dado que sabía que los quince minutos de bicicleta que formaban parte del estudio no serían un problema para ella. Como era de esperar, lo hizo sin ningún problema. Pero lo realmente memorable fue lo que pasó luego. Nunca he visto, ni antes ni después, a nadie realizar la tarea de atención concentrada con tanta rapidez y precisión como ella. Era como si Verónica fuera una máquina de concentración, y eso que nunca antes había realizado esta tarea. Vi cómo echaba un vistazo rápido a toda la página, y cuando le di permiso para empezar el ejercicio, ella ya tenía una idea muy exacta de dónde estaban todas las letras. Podría imaginarme perfectamente a Sherlock Holmes realizando esta misma tarea en una película.

¿Qué se necesita para culminar esta tarea con eficacia? Tengo que admitir que esta es la única vez que un atleta de nivel olímpico ha participado en una prueba en mi laboratorio, y me hace desear realizar más experimentos con deportistas profesionales para descubrir si este elevado nivel de la función prefrontal es un aspecto recurrente en este tipo de personas. ¿Cuál podría ser la razón? Podría explicarse porque estos atletas tienen que evaluar rápidamente su situación y necesitan un entrenamiento excelente para determinar su próximo movimiento: pienso en los asombrosos esquiadores de eslalon, que necesitan cartografiar su descenso de la montaña con una precisión de milisegundos. Es posible que parte de su entrenamiento, junto al ejercicio aeróbico, contribuya a su eficacia. También podría ser que su entrenamiento aeróbico regular afine su capacidad para canalizar la energía de excitación para mejorar su rendimiento en esta tarea. No puedo asegurarlo después de haber puesto a prueba a un solo sujeto, pero ¡hay tantas ideas excitantes que investigar!

INVESTIGACIÓN RECIENTE SOBRE LA ATENCIÓN

Una de las áreas más recientes de estudio sobre la atención se centra en si la práctica de videojuegos erosiona o mejora la atención y el bienestar general. Una revisión de investigaciones realizada en 2018 examinó estudios sobre videojuegos, que incluían juegos de acción y programas de «entrenamiento cerebral» y rompecabezas. Curiosamente, el *Tetris*, un adictivo videojuego de lógica, demostró ser más efectivo que los programas de entrenamiento cerebral más consolidados a la hora de mejorar la memoria a corto plazo y la velocidad de procesamiento. Del mismo modo, *Portal*, otro popular juego de plataformas, resultó más efectivo a la hora de mejorar las destrezas de resolución de problemas que *Lumosity*, un programa de entrenamiento cerebral comercial muy bien valorado. Aunque los resultados de estos estudios variaron en función de la edad de los participantes, el tipo de juego y la duración del propio experimento, los resultados fueron muy positivos. Los investigadores parecen estar de acuerdo en que los videojuegos pueden contribuir a reforzar las habilidades de la función ejecutiva en niños y a detener la marea de la decadencia cognitiva en los adultos sanos. ¿Conclusión? Los videojuegos y los programas de formación cerebral vuelven a apuntar a la plasticidad del cerebro y a su capacidad para mejorar su funcionamiento.[15]

DEV: APRENDER A UTILIZAR LA ANSIEDAD DE UNA FORMA COMPLETAMENTE NUEVA

Dev era un emprendedor de éxito. A los treinta y dos años ya había creado y vendido cuatro empresas rentables, pero su nueva compañía, una *start-up* que desarrollaba una nueva forma de lograr que los viajes en avión fueran más fáciles y placenteros, estaba estancada. (¡Por supuesto, su historia tuvo lugar antes de que el COVID cerrara el tráfico aéreo regional, nacional y global!) Despertó un gran interés en los inversores debido a su excelente reputación, pero las pruebas de velocidad (es decir, impulsos rápidos y enfocados en los que se invierten todos los recursos para llevar una idea a un prototipo de producto lo más rápido posible y probarlo con los clientes) que él y su empresa habían estado realizando no estaban desarrollándose según lo planeado, y tenía problemas para encontrar financiación. Volaba constantemente entre sus oficinas de Nueva York y Los Ángeles para apagar fuegos, y sentía que su ansiedad estaba fuera de control.

A Dev siempre le habían gustado la emoción y la improvisación que rodean el mundo de las *start-ups*, y se enorgullecía de ser capaz de superar el malestar y la presión y hacer el trabajo; eso cuando podía controlar el estrés y canalizar la excitación. Sin embargo, en esta ocasión temía no poder mantener el ritmo. No había sido capaz de hablar con nadie de su ansiedad, cada vez más insidiosa, que progresivamente iba depositando un lastre extra en sus espaldas, haciéndole dudar de su último movimiento, aun cuando su mente lógica y su instinto le indicaban que era lo correcto. A menudo entraba en un bucle de repetición incesante de la última conversación con el inversor que le había rechazado, analizando cada detalle en el que se equivocó por completo.

Y ahora no encontraba la financiación que había esperado. Anticipándose a un resultado negativo, Dev sintió que la ansiedad crecía sin parar. Su ansiedad había escapado a su control.

Una noche en la que Dev se sentía desesperado, envió un mensaje a una antigua colega que también había trabajado en el ámbito de las *start-ups*. Nunca le había pedido consejo, pero sabía que ella había sido la mentora de otros compañeros. Dev confiaba en Mónica y sabía que podía hablar con ella. Su amiga se había especializado en el desarrollo de negocios, y había trabajado con éxito en una larga lista de prestigiosas *start-ups*, entre las que se encontraban una o dos en las que Dev había participado.

Mónica llamó a Dev segundos después de recibir su mensaje.

Bastó el sonido de su voz para calmarlo. En su mente surgió la imagen que tenía de ella —exquisitamente vestida y muy preparada— y se dispuso a contarle cómo se sentía.

Entonces Mónica compartió con él una historia personal. Admitió que había sufrido ansiedad durante toda su vida. En sus primeros años la obsesionaban cada movimiento y cada decisión. A punto estuvo de buscar otra forma de ganarse la vida.

A Dev le resultó difícil de creer, dado el perfil de mujer exitosa que ella exhibía.

Entonces Mónica le contó su secreto. Explicó que se había dado cuenta de que todas sus tendencias obsesivas que la llevaban a inquietarse y a cuestionar todo movimiento eran, en realidad, una gran ventaja en sus negocios y en su vida (aquí aparece la mentalidad activista). Se percató de que, cuando estaba sometida a presión (es decir, presa de una fuerte carga cognitiva) para cerrar un trato, era capaz de dirigir su atención para identificar todo posible escollo en una situación particular. Descubrió que, en lugar de pasar por alto ese instinto, podía utilizarlo para crear una lista de posibles escenarios que convenía analizar. Esta estrategia le funcionó tanto en las decisiones que tenía que tomar en los negocios como también en su vida personal. Supo que su lista de preocupaciones no era en realidad una señal de que estaba perdiendo facultades; era una herramienta para ayudarla a realizar una evaluación más completa y efectiva de cualquier propuesta de negocio. Mónica había descubierto un truco para utilizar la función protectora de su ansiedad de una manera completamente nueva y muy productiva, y mantenerse fuera de la zona negativa. Entró en sintonía con esos cosquilleos nerviosos, no solo esperándolos, sino deseándolos para ayudar a avivar su fuego interno. Había aprendido a utilizar la agitación de su ansiedad buena para examinar a fondo (control descendente de su sistema de atención) sus decisiones y transacciones comerciales. Como le comentó a Dev: «Al aceptar mi ansiedad me he convertido en una emprendedora mucho más efectiva».

Dev comprendió de inmediato cómo podía utilizar la misma estrategia para ayudar a centrarse en su lista de preocupaciones y evaluar mejor los aspectos negativos de cualquier situación empresarial que pudiera surgir, fortaleciendo tanto su proceso de toma de decisiones como sus argumentos ante los clientes y posibles inversores. Así es como Dev «operacionalizó» la estrategia de Mónica:

- Pensó en su objetivo y en lo que quería conseguir, incluyendo su inquietud ante la posibilidad de llevarlo o no a buen puerto.
- A continuación, confeccionó una lista de preocupaciones que se le ocurrieron como posibles obstáculos para la consecución de su objetivo.
- Entonces hizo una lista de todas las acciones que podía adoptar para hacer frente a cada una de las hipótesis. (Hay que señalar que a veces el mero hecho de enumerar nuestras acciones es un primer paso productivo para considerar los posibles resultados o escenarios de una situación específica.)
- Empezó a marcar cada acción que ponía en práctica.
- A medida que avanzaba en la lista, volvía a redactarla, actualizándola.
- Repitió este ejercicio hasta alcanzar su objetivo.

Este ejercicio se convirtió en la estrategia sistemática de Dev para afrontar su miedo y la experiencia de la ansiedad intensa por su negocio. Pero pronto descubrió que era una estrategia que podría aplicar a la mayor parte de los retos de su vida, personales o profesionales. En lugar de sentirse bloqueado por su ansiedad, podría encauzar sus preocupaciones (es decir, su lista de preocupaciones) en una lista de acciones, transformando eficazmente su ansiedad en el superpoder de la productividad.

A Dev, esta estrategia le hizo sentir que había conseguido un superpoder secreto. Aunque llegó a pensar que siempre padecería ansiedad mala, ahora había descubierto que tenía el poder de canalizar su hiperconcentración en los hipotéticos negocios en una poderosa estrategia empresarial que sabía que pronto le iba a ayudar a sacarlos adelante. Como resultado, ganó una gran confianza en sí mismo. Aunque solía escuchar una vocecita que cuestionaba sus decisiones, ahora confiaba más en él. Sabía que utilizar su atención para el detalle no solo le ayudaba a cuestionarse a sí mismo, sino que también le hacía sentir mejor. Empezó asimismo a confiar en su instinto en relación con la innovación, sin esperar que cada idea tuviera que ser perfecta. Sabía que algunas ideas tendrían éxito; otras no. Y no pasa nada.

UNA MEJOR CONCENTRACIÓN REDUNDA EN UNA MAYOR PRODUCTIVIDAD

En este capítulo nos hemos centrado en la neurobiología de la atención, en cómo mejorar la atención (con ejercicio y meditación), en cómo la forma específica de la atención concentrada es una forma de ansiedad buena (o en el caso de Dev, se convierte en una forma de ansiedad buena), y que la razón para desarrollar este tipo de ansiedad es que conduce directamente a la productividad.

Por ejemplo, la productividad de Dev aumentó inmediatamente en cuanto empezó a utilizar su lista de preocupaciones para ayudarle a resolver problemas de cualquier producto para su *start-up*. El rendimiento escolar de Kylie mejoró al disminuir sus distracciones mientras realizaba sus deberes. Y Gail pudo recuperar su antiguo estatus infatigable con la ayuda de su práctica de meditación regular para aumentar su capacidad para concentrar y sostener la atención en el trabajo. (¡Los suplementos de estrógenos también funcionaron!) El increíble rendimiento de Verónica en el test de memoria bloc de notas (o memoria de trabajo) demostró los efectos del ejercicio regular en la atención concentrada. En estos cuatro casos los sujetos utilizaron la excitación subyacente tras su ansiedad mala y la canalizaron en la red de la atención. Si no se hubieran concentrado en cómo funciona la red de la atención, no habrían podido canalizar o aprovechar la activación de su ansiedad. Además, cuando eliminaron los estímulos negativos (en el caso de Kylie), calmaron sus sistemas cerebro-cuerpo (en los casos de Gail y Dev) o simplemente se centraron en su capacidad de observación (en el caso de Verónica) mejoraron su capacidad de atención. En otras palabras, la ansiedad buena mejora la atención si puedes:

- disminuir las distracciones,
- meditar para mejorar la concentración y la productividad,
- hacer ejercicio para estimular tanto la calma como la alerta,
- transformar una lista de preocupaciones cargada de ansiedad en una lista de tareas productiva y encaminada a objetivos.

Capítulo 8

PREPARA TU CEREBRO SOCIAL, APLACA TU ANSIEDAD SOCIAL Y REFUERZA TU COMPASIÓN

A lo largo de nuestra vida usamos el lenguaje y las herramientas de comunicación no verbal para inferir cómo se sienten los otros y para comunicar nuestros pensamientos, emociones, deseos e intenciones. Desde las expresiones y los gestos faciales hasta el tono de voz utilizado en las conversaciones, todas estas son conductas aprendidas que nos permiten interactuar y comunicarnos en el seno de la sociedad. Cultivamos y sintonizamos las normas sociales de todos los diversos grupos sociales a los que pertenecemos: nuestra familia, nuestros compañeros de escuela, nuestros colegas de trabajo y nuestros más amplios círculos sociales. Cuanto más eficientes somos en estos modos de interacción, más sentimos que nuestra vida está bajo control y más éxito tendremos en el mundo, en nuestras carreras y relaciones personales. Daniel Goleman acuñó el término «inteligencia social» (también conocida como CS, por «cociente social») para describir nuestra capacidad para afrontar estas situaciones sociales junto a nuestras emociones, y asegura que nuestro CS (así como nuestra inteligencia emocional, también conocida como IE) es incluso más importante que el CI a la hora de predecir nuestro éxito personal y profesional. Y estas habilidades sociales desempeñan un papel importante en cómo gestionamos la ansiedad y aprendemos a controlarla.

Aprendemos estas habilidades inmediatamente después de nacer. En la interacción con los adultos, el bebé empieza a prestar atención a los estímulos físicos y emocionales que proceden de su cuidador principal. El bebé está predispuesto a observar y responder a las señales faciales, en especial al contacto visual con su madre. Este tipo de interacción ayuda a establecer un apego saludable, que constituye uno de los fundamentos más importantes para un desarrollo emocional y psicológico beneficioso. En un breve período de tiempo, el niño y su progenitor empiezan a coordinar su comunicación no verbal de forma automática —los neurocientíficos lo llaman *sincronía social*—, que pone las bases para nuestra forma de interacción en el futuro. De hecho, cuando esta interacción está ausente o es inconsistente, el desarrollo cognitivo y emocional de los niños se ve comprometido. Hay estudios que demuestran una correlación entre esta falta de interacción progenitor-hijo con un CI más bajo, dificultades para la autorregulación y déficits en el rendimiento académico a largo plazo, además de problemas en las habilidades sociales.[1]

Nuestras habilidades de comunicación verbal y no verbal son un conjunto esencial de destrezas cognitivas ancladas en nuestra biología como mamíferos y vinculadas a redes cerebrales específicas.[2] Cuando interactuamos con quienes nos rodean, recopilamos una información significativa. A partir de la observación de los demás, aprendemos a conducirnos y a determinar si una persona o una situación es o no buena para nosotros. En última instancia, al llegar a la etapa adulta, hemos alcanzado un conjunto de patrones de interacción que dan forma al desarrollo de nuestra identidad en relación con los demás, nos permiten disfrutar de la intimidad, trabajar y resolver los conflictos, aprender a valernos por nosotros mismos, cooperar, colaborar y comprometernos: todas estas destrezas sociales son terriblemente importantes para hacer frente al mundo y a sus habitantes. Estas destrezas nos ayudan a establecer futuras relaciones afectivas y amistades significativas, criar hijos y desarrollar nuestras carreras y redes profesionales.

Sabemos que permanecer en contacto con nuestros seres queridos, cultivar una rica vida social y alimentar la empatía (es decir, la capacidad de comprender, de forma profunda, la perspectiva de otra persona y sentir sus emociones) ejerce un efecto protector en nuestro cerebro-cuerpo; desarrolla nuestra tolerancia al estrés y contrarresta la ansiedad mala. Y si sabemos cómo perfeccionar estos aspectos de nuestro cerebro social, nos sentiremos mejor y en mejores condiciones para gestionar nuestra vida. En realidad, la ansiedad buena –aquella que procede de nuestra regulación emocional y de estar atentos a todas nuestras emociones, incluidas las negativas e incómodas– puede motivarnos a ser más extrovertidos y estar más interesados en conectar con los demás. Y, sin embargo, también sabemos que, cuando nos sumergimos profundamente en la ansiedad, cuando el estrés o el malestar nos empujan más allá de cierto umbral, nuestra confianza social se desmorona.

Según muchos estudios, el estrés crónico puede alterar el funcionamiento de las neuronas, lo que incita a los individuos a perder el deseo de socializar y los lleva a evitar la interacción con los demás. El estrés crónico también provoca un «efecto de contracción» de la corteza prefrontal, que se ceba especialmente en el rendimiento de la memoria. Cuando nos sentimos ansiosos, muchos de nosotros nos retraemos o evitamos situaciones sociales, que son estrategias de afrontamiento contra el miedo y el malestar, como un cortocircuito en nuestra respuesta a la ansiedad: evitar en lugar de enfrentarse al detonante de ese malestar. Entonces, si estamos programados para ser sociales, ¿por qué a muchos de nosotros nos entra ansiedad solo ante la idea de exponernos a los demás? ¿Por qué unirnos a un grupo, ir a una fiesta o a un evento, o conocer a nuevas personas resulta tan doloroso para muchos? ¿Por qué produce tanta ansiedad hacer algo para lo que hemos nacido literalmente?

Cuando este cortocircuito se desboca y las personas desarrollan un nivel clínico de ansiedad social, los médicos lo llaman trastorno de la ansiedad social o TAS. Hay una clara distinción entre el trastorno de la ansiedad social y la ansiedad cotidiana que todos nosotros podemos experimentar cuando nos sentimos nerviosos o incluso un poco temerosos antes o durante un acontecimiento social. Las personas que sufren de TAS presentan un funcionamiento cerebral alterado en áreas específicas, como la corteza cingulada anterior (CCA),[3] y una suerte de hiperexcitación del sistema límbico. Cuando se trata de la ansiedad cotidiana, tenemos la oportunidad de canalizar la excitación y la atención concentrada hacia lo que estamos disfrutando en cada momento; este cambio proactivo puede atenuar una respuesta de miedo inicial a ciertas situaciones sociales. Si, por ejemplo, nuestra respuesta inicial a sentir ansiedad ante la perspectiva de ir a una fiesta o salir con otras personas es evitar esa situación, podemos aprender a sofocar el miedo. Además, cuanto más cultivemos nuestro cerebro social y su inteligencia, más capaces seremos de protegernos de la ansiedad social y de la soledad derivada de ella.

No pocas veces la soledad va de la mano de la ansiedad mala, y ambas se empeoran mutuamente. En parte se desarrolla por una falta de interacción y apego social. A menudo los médicos y terapeutas recomiendan actividades atractivas, reconectar con la familia, los amigos y compañeros, o contactar con un grupo de apoyo, para tratar la soledad. En otras palabras, la gente es la cura a la soledad. Sin embargo, muchas veces la ansiedad es tan intensa y persistente que el cerebro se ve alterado y crea anormalidades y errores en áreas que influyen en cómo las personas se perciben a sí mismas en relación con los demás. Los investigadores le dan el nombre de *soledad percibida*. (Algunos científicos también han teorizado que estas disfunciones cerebrales se manifiestan en primer lugar como una suerte de anormalidad genética que predispone a la gente a la soledad.) Al margen de esta discusión bizantina, la soledad es perjudicial, exacerba la ansiedad y afecta a millones de personas.[4]

Una reciente investigación basada en la Escala de Soledad UCLA, realizada por la empresa de servicios de salud Cigna,[5] reveló que la mitad de los estadounidenses adultos dicen sentirse solos a día de hoy. Ahora sabemos que la soledad comporta grandes riesgos para la salud. Por ejemplo, un metaanálisis que examinó a 300.000 pacientes demostró que las personas solitarias tienen un 50 por ciento más de probabilidades de morir que los pacientes con relaciones sociales adecuadas.[6] Desde una perspectiva fisiológica, niveles elevados de soledad se asocian a una disfunción metabólica, un sistema inmunitario comprometido, alteraciones del sueño, una mayor incidencia de trastornos cardiovasculares y una tasa más elevada de mortalidad.

Por lo tanto, si la ansiedad mala provoca una avalancha de problemas y probablemente obstaculiza las relaciones sociales que necesitamos para estar bien, ¿en qué sentido nos puede ayudar la ansiedad buena?

Una mejor comprensión de cómo trabaja el cerebro social y cómo desarrollamos la inteligencia social puede protegernos de los efectos negativos de la ansiedad, como la respuesta al miedo que puede retraernos y convertirnos en solitarios. También podemos recurrir a la excitación y a la atención estimulada de la ansiedad buena para conectar con los demás de una forma significativa. Al igual que reforzamos un grupo muscular, podemos reforzar nuestra capacidad para empatizar con los demás, y la empatía es una especie de poder que genera vínculos: cuanto más auténtica sea nuestra conexión con los demás, más saludable será nuestro sistema cerebro-cuerpo, y más rica nuestra vida. Y eso no es todo: podemos convertir la empatía en un superpoder; y eso, amigos míos, se llama compasión.

DENTRO DEL CEREBRO SOCIAL

La célebre historia de Phineas Gage[7] ha sido fundamental para la comprensión moderna del cerebro social. Gage, un trabajador de ferrocarril y luego capataz a mediados del siglo XIX, sufrió un accidente que dañó permanentemente su cerebro, específicamente la parte de la corteza prefrontal más cercana al centro o «línea media» de su cerebro. Antes del accidente, aquellos que lo conocían lo describían como un hombre trabajador y responsable muy apreciado por todos. Sin embargo, después de su accidente, los médicos que trataron y estudiaron a Gage afirmaron que, aunque su inteligencia general y buena parte de su memoria no se vieron afectadas, su personalidad y habilidad para interactuar con la sociedad cambiaron por completo. Sus empleadores dijeron que, después del accidente, «el cambio de su mente [fue] tan marcado que no pudieron devolverle su puesto». De hecho, Gage fue descrito como «voluble, irreverente y entregado a la más grosera obscenidad (totalmente contraria a su actitud anterior)».

Sus amigos y compañeros de trabajo llegaron a decir que «Gage ya no era Gage». Toda su personalidad se había transformado.

La historia de Phineas Gage aparece en todos los libros de texto de neurociencia porque fue la primera pista que tuvimos del rol fundamental que la parte medial (es decir, hacia el centro) de la corteza prefrontal desempeña en la inteligencia social. Desde este caso célebre se han descubierto otros trastornos del cerebro que también impiden las interacciones sociales. Los neurocientíficos y psicólogos cognitivos se refieren a la función clave deteriorada en Gage como *mentalización*, término que alude a la capacidad para caracterizar apropiadamente nuestro propio estado mental y el de los demás. Una situación conocida en la que la mentalización está limitada es el autismo, un estado en el que los individuos tienen dificultades con la comunicación social y verbal, así como con la correcta caracterización de los estados mentales y emocionales de los demás (es decir, con la mentalización).

Las imágenes cerebrales señalan dos áreas principales en la mentalización. La primera está justo en el centro del área dañada en el pobre señor Gage, la parte medial de la corteza prefrontal, previamente identificada como la corteza cingulada anterior. Esta área está activa cuando las personas supervisan —o son conscientes— de sus propios estados mentales, así como de las acciones de los demás. Otra área cerebral implicada es la región fronteriza entre los lóbulos temporal y parietal, conocida como unión temporoparietal. Esta región está activa cuando los sujetos observan los movimientos de los demás, y quizá te resulte conocida por ser la región general en la que investigadores italianos encontraron las «neuronas espejo».[8]

Las neuronas espejo funcionan como las neuronas de la mentalización en el sentido de que parecen activarse en los momentos de empatía. Aunque las neuronas espejo no sean la única clave a la hora de comprender todos los aspectos de la empatía, cada vez son más las evidencias que demuestran que su contribución en las áreas cerebrales implicadas en la empatía es real.[9] El descubrimiento original de las neuronas espejo se realizó a principios de la década de 1990, en macacos, y demostró que estas neuronas únicas respondían cuando el sujeto se alimentaba y también cuando el sujeto veía que otro recibía un premio.[10] Estudios más recientes han identificado una red cerebral más amplia implicada en el reflejo, entre ellas, ciertas partes de la corteza insular anterior que se muestran activas durante la experiencia directa del dolor y en el dolor empático (esto es, cuando observamos que otro sufre dolor).[11] Aunque el estudio neurocientífico social de la empatía ha hecho grandes avances, el vínculo preciso entre las neuronas espejo y la empatía necesita más estudio.[12]

Como otras muchas funciones cerebrales que hemos examinado, la empatía se genera a partir de procesos ascendentes y descendentes. Depende no solo del funcionamiento automático de las neuronas espejo que seleccionan y reconocen las emociones de los otros, sino también de la capacidad de mentalización más consciente para inferir el significado de lo que siente otra persona. Sin embargo, un tercer componente de la empatía es fundamental para nuestra comprensión: la autoconciencia y la regulación de las emociones. Necesitamos sentirnos arraigados en nosotros mismos para asumir la perspectiva de otro.

Hay un gran número de áreas cerebrales relacionadas con la percepción social, incluyendo el procesamiento y la reacción a situaciones sociales. Algunas de estas áreas están implicadas en la toma de decisiones y en la concentración, que influyen en nuestra forma de interacción social y están localizadas en la corteza prefrontal, mientras que otras funciones sociales, como nuestra forma de procesar las situaciones (por ejemplo, detectar señales sociales, leer el lenguaje corporal, etc.) parecen ocurrir en la amígdala, donde también procesamos nuestras respuestas emocionales centrales (véase la siguiente ilustración). El aspecto clave que hay que retener de esta ilustración es el elevado número de áreas cerebrales que utilizamos y necesitamos para procesar y responder a las situaciones sociales.

Esta ilustración, y las investigaciones anatómicas del cerebro social, sugieren que la inteligencia social (IS) es una mezcla de atención,

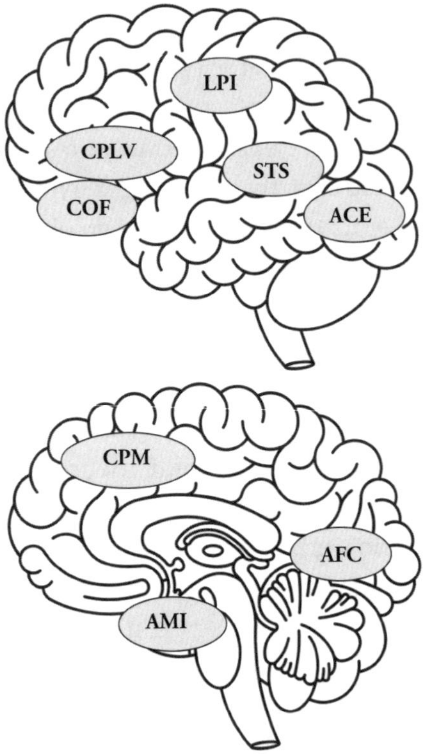

Abreviaturas:

AMI
Amígdala

ACE
Área del cuerpo extrastriada

AFC
Área fusiforme de las caras

LPI
Lóbulo parietal interior

CPM
Corteza prefrontal medial

COF
Corteza orbitofrotal

STS
Surco temporal superior

CPLV
Corteza prefrontal lateral ventral

Figura 7. La neuroanatomía del cerebro social de Pelphrey y Carter[13]

percepción y regulación de las emociones. Y, como hemos visto, todas estas redes neurales subyacentes influyen en nuestra forma de gestionar nuestra respuesta al estrés y procesar la ansiedad.

OXITOCINA: LA HORMONA DEL AMOR QUE REGULA LA ANSIEDAD

Es probable que hayas oído hablar de la oxitocina. Es muy querida por la prensa popular y ha sido promocionada como la «hormona del amor» y como un remedio infalible contra la timidez. Si buscas «oxitocina» en Google, habrás podido encontrar espráis nasales de esta hormona en las más populares tiendas *online*. Pero te sorprenderá descubrir el amplio abanico de funciones que la oxitocina ejerce en el desarrollo de nuestras capacidades sociales (por ejemplo, en nuestra inteligencia social) y cómo su ausencia está vinculada a los trastornos de la ansiedad social y a la soledad.[14]

La oxitocina es producida y liberada por células situadas en el hipotálamo, un área pequeña pero fundamental ubicada en el centro del cerebro. Una de las funciones más conocidas de la oxitocina tiene lugar durante el parto. La oxitocina no solo estimula las contracciones del útero, permitiendo que el bebé avance por el canal uterino, sino que también refuerza el apego madre-hijo. Este es el verdadero poder de la oxitocina como hormona del amor; sin ella, las mujeres tienen grandes dificultades para vincularse a sus bebés.

Un nuevo y excitante elemento en la historia de la oxitocina salió a la luz después de que el profesor Tom Insel,[15] exdirector del Instituto Nacional de Salud Mental, y sus colegas descubrieran que la oxitocina y una neurohormona afín, la vasopresina, controlaban la formación de parejas en una bonita y diminuta especie conocida como *Microtus ochrogaster*, o ratón de la pradera. En palabras sencillas, el profesor Insel fue capaz de identificar la oxitocina como la razón por la que los ratones de la pradera se emparejan de por vida. Los ratones de la pradera forman parte del grupo de especies mamíferas que establecen vínculos de pareja para toda la vida. Para que se formen estos sólidos vínculos, las hembras necesitan oxitocina, producida durante el apareamiento, y los machos necesitan una hormona similar llamada vasopresina. Posteriormente, otros estudios han demostrado que la oxitocina nos permite aprender los códigos de la conducta y el reconocimiento social, y formar vínculos significativos con los demás. Curiosamente, cada una de estas cualidades suelen estar ausentes en las personas que padecen una soledad crónica o a largo plazo.

Se ha demostrado que la oxitocina «modula» la ansiedad y ayuda a regular la respuesta al estrés al actuar como calmante del cerebro-cuerpo. Por ejemplo, los estudios afirman que niveles superiores de oxitocina en el torrente sanguíneo producen una respuesta al estrés más baja, así como una menor respuesta a la ansiedad en pacientes deprimidos.[16] ¿Cómo se explica esto? Un modelo reciente sugiere que la producción de oxitocina provoca lo que los científicos llaman *afrontamiento social*: pedir ayuda o buscar el apoyo de otros, lo que, evidentemente, reduce la ansiedad.

Pensemos en ello durante un minuto: nuestros cuerpos son realmente capaces de producir unas sustancias químicas que nos permiten pedir ayuda para sentirnos menos ansiosos y solos. Pensemos ahora en lo que puede significar que ese proceso se vea interrumpido o bloqueado.

La oxitocina es tan importante que se han producido grandes esfuerzos por sustituirla artificialmente o estimular su producción en los seres humanos. Quizá hayas visto productos diseñados para aumentar artificialmente los niveles de oxitocina en situaciones de ansiedad, como una forma de estimular, por vía intranasal, esa conducta de afrontamiento. Los científicos han examinado los efectos de la aplicación intranasal en sujetos de control (adultos con relaciones sociales típicas) y personas con trastorno de ansiedad social y aquellas diagnosticadas con un trastorno del espectro autista (TEA). Los resultados han sido ambivalentes y poco concluyentes. Por el lado positivo, han demostrado que la oxitocina intranasal puede disminuir la ansiedad, mejorar el reconocimiento social y aumentar la motivación social. La mala noticia es que los resultados son muy variables y no siempre positivos, en el sentido de que no siempre aumentan de forma fiable los mecanismos sociales; también varían en función de las diversas poblaciones. De hecho, una reciente revisión de estos estudios sobre los efectos de la oxitocina intranasal en la ansiedad/depresión ha demostrado que los resultados globales son demasiado ambiguos como para llegar a una conclusión inequívoca.[17]

¿Hay aún esperanza de que podamos utilizar la oxitocina intranasal como ayuda en nuestra respuesta a la ansiedad? Sí. Estos estudios todavía se encuentran en sus primeras etapas y aún quedan muchas manipulaciones viables e interesantes que conviene probar. De hecho, cualquier neurocientífico social te dirá que el trabajo sobre la oxitocina es cada vez mayor, y aunque a día de hoy quizá no conozcamos la mejor manera de utilizar la oxitocina intranasal para mejorar nuestra ansiedad, estamos aprendiendo mucho sobre los mecanismos día tras día. Por otra parte, la investigación sobre la oxitocina resulta inspiradora: cuanto más entendamos sus mecanismos y cómo podemos aumentar sus niveles, mayor será nuestra capacidad de abordar la ansiedad social.

EL PODER DE LA INTELIGENCIA SOCIAL

La empatía y su hermana, la compasión, son, en última instancia, superpoderes de la ansiedad. Comprender cómo podemos estimular nuestra capacidad para experimentar ambas se basa en la ciencia de la inteligencia social o IS. Una nueva era de la investigación en neurociencia se ha centrado en la IS y en su importancia para nuestro bienestar general. Según Daniel Goleman, referente intelectual y autor de los bestsellers *Trabajar con inteligencia emocional*[18] e *Inteligencia social*,[19] existen cinco grandes funciones en el cerebro social:

1. Sincronía de interacción: esta coordinación automática de la comunicación no verbal se aprende inicialmente entre el niño y su madre, y crea las condiciones para el apego, las destrezas comunicativas y la comprensión de cómo esperar y mantener una interacción regular con los demás.
2. Tipos de empatía: la empatía no es una sola cosa. Por un lado, está la empatía primaria, que nos permite discernir automáticamente los estados emocionales evidentes de los demás –miedo, disgusto, tristeza, etc.–, esas emociones conectadas que no requieren una cognición superior para reconocer o interpretar; y por otro, la empatía cognitiva, que es una destreza aprendida que exige unas inferencias, reconocimiento, atención y percepción más matizados. Las personas socialmente sensibles o que padecen autismo pueden tener dificultades para empatizar o la incapacidad de hacerlo.
3. Cognición social: se trata de nuestra habilidad general para abrirnos paso en grupos sociales, leer expresiones faciales, escuchar,

turnarse para conversar y mantener una relación armoniosa con los demás.

4. Interacción o destrezas de comunicación: estas destrezas elementales nos permiten hablar, escuchar y comunicarnos con otros de diversas formas.
5. Preocupación por los demás: esta función es a un tiempo rudimentaria, lo que nos permite establecer vínculos con los demás para cubrir nuestras necesidades, y compleja, lo que nos ayuda a crear conexiones profundas y significativas con los otros. En otras palabras, hemos nacido con la capacidad de preocuparnos por los demás porque resulta útil para nuestra supervivencia.

Las vías para desarrollar estas habilidades están preprogramadas en nuestro cerebro; sin embargo, su desarrollo saludable depende de varios factores. Como he mencionado anteriormente, parte de esta conexión debe activarse en fases tempranas de la vida, cuando se cuida, mima, se mira y se habla al bebé; esto es esencial para desarrollar un apego saludable.

LAVON: APROVECHAR LA ANSIEDAD PARA EL BIEN SOCIAL

La buena noticia es que nuestro cerebro, dotado de gran plasticidad, nos permite desarrollar muchas de estas habilidades sociales, con el tiempo y a través de la experiencia. Lavon creció en un barrio de clase media a las afueras de Atlanta. No era el niño más pobre ni el más rico de la escuela, pero lo que a su familia le hubiera podido faltar en su cuenta bancaria, lo suplían con amor, apoyo y conexión. Los padres de Lavon siempre habían mantenido una relación amorosa. Eran grandes amigos, nunca habían tenido problemas a la hora de mostrar su afecto en público y, como progenitores trabajadores, siempre habían apoyado el talento y las ambiciones del otro junto al deseo mutuo de maximizar el tiempo familiar. Mostraron el mismo apoyo y amor incondicional por sus hijos. Como padres tendían a ser estrictos, pero siempre subrayaban el amor que sentían el uno por el otro. Había peleas, desacuerdos y discusiones en voz alta, pero se perdonaban rápidamente, y su hogar casi siempre bullía con las risas de la familia y amigos.

Lavon, dos años mayor que su hermana, era un niño nervioso. No podía quedarse quieto, y a veces sacaba de quicio a sus padres y tenía problemas en la escuela. En tercer curso descubrió el baloncesto y empezó a jugar cada día, horas y horas. No solo era bastante bueno, sino que gran parte de sus «nervios» se aplacaban al jugar. Era evidente que el ejercicio y la concentración en la competición contribuían a calmar su sistema nervioso, abordando el primer nivel de la ansiedad mala.

Al llegar a la secundaria, Lavon vivía para el deporte. Le encantaba jugar y formar parte del equipo. Le entusiasmaba el espíritu positivo del equipo, la camaradería y el amor compartido por el baloncesto. Aun cuando, ocasionalmente, surgían desacuerdos en la cancha, Lavon tenía una forma rápida de desactivar la situación. Era capaz de ver los dos aspectos de una misma realidad, evitaba tomar partido y ayudaba a que las facciones divididas se reconciliaran. Era un perfecto jugador de equipo y pronto se le consideró el líder.

Lavon acabó la secundaria sin ganar el campeonato del estado, pese al gran esfuerzo realizado, pero consiguió una beca para seguir practicando este deporte en una gran universidad. Lavon siempre había sido un buen estudiante, pero no destacaba. En cuanto llegó a la universidad, el tiempo exigido por la práctica diaria del baloncesto, junto a la nueva carga de trabajo propia de los estudios superiores, le puso en apuros en clase. Poco a poco, su confianza en la cancha no fue suficiente para mantener la ansiedad a raya. Su atención se volvió dispersa, y sentía que estaba siempre al borde del abismo. Se volvió más distraído porque sus notas eran mediocres y porque tal vez no encajaba en aquel lugar. Empezó a alejarse de sus compañeros de equipo, cuestionándose si jugar tenía algún sentido.

Lavon sabía que tenía problemas. Pero entonces sucedió algo que le cambió la vida. Oyó una voz interior que le animaba a pedir ayuda, y decidió atenderla. La primera persona con la que contactó fue uno de los entrenadores del equipo de baloncesto. El entrenador Phillips no podía ser más solícito. Escuchó los problemas de Lavon, y descubrió que su tendencia a la perfección le impedía pedir ayuda académica cuando la necesitaba. El entrenador lo envió a un tutor del campus, que ayudó a Lavon a diseñar estrategias de estudio más eficaces y que se ajustaran a su intenso horario deportivo.

El entrenador Phillips también sabía lo importante que era para Lavon sentirse un miembro valorado del equipo, algo que realmente era. Mantuvo un contacto estrecho con él para asegurarse de que se sentía mejor siendo parte del equipo, e incluso pidió a otro jugador, Albert, que animara a Lavon a distraerse. Lavon le contó a Albert sus problemas y descubrió que este había pasado por una etapa similar cuando llegó a la universidad. Lavon entendió que era posible superar lo que le pasaba y se sintió apoyado en todos los aspectos.

Años después de acabar la universidad, Lavon pensaba a menudo en el valor de la ayuda que había recibido para superar aquellos tiempos difíciles. Entendió la importancia de pedir ayuda y descubrió que él también quería hacer algo por los demás. Quería utilizar su liderazgo y sus destrezas de equipo no solo para ayudar a la gente, sino para hacer algo bueno en el mundo. Estaba aprendiendo a maximizar sus destrezas sociales a partir de su ansiedad buena.

Durante el último año trabajó para el candidato local al Congreso, cuyos discursos había escuchado y en cuyo mensaje creía. Pronto Lavon se convirtió en un gran activo para la nueva campaña electoral y se sentía muy a gusto formando parte de la vida política. Le encantaba hablar con la gente, compartir sus historias y conocimientos, y especialmente le gustaba conversar con personas que se mantenían al margen o con quienes sostenían ideas contrarias. Tenía talento para debatir abiertamente con cualquiera y disfrutaba haciéndolo. No necesitaba «imponerse» en la conversación. Lo suyo era empatía en acción.

La conclusión de la historia de Lavon es doble. En primer lugar, tenía muchos ejemplos de interacción social positiva: la comunicación respetuosa y amorosa entre sus padres, y el hecho de haber formado parte de un equipo de baloncesto. Era capaz de reconocer el modo en que estas habilidades habían influido en su propia vida: aplacaban sus «nervios», como él los llamaba, y también se convirtieron en un instrumento para el *feedback* positivo por parte de su entrenador y sus compañeros de equipo, lo que contribuía a reforzar su motivación para vincularse y perseverar, a pesar de los reveses. En segundo lugar, dado que era consciente de que se trataba de herramientas a su disposición, también fue capaz de recurrir a ellas cuando necesitó ayuda. Como te dirá cualquier profesor, pedir ayuda no es solo señal de que eres un buen estudiante, sino también de madurez y perseverancia. Aunque a primera vista esta idea parece de sentido común, en realidad es una percepción errónea muy común. Nuestra cultura (occidental, estadounidense) hunde sus raíces en conceptos como la autonomía y concede suma importancia al hecho de ser independientes. A menudo estos valores de autosuficiencia se confunden con la idea de que de algún modo es malo necesitar ayuda, como si pedirla fuera una señal de debilidad. Y, sin embargo, la ciencia sugiere exactamente lo contrario: pedir ayuda es señal de fuertes destrezas sociales.

La ansiedad de Lavon ponía el foco de atención sobre sus inseguridades respecto a su rendimiento académico y su papel como miembro del equipo de baloncesto. Lo importante en este caso es que él reconoció que su ansiedad no le estaba dando el mensaje de que era un fracasado; le decía que tenía que pedir ayuda. Fue capaz de sacar partido a su ansiedad buena para ir más allá y desarrollar su empatía y su confianza social. Le permitió descubrir un sentido más amplio de la empatía y encontró la manera de ser sincero consigo mismo mientras forjaba vínculos genuinos con los demás.

ADAM: LA INTELIGENCIA SOCIAL SE PUEDE APRENDER

Adam, hijo único, siempre había sido tímido e introvertido. Desde que era un bebé se aferraba a su madre y lloraba si sus miradas no se cruzaban. Fue un poco más sociable a medida que se hizo mayor, pero siempre fue un chico enclenque que hablaba en voz baja, socialmente torpe y ansioso. Sus padres eran tranquilos y reservados y no socializaban mucho, por lo que Adam tuvo pocas oportunidades para aprender.

Aunque Adam nunca había tenido muchos amigos, le encantaba el anime. Tenía una gran imaginación y se perdía en las historias que inventaba. Disfrutaba pintando imágenes con las palabras, y no era casualidad que la mayor parte del refuerzo positivo que experimentaba en la vida le llegara a través de sus creaciones.

En la escuela secundaria y en la universidad, para Adam la vida consistía en redactar sus trabajos escolares y reunirse de vez en cuando con algún conocido, pero pasaba la mayor parte de su tiempo solo frente al ordenador. Después de la universidad consiguió un trabajo como programador informático *freelance* en el que trabajaba fundamentalmente solo, ya que su labor no requería el contacto entre personas, algo que parecía ajustarse bien a su personalidad. De vez en cuando tenía alguna cita, pero no parecía saber lo que estaba haciendo. Tampoco estaba seguro de que alguna mujer quisiera tener una relación seria con él puesto que se consideraba a sí mismo algo aburrido.

Un día, por causas ajenas a su rendimiento laboral, le despidieron de su trabajo. Esa nueva situación provocó en él una gran preocupación por su situación económica; preocupación que empeoró posteriormente al no tener a nadie con quien compartir sus miedos. No quería contárselo a sus padres porque sabía que ellos reaccionarían mal y que esto le haría sentir peor. No deseaba ser una carga para nadie. Pronto descubrió que se sentía increíblemente solo por primera vez en mucho tiempo. La escritura, que siempre había sido una fuente de placer y seguridad, no le ayudaba en esos momentos. El sentimiento de soledad le asustaba, pero no sabía muy bien qué hacer.

Siempre había querido tener una mayor vida social y un grupo de amigos más amplio, pero no podía evitar sentir una gran ansiedad e inseguridad cuando se imaginaba haciendo algo al respecto. Un interesante artículo que leyó sobre el tema sugería que una persona que se encontrara en una situación así debía empezar creando unos cimientos sociales basados en algo que ya le gustara, se le diera bien y de lo que le gustara hablar. En su caso, solo había una opción: pensaba que podría hablar del anime, del proceso de creación y de sus artistas favoritos. Entonces se le ocurrió esta idea: iba a inscribirse en un curso sobre cómo enseñar anime.

La clase tuvo consecuencias fantásticas en Adam. De pronto, cada semana entraba en un espacio en el que no solo quería compartir y preguntar, sino interactuar y aprender de las personas. Probablemente por primera vez en su vida entablaba fácilmente conversaciones con desconocidos, concentrados en todo tipo de modelos del anime. Era divertido, le resultaba fácil y no sintió la ansiedad que acostumbraba a cernirse sobre él cuando iniciaba una conversación con alguien nuevo.

Descubrió que todos estos consejos para ser más sociable eran de gran ayuda. Allí estaba él, acudiendo a un aula sin miedo a interactuar con los otros alumnos y deseando que llegara la clase semanal. Entonces, cuando empezaba a ganar confianza, se dio cuenta de que una de las razones por las que se sentía tan cómodo era que muchos de los aspirantes a artistas en la clase eran como él: callados, tímidos, con mucho que decir, pero escasas habilidades prácticas para verbalizarlo. Descubrió que no solo entendía exactamente cómo se sentían, sino también qué había que hacer para ayudarlos: ser paciente e ir poco a poco. Asumió un rol de profesor, consciente de que una respuesta monosilábica por parte de sus alumnos era un buen comienzo y, después de clase, intentaba involucrar y animar al resto de los estudiantes a participar en la conversación, ya que era más fácil hablar cuando no había tanta gente observando. La gran lección que aprendió Adam fue que la empatía era la cura definitiva para su ansiedad.

¿Adam dejó de ser introvertido? No. ¿Debería dejar de serlo? No. Pero descubrió que la ansiedad que le provocaba la necesidad de encontrar un lugar en una comunidad social podía ser aliviada con las mismas herramientas que utilizaba para afrontar otros tipos de ansiedad. El anime y el hecho de contar historias le aportaron alivio y alegría; al descubrir que estos intereses podían aportar paz y alegría a los demás, encontró una forma de pertenecer a una comunidad. Y lo más importante, la empatía de Adam le permitió reconocer que otros padecían la ansiedad que a él le resultaba tan conocida; al compartir con ellos sus propias estrategias de afrontamiento, su empatía se convirtió en un salvavidas para los que también se esforzaban en formar parte de una comunidad. Todos los que acudían a sus clases se beneficiaron del reconocimiento de Adam de que compartían intereses y una lucha común. Él se sentía más cómodo con su malestar, y el instrumento para ello fue descubrir que la empatía activaba su inteligencia social y le otorgaba la confianza necesaria para cambiar su interacción con los demás. En ese sentido, la ansiedad de Adam le permitió acceder a un maravilloso mundo de experiencias que de otro modo le habrían sido negadas.

EL SUPERPODER DE LA COMPASIÓN

La empatía es asombrosa, pero hay algo que la supera: la compasión. La compasión es, en cierto sentido, el superpoder más «simple» de la ansiedad. Al mostrar compasión por tus propios detonantes personales de la ansiedad, podrás atenuarla tanto en los demás como en ti mismo.

Yo pienso que la compasión es empatía con esteroides. La compasión empieza con nuestra conciencia de que nuestras acciones, pensamientos, palabras y formas de comunicación con los demás tienen un efecto, visible o invisible. Un simple gesto de apenas dos segundos de duración puede alegrar a otra persona.

No es necesaria una maratón de gestos compasivos durante veinticuatro horas: está bien empezar con algo modesto. Atiende al lugar al que señala tu ansiedad. Utiliza esos momentos de tu vida como punto de partida para llegar a los demás. Si sientes ansiedad porque eres nuevo en un trabajo, tómate tu tiempo para hablar con los otros novatos y procurar que se sientan a gusto. Si te cuesta encontrar un equilibrio entre los hijos y el trabajo, ofrece una palabra de ánimo a los nuevos padres y madres de tu círculo. Tomarse un momento para imaginar aquello a lo que se enfrentan los demás, posiblemente unas inquietudes y desafíos muy similares a los tuyos, puede hacer aflorar una enorme sensación de alivio.

Si padeces angustia social, confusión o miedo, debes saber que se trata de una respuesta perfectamente normal. No importa el aspecto exterior que revista cada caso, son muchas las personas que afrontan una ansiedad interna en situaciones sociales. Pero, como hemos visto, es muy posible cultivar tu músculo social y emplearlo para reforzar tus vínculos, y tu ansiedad te ofrece pistas sobre todo aquello que podrías hacer para romper el hielo y ayudar a los demás, algo que ellos te agradecerán. Atiende sinceramente a lo que tu ansiedad te señala como aspectos que pueden despertar tu incertidumbre e inseguridad, y practica la empatía echando una mano a quienes están en tu misma situación. Recuerda que transformar la ansiedad en compasión es algo inherente a tu personalidad: de hecho, tu ansiedad ha sido diseñada precisamente para eso. Juntas, la compasión y la ansiedad pueden amortiguar los efectos de la ansiedad mala y gracias a ellas podrás recurrir a tu ansiedad para volcarte en los demás. ¿El resultado? ¡La compasión se extenderá entre tus semejantes, otras especies y el planeta entero!

Capítulo 9

ESTIMULA TU CREATIVIDAD

A menudo se dice que la creatividad es un talento innato que algunos tienen y otros no. Se la describe como misteriosa, abstracta e inefable, razones por las que nos parece tan provocativa. En mi juventud, el concepto de creatividad me llevaba a imaginar las asombrosas pinturas de Picasso y Cézanne, la riqueza de la prosa de Virginia Woolf, la impresionante envergadura del Museo Guggenheim de Bilbao, diseñado por Frank Gehry, o las trascendentales catedrales renacentistas de Europa. En ciencia, me conmovía el genio creativo de científicos como Marie Curie, Einstein o, más recientemente, Mary-Claire King (descubridora del gen que provoca el cáncer de mama). Me inspiraba la música de Joni Mitchell, Bach, Lady Gaga y James Taylor. Sí, la creatividad parece ser el reino de artistas y genios. Pero, como mucha otra gente, lo había entendido mal. La concepción moderna de la creatividad demuestra que es una capacidad fundamental del cerebro humano, algo que no solo es arrebatador, como una obra maestra artística, sino también bastante común. La creatividad es lo que ejercitamos al resolver un puzle o un problema, cuando encontramos una nueva forma de tejer un jersey o apilar la leña en el patio. La creatividad se compone de resolución de problemas, invención, conocimiento e innovación. Es algo trascendental y modesto y una realidad innata y profundamente enriquecedora en los seres humanos.

Así como la ansiedad mala puede inclinarnos hacia una mentalidad que perjudica nuestro rendimiento en lugar de ayudarlo, también sabemos que puede ahogar la creatividad. Un ejemplo clásico es el del bloqueo del escritor. Pero ¿acaso la ansiedad bloquea literalmente las vías neurales para el pensamiento creativo, o es el estado físico de la ansiedad el que detiene nuestro pensamiento, creativo o de otro tipo? Lo que a menudo se malinterpreta es cómo a veces la ansiedad puede *alimentar* realmente la creatividad, brindando a las personas el material necesario para conocerse completamente a sí mismas y salir fortalecidas de la experiencia; la creatividad puede ofrecernos una forma de procesar nuestros sentimientos negativos, incluida la ansiedad. Una vez más, la ansiedad nos ofrece una forma de replantear nuestra comprensión de la creatividad, y con esta comprensión creamos (sin intención de hacer un juego de palabras) nuevas formas de afrontar la ansiedad.

MICHAELA: CÓMO LA ANSIEDAD PUEDE INHIBIR LA CREATIVIDAD

Michaela siempre estaba bajo presión. Como editora y escritora *freelance*, era una abeja obrera incansable que aceptaba siempre más proyectos de escritura de los que podía gestionar. Justificaba su hiperestrés como un simple hecho de la existencia, y creía que vivir al límite era parte del estilo de vida de un autónomo. Constantemente se preocupaba por poder pagar sus facturas, sin ahorrar dinero para épocas de necesidad.

Vivir así causaba estragos. Recientemente le habían diagnosticado la enfermedad de Hashimoto, un trastorno autoinmune que influye en la tiroides. Algunos de los efectos de un mal funcionamiento de la tiroides son cansancio, irritabilidad y ansiedad. Los últimos meses, la única forma en que conseguía culminar su trabajo cotidiano era echándose una siesta al mediodía y yéndose a dormir a las 20.30. Y, con todo, a pesar de la siesta, la calidad de su trabajo se había resentido; entregaba sus proyectos a tiempo, pero les faltaba brillo. Rompió con su novio, creyendo que no podía seguir adelante con una relación, y mantuvo su vida social al mínimo. Su vida se redujo al trabajo, sin ninguna diversión.

El doctor de Michaela le suministró medicación para la tiroides y le advirtió en términos inequívocos que, si no hacía nada para controlar su estrés crónico, irían aflorando otras patologías. Esta amenaza puso en alerta a Michaela. Entendió que tenía que hacer algunos cambios inmediatos en su estilo de vida, por lo que mejoró su dieta y añadió ejercicio y meditación. A sugerencia de un nutricionista, también empezó a tomar un suplemento conocido como ácido gamma-aminobutírico (GABA, por sus siglas en inglés), que según los estudios mejora el estado de ánimo y mantiene a raya el estrés, y empezó a investigar cómo el estrés desencadena el síndrome de Hashimoto. Descubrió que el estrés crónico agota el sistema cerebro-cuerpo de muchas formas: cuando las glándulas adrenales producen un exceso de cortisol, una serie de áreas cerebrales significativas se ven afectadas negativamente, entre ellas el hipocampo, la amígdala y la corteza prefrontal. El cuerpo también recibe el impacto de una elevada presencia de cortisol con un aumento en la probabilidad de padecer presión sanguínea alta, diabetes y enfermedades cardíacas, además de una mayor vulnerabilidad a los trastornos autoinmunes.

Cuando la conocí, me contó cómo hacía frente al estrés. Para Michaela, ocuparse de la respuesta al estrés implicaba sumergirse en su ansiedad, no alejarse de ella. Esta información la llevó a plantearse qué era realmente importante para ella: ¿quería ser *freelance* para siempre?, ¿necesitaba libertad para gestionar su propio calendario o se sentiría más segura con un trabajo estable y un salario fijo? Siempre había pensado que necesitaba el estilo de vida de un profesional autónomo para ser creativa y productiva. Pero ahora le surgían dudas: era evidente que su constante preocupación por el dinero y por no quedarse sin trabajo formaban parte de su estrés crónico. ¿Tal vez cierta estabilidad económica pondría freno a su ansiedad? Tirar del hilo de su ansiedad hasta llegar a sus emociones contradictorias en relación con el trabajo –independencia versus ingresos fijos– le proporcionó información valiosa acerca de otros cambios en el estilo de vida que podría considerar para implementar una transformación de gran envergadura.

Michaela comenzó a replantearse su forma de pensar y solicitó un par de puestos de trabajo como redactora. El contenido no le resultaba muy atractivo —se trataba de una revista dedicada a perros y gatos—, pero pagaban bien. Tendría un horario fijo y un sueldo cada mes, por lo que se sentiría más segura. Decidió probar. En un mes se sintió mucho menos ansiosa. De hecho, se sentía más fuerte, en parte debido a la medicación, pero también porque sentía que su vida era más equilibrada. Descubrió que tenía energía extra que comenzó a volcar en sus proyectos de escritura personal. Comenzó simplemente escribiendo en un diario todas las mañanas, sin saltarse una sola. Leyó *El camino del artista,* de Julia Cameron, y comenzó con el diario de tres páginas, sin un propósito específico. Luego, las tres páginas se convirtieron en cinco y luego en seis. Pronto surgió la estructura de una novela.

La preocupación de Michaela por el dinero había alimentado su alto nivel de ansiedad, impidiéndole perseguir sus ambiciones creativas de escribir una novela y provocándole una enfermedad real. Pero no estuvo realmente motivada a efectuar cambios hasta que resultó absolutamente imposible ignorar la ansiedad. Sin embargo, al dar un paso atrás y observar atentamente su vida y sus costumbres, supo que no estaba dispuesta a aceptar una vida limitada por la ansiedad y, ahora, por una enfermedad autoinmune. Había ignorado su ansiedad respecto al dinero durante tanto tiempo que esta se había transformado en una crisis de salud que exigía más atención. Solo entonces fue capaz de apreciar lo que su ansiedad le estaba transmitiendo: tenía que reevaluar la historia que se contaba a sí misma y hacer algunos cambios. Tener un trabajo a tiempo completo implicaba hacer algo que no aparecía en su historia, pero que también le concedía una vida mucho más cercana a la que deseaba.

En última instancia, Michaela pudo readaptar su energía de forma creativa y significativa. Y esto es lo mejor: siempre había separado su producción literaria personal de la escritura por motivos de trabajo, pero gracias a su energía renovada descubrió que esta falsa separación no hacía sino alimentar su ansiedad. También descubrió un beneficio adicional y que según toda apariencia iba a suponer un gran cambio en su vida: con su ansiedad bajo control, ahora tenía espacio mental y emocional, y energía física, para ser más productiva en el terreno creativo. Y este fue el mejor regalo de todos.

La historia de Michaela no solo ilustra nuestra capacidad para cambiar nuestras conductas, sino que, además, subraya el poder de la creatividad como fuente de transformación y curación. Michaela siempre tendrá que lidiar con el trastorno de su tiroides; siempre tendrá que vigilar la excesiva respuesta al estrés de su cuerpo. Sin embargo, ahora que sabe cómo controlar y gestionar su ansiedad, su creatividad se ha convertido en su fuente de energía, equilibrio y bienestar.

¿EXISTEN RASGOS DE LA CREATIVIDAD?

Creo que adivinarás que yo puedo admitir o reconocerme a mí misma como creativa. Hace unos años no me habría concedido esa designación. Pero la investigación y mi propia experiencia han demostrado que estaba equivocada. Todos podemos ser creativos. Al mismo tiempo, es interesante tener en mente en qué sentido los investigadores han definido los rasgos de las personas creativas, como si existieran personalidades características o rasgos de temperamento asociados a la creatividad.

Según los estudios, las personas creativas pueden mostrar:

- tolerancia a la ambigüedad,
- perseverancia,
- relativo desinterés en la aprobación social,
- apertura a la experiencia (es decir, a experiencias nuevas),
- una actitud abierta a aceptar riesgos.

Algunas personas nacen con estos rasgos de temperamento, pero otras, entre las que me incluyo yo misma, marcaríamos menos de la mitad de los ítems de la lista. ¿El pensamiento creativo depende de todos estos puntos? ¿O solo de algunos de ellos?

Mi opinión aquí es que una de las concepciones erróneas en este campo es la que afirma que necesitamos una personalidad creativa para ser creativos, pensar creativamente o utilizar el pensamiento creativo como un instrumento para innovar o resolver problemas. Pero si asumimos que los tipos de pensamiento que permiten la creatividad se pueden aprender, consideremos cada uno de estos rasgos y la probabilidad de poder elegir:

- Tolerar la ambigüedad: ¿no se asemeja esto a sentirse más cómodo con las emociones difíciles o dolorosas, como la ansiedad?
- Perseverar ante los obstáculos o fracasos: ¿no es así como cultivamos una mentalidad activista y elegimos seguir adelante, utilizando el *feedback* para intentarlo de nuevo?
- Ignorar el potencial de la desaprobación social: ¿no es esto la voluntad de pensar por ti mismo y pedir ayuda cuando es necesario?
- Adoptar una actitud abierta hacia nuevas experiencias o un cambio de conducta: ¿no es esta la esencia de la flexibilidad cognitiva?
- Salir de tu zona de confort e intentar algo sin garantías de éxito: ¿no es este el deseo de comprometerse, aprender y disfrutar de una actividad por el gusto de hacerlo?

¿Por qué creo que adoptar un planteamiento vital creativo es beneficioso? Porque refuerza la flexibilidad, la apertura y el deseo de aprender y crecer. Y todos nosotros tenemos el potencial de ser creativos y utilizar esa creatividad para controlar los aspectos negativos de la ansiedad y canalizar la ansiedad buena. Se trata de desarrollar las destrezas asociadas a este tipo de ansiedad: una mentalidad activista, la voluntad de entrenar la atención en un objetivo específico y el valor de intentarlo. También es un recordatorio de la importancia de aprender a tolerar estos estados negativos no solo por la creatividad, sino para contribuir a transformar la ansiedad en un superpoder. En mi caso, durante mucho tiempo no fui capaz de tolerar la desaprobación de los demás. Siempre buscaba la aprobación y el apoyo antes de seguir adelante, lo que en ciertos aspectos me mantenía en un camino productivo y positivo en el mundo de la ciencia, pero probablemente me impedía otros descubrimientos más creativos. En mi caso, tuve que alcanzar ese nivel de antigüedad en el que otros buscaban mi aprobación para darme cuenta de que quien tuviera esa antigüedad en ese momento no necesariamente era el mejor guía; tal vez era la persona más nueva en el equipo quien tenía una idea realmente creativa que compartir. Eso realmente me ayudó a superar mi dependencia de la aprobación social. Los fracasos me enseñaron cómo mejorar mi trabajo; incluso esos comentarios negativos que recibí en las primeras iteraciones de un nuevo proyecto fueron muy útiles para alejarme rápidamente de un mal camino hacia uno mejor. El fracaso es parte del proceso; el *feedback* nos ayuda a mejorar. No es que haya que buscar esas opiniones negativas, pero cuando las recibes, te ayudan a perfeccionar tus ideas o proyectos como ninguna crítica positiva podría hacer.

ENTONCES, ¿QUÉ ES LA CREATIVIDAD?

Esta es una de las mejores definiciones que he encontrado: la creatividad es «la capacidad de producir un trabajo nuevo (es decir, original, inesperado) y apropiado (esto es, útil, adaptado a las restricciones de la tarea)».[1] Aunque aún nos encontramos en una fase relativamente temprana del estudio científico de la creatividad, de manera progresiva estamos llegando a cierto consenso en torno a las vías neurales subyacentes y a los procesos implicados en todo tipo de ejercicio creativo. Antes de echar un vistazo al cerebro, por así decirlo, ampliemos la definición de creatividad.

Como explica un científico,[2] la creatividad es, «esencialmente, un proceso darwinista», porque siempre se trata de seleccionar qué nuevas ideas son también apropiadas, útiles o relevantes. ¿La teoría de la relatividad de Einstein es novedosa? ¡Verificado! ¿Es útil? ¡Doble verificación! ¿Es novedoso el descubrimiento de una diseñadora de moda sin trabajo de que puede utilizar su tiempo «libre» durante el COVID para hacer mascarillas en lugar de camisetas y bufandas de lujo? ¡Verificado! ¿Es útil? Verificado de nuevo. La creatividad llevó a científicos a aprovechar el poder de las células T y convertirlas en asesinas de células cancerosas, y la creatividad llevó a la fusión del *hip-hop* y la historia estadounidense para crear el fenómeno del musical *Hamilton*. Permitir que nuestras mentes divaguen más allá de lo que nos resulta familiar estimula la creatividad.

Desde el punto de vista de la neurociencia, la creatividad es una forma de *procesamiento de información* que puede ser emocional o cognitiva, deliberada o espontánea:

- La experiencia espontánea de comprensión o epifanía cuando aparece la solución a un problema.
- Después de mucha persistencia y trabajo intenso (por ejemplo, deliberación) alcanzamos una nueva comprensión o establecemos una nueva conexión.

Podemos reconocer cómo se manifiesta la creatividad en la vida real. El antropólogo que trabaja en el campo durante tres años entrevistando a sujetos y revisa largos artículos de investigación puede no considerar como un proceso creativo los largos días y noches, la ardua y sin embargo mecánica tarea de tomar notas y trascribirlas del audio a la forma escrita. Pero al sentarse y empezar a sintetizar las notas, extrayendo los temas generales que aparecen en las variadas entrevistas, este proceso de reflexión y creación de conexiones y conclusiones es un proceso creativo. El esfuerzo, la persistencia y la investigación son parte de lo que permite que las conexiones y el conocimiento se produzcan.

Mi querida amiga Julie Burstein, experta en creatividad y autora de *Spark: How Creativity Works*,[3] está de acuerdo en que la creatividad no es una capacidad de unos pocos, sino una habilidad que todos podemos cultivar y fomentar. Afirma que todos podemos activar esta capacidad si:

- prestamos atención al mundo que nos rodea y permanecemos abiertos a nuevas formas de ser y de pensar,
- abrazamos los desafíos y la adversidad y aprendemos a ir más allá de nuestros límites percibidos,
- soltamos el suficiente lastre como para jugar,
- sabemos que nuestras experiencias emocionales más difíciles, que inevitablemente acompañan a la existencia humana, pueden alimentar nuestra expresión creativa.

Hay que señalar que la mitad de estas sugerencias para mejorar la concentración se centran en los retos o las experiencias emocionales difíciles, y la otra mitad (una atención mejorada y soltar lastre) requieren sentirse lo suficientemente relajado y no frenado por una excesiva estimulación o excitación: esencialmente, incluso la ansiedad mala puede conducirnos a algo diferente. Nuestras inevitables fricciones, estrés, dolor, miedo y malestar a menudo se transforman en motivación para buscar alivio, algún tipo de solución o respuesta a por qué nos sentimos mal. Estas emociones negativas pueden ser valiosos materiales en bruto para la creación o el conocimiento creativo. Para funcionar, los superpoderes de la mentalidad, la productividad y el rendimiento exigen una transformación de la ansiedad mala en buena. Lo que estamos empezando a entender respecto al superpoder de la creatividad es que al menos en parte se accede a él por medio de nuestro propio enfrentamiento con las emociones dolorosas.

Entre científicos y teóricos hay un gran desacuerdo con relación a cómo estudiar la creatividad y rastrear sus procesos en vías funcionales o áreas estructuradas. De hecho, como dos de los principales expertos en creatividad afirman en una reciente revisión del pensamiento creativo, «no hay un único mecanismo neural o cognitivo en el que podamos confiar para explicar las capacidades creativas extraordinarias de un Einstein o un Shakespeare».[4]

¿Mi opinión? La creatividad es especial, en muchos sentidos. Y la creatividad es un producto de nuestros esfuerzos para procesar nuestras emociones. Por lo tanto, observemos en primer lugar lo que sabemos sobre la base cerebral de la creatividad y exploremos entonces cómo aprovechar nuestra ansiedad buena y mala para aumentar nuestra capacidad de ser completamente creativos en todas las áreas de nuestra vida.

DÓNDE SE MANIFIESTA LA CREATIVIDAD EN EL CEREBRO

Aunque al principio los neurocientíficos pensaban que la corteza prefrontal era la «sede» de la creatividad, ahora sabemos que muchas áreas del cerebro están implicadas en el pensamiento creativo: el pensamiento abstracto, la autorreflexión, la flexibilidad cognitiva, la mentalización y la empatía, la memoria de trabajo y una atención sostenida y dirigida. Estas formas separadas de procesar la cognición y la emoción se superponen e interactúan en diferentes tareas creativas.[5]

Cualquier persona zurda conoce la vieja broma «Si el hemisferio derecho del cerebro controla la parte izquierda del cuerpo, entonces solo los zurdos están en su sano juicio». Desde hace mucho tiempo, el hemisferio derecho del cerebro se ha asociado a la pasión, la emoción y la irracionalidad. Y también sabemos que el hemisferio izquierdo aloja el lenguaje y el pensamiento analítico, lógico y práctico. Pues bien, tal vez al lector le sorprenda saber que la creatividad no se ubica en ninguno de los dos hemisferios. La investigación más reciente sobre la base neural de la creatividad demuestra que en el proceso de la creatividad están implicadas una amplia red de áreas cerebrales. Por ejemplo, aunque la chispa creativa —es decir, el momento «eureka»— parece tener lugar en un área específica del cerebro, el giro temporal superior anterior en el lóbulo temporal del hemisferio derecho, hay otras muchas zonas implicadas en el proceso creativo.[6]

Los neurocientíficos han identificado tres grandes redes cerebrales que *generan* creatividad. Ya estás familiarizado con una de ellas, la red de control ejecutivo, conocida por suscitar y organizar nuestra atención y concentración. Las otras dos —la red de saliencia y la red de modo por defecto— también ayudan a establecer las muchas interacciones entre el procesamiento descendente y ascendente que implican diferentes dimensiones del pensamiento creativo.

La red de control ejecutivo. La red de control ejecutivo, que examinamos en el capítulo dedicado a la atención, está ubicada en la corteza prefrontal y gestiona el control inhibitorio y la memoria de trabajo. Ambos son necesarios para fomentar y mantener la concentración, y también desempeñan un papel importante en el proceso creativo. Otra función clave de la corteza prefrontal —la flexibilidad cognitiva— también se encuentra en el corazón de la creatividad. Este aspecto de la función ejecutiva es lo que nos permite contemplar un problema desde una nueva perspectiva, probar nuevas estrategias que conducen a nuevas soluciones y permitir avances en el pensamiento. La flexibilidad cognitiva es necesaria para abordar creativamente la resolución de problemas.

La red de saliencia. La segunda red cerebral relacionada con la creatividad es la red de saliencia. Se trata de una amplia red de estructuras cerebrales que monitoriza los acontecimientos externos y los pensamientos internos y permite que el cerebro se centre en unos u otros, dependiendo de la tarea que aborde. Entre las áreas implicadas en esta red está la corteza cingulada anterior dorsal, localizada en la corteza prefrontal, así como la corteza insular anterior. También incluye la amígdala, el estriado ventral, el tálamo dorsomedial, el hipotálamo y partes del estriado. El pensamiento creativo está marcado por la capacidad de pensar flexiblemente y alternar entre ideas, emociones, estímulos externos, recuerdos e imaginaciones. Cuando la red de saliencia resulta estimulada por la ansiedad buena, permite cambiar rápidamente entre lo que se puede considerar como fuentes internas y externas de inspiración creativa.

La red de modo por defecto (también conocida como red de la imaginación). La tercera red implicada en la creatividad es la red de modo por defecto (RMD). Esta área del cerebro se ha asociado históricamente a la divagación mental. La red de modo por defecto se activa y se le permite divagar cuando nuestro cerebro está descansando y no centrado en una tarea deliberada. Esta red es un buen ejemplo de cómo la ansiedad puede ser positiva o negativa. Cuando la RMD está atrapada en la perseveración o rumia, empeora la ansiedad; pero cuando eres consciente de la RMD y la utilizas como una forma de generar ideas, entonces la ansiedad se vuelve positiva y puede ser combustible para la creatividad y la imaginación. De hecho, investigaciones recientes han demostrado que los cerebros de las personas muy creativas muestran una capacidad de atención más pobre que sus contrapartes menos creativas.[7] Cuando este estado se estudia utilizando la resonancia magnética funcional (RMf), se pone de manifiesto que se caracteriza por patrones distintos pero difusos de actividad en muchas vías. Aunque los científicos definen que este es un estado de «reposo», en realidad es un descanso o una pausa de la atención deliberada o consciente. En otras palabras, la activación de la RMD significa que se están generando muchos pensamientos y conexiones de manera subconsciente. El neurocientífico Randy Buckner asegura que la RMD está involucrada en «la construcción de simulaciones mentales dinámicas basadas en experiencias personales pasadas, como las utilizadas cuando recordamos, pensamos en el futuro y, en líneas generales, al imaginar perspectivas y escenarios alternativos al presente».[8] Por esa razón, a otro autor de referencia en el área de la creatividad humana, Scott Barry Kaufman, le gusta llamar a la RMD la «red de la imaginación». Esta red también incluye áreas en el seno de la corteza prefrontal, el lóbulo temporal medial –incluyendo el hipocampo, crucial para la memoria a largo plazo–, así como el lóbulo parietal.

La importancia de estas tres redes ha sido recientemente confirmada por un estudio[9] que demuestra que la capacidad de una persona para producir ideas originales se puede predecir de manera fiable a partir de la fuerza de las conexiones en el seno y entre estas redes.

DESTRUYENDO LA CREATIVIDAD

A partir del acercamiento nítido, bien definido, concentrado y científico de la creatividad, se han identificado dos principales modos de procesamiento de la misma: el espontáneo y el deliberado. La creatividad espontánea se refiere a esos momentos «eureka» aparentemente inexplicables que surgen de la nada y se han asociado siempre con la red de modo por defecto. Por otro lado, la creatividad deliberada es un proceso descendente estratégico, esforzado y orientado a la resolución de problemas, razón por la que implica a la red de control ejecutivo y a la red de saliencia.

En una historia popular tanto en psicología como en química se cuenta que, en 1890, el célebre químico alemán Friedrich August Kekulé describió un sueño que tuvo mientras dormitaba frente al fuego, en el que una serpiente se «devoraba a sí misma», lo que le llevó a la idea de la naturaleza circular del compuesto químico benceno, o anillo de benceno. Esta historia ha sido considerada como una demostración de creatividad espontánea. Sin embargo, análisis más recientes sugieren que otros científicos ya habían descubierto e ilustrado el benceno como una estructura en forma de anillo en ese momento, y la historia del sueño fue una forma creativa de no tener que compartir el mérito de ese descubrimiento. Mientras que el primer ejemplo implica creatividad espontánea, la última interpretación es claramente un ejemplo de creatividad deliberada.

¿Hay un beneficio en trazar un límite y distinguir así dos tipos de creatividad? Creo que sí. Tal y como ocurre al crear un entorno en el que es posible fluir, hay que trabajar para anticipar y experimentar el compromiso de habitar la zona de creatividad. Sí, la chispa de conocimiento o invención puede parecer fácil de suscitar, pero siempre viene precedida por un trabajo de preparación.

La creatividad nos permite –e incluso fomenta– que nos sintamos cómodos con todos nuestros sentimientos, incluida la ansiedad. Además, la ansiedad hace un excelente trabajo al llamar nuestra atención sobre aquello que probablemente va a desencadenar una respuesta emocional: un aspecto esencial en el acto de crear. A menudo la energía emocional —en forma de emociones positivas o negativas— llega a ser la *inspiración* del trabajo creativo, como en el caso del arte, la escritura o la música. Pero la *producción* de ese trabajo también depende de la cognición. La interacción entre las tres redes, y la distinción práctica entre lo espontáneo y lo deliberado, lo emocional y lo cognitivo, plantea un importante aspecto en relación con la creatividad: independientemente de lo espontánea o esforzada que pueda ser una intuición creativa, el cerebro siempre se basa en un conocimiento almacenado en nuestros bancos de memoria emocional y cognitiva. Como explica el neurocientífico Arne Dietrich, «tanto en arte como en ciencia, la expresión de una intuición creativa requiere un elevado nivel de destreza, conocimiento o técnica que depende de la constante resolución de problemas».[10] La creatividad conecta los procesos emocional y cognitivo que contribuyen a reconciliarnos con nuestra ansiedad; es más, en realidad los procesos creativos pueden ser una válvula de escape para la ansiedad, cuando intentamos transformarla en algo hermoso.

Esto explica por qué algunos científicos han sugerido que el proceso creativo consta de cinco fases:[11]

1. Preparación, con inmersión en la tarea o curiosidad por el tema o área temática.
2. Incubación.
3. Generación de soluciones o ensamblaje de las piezas del rompecabezas.
4. Producción de criterios de evaluación.
5. Selección y toma de decisiones o implementación.

Si deseas perfeccionar tu propio espíritu creativo, piensa en cómo la excitación, la conciencia y el compromiso de tu ansiedad buena pueden ayudarte a no estancarte o aceptar la frustración al intentar resolver un problema, estimular tu curiosidad o animarte a salir de tu zona de confort y probar algo nuevo.

UTILIZAR EL PENSAMIENTO CREATIVO PARA ABRAZAR LA ANSIEDAD

En cierto modo, los procesos que facilitan el pensamiento creativo son los mismos que permiten el cambio de la ansiedad mala a la buena:

- La flexibilidad cognitiva, que nos permite reformular la situación y reducir nuestra respuesta psicológica al estrés.
- La capacidad de asumir el punto de vista de otra persona, que nos permite encontrar otra forma de percibir nuestra respuesta a la amenaza.
- La atención sostenida y dirigida, que nos permite aumentar nuestra comprensión de la ansiedad y ejercer un mayor control descendente con relación a cómo actuar a partir de ello.

El pensamiento creativo no solo refuerza nuestras herramientas para transformar la ansiedad mala en buena, sino que también emerge cuando nos encontramos en un estado de ansiedad buena. Por ejemplo, los cerebros de las personas creativas muestran una capacidad reducida para filtrar información extraña; en otras palabras, los individuos creativos manifiestan una capacidad menor para mantener un alto nivel de concentración.[12] ¿Cuáles son las implicaciones? Los pensadores creativos presentan una forma de pensamiento expansiva y holística.

Los experimentos centrados específicamente en cómo desarrollar la capacidad del pensamiento divergente han demostrado que se puede «enseñar» al cerebro a ser más creativo.[13] Lo descubrí por mí misma. Como científica que soy, tengo una lista de ideas creativas a lo largo de los años de las que estoy muy orgullosa. Algunas son prácticas, otras son esotéricas (por ejemplo, solo si has estado estudiando la electrofisiología del hipocampo durante muchos años entenderás por qué una determinada idea fue, de hecho, muy creativa). Pero quizá la idea de la que estoy más orgullosa nació de un problema complejo al que me enfrenté y que necesitaba resolver.

Mi propio ejemplo de creatividad surgida de la ansiedad es, en realidad, una de las cosas de las que más orgullosa estoy de mi investigación en neurociencia durante mi doctorado. Lo primero que hay que saber es que tardé seis años en obtener el doctorado. Estudiaba las áreas cerebrales importantes para la memoria situadas junto al hipocampo, y mi trabajo era muy estimulante, pero también prolijo y tedioso. Parte de mi trabajo consistía en mapear las conexiones de estas áreas cercanas al hipocampo; antes de estos estudios no sabíamos cómo se conectaban con el resto del cerebro. Sabía que los experimentos que estábamos realizando tenían un gran potencial de innovación: estábamos explorando un área cerebral que había sido pasada por alto en la investigación en neurociencia, y sospechábamos que era clave para nuestra comprensión de cómo funciona la memoria a largo plazo en el cerebro. Pero también sabía que, si no disponíamos de buenas herramientas para representar mis descubrimientos anatómicos, nunca conocería en detalle los hallazgos que tenía ante mis ojos. ¿Qué podía hacer?

Los estudios en los que yo trabajaba contribuyeron a demostrar que estas áreas cerebrales previamente subestimadas no solo estaban fuertemente interconectadas con el hipocampo, sino que también recibían un amplio *input* de las otras partes del cerebro y actuaban como una especie de área de embudo que recopilaba la información dispersa y la procesaba para el hipocampo. Para realizar estos estudios anatómicos, administré pequeñas inyecciones discretas de tintes especiales en las áreas cerebrales en las que estaba centrada, y ese tinte acababa siendo transportado a los cuerpos de todas las otras células que se conectaban con el área cerebral que había recibido la inyección. A lo largo de mi carrera de posgrado me pasé cientos de horas buscando manualmente esas células cerebrales individuales etiquetadas, y utilizando un sistema informático para anotar su ubicación en un esquema para colocar la delgada lámina de tejido cerebral que estaba estudiando. Dado que las áreas que estaba estudiando recibían proyecciones de áreas dispersas en todo el cerebro, esto significaba que tenía cientos de láminas de tejido por cada cerebro para escanear y trazar cuidadosamente, una por una, las células etiquetadas que veía.

Esta parte llevó mucho tiempo, pero teníamos el equipo y buenos microscopios para hacerlo bien. Sabía que el significado potencial de mis descubrimientos dependía de mi capacidad para transmitir el impacto de estas proyecciones y su significado para las funciones de las áreas cerebrales. Los estudios previos habían adoptado una forma muy imprecisa de mostrar las áreas del cerebro y las células etiquetadas al hacer bocetos generales de la superficie del cerebro con una «representación artística» de la distribución aproximada del etiquetado. Pero estas ilustraciones carecían de detalles respecto a las capas celulares distintas y los hermosos y amplios patrones de etiquetado que diferían entre los casos. Había una forma más precisa de mostrar los datos y que era más prometedora. Consistía en crear lo que se conoce como un mapa desplegado bidimensional del cerebro. Sin embargo, era cien por cien manual y no había forma de automatizarlo. Sin ayuda adicional, tuve la sensación de que necesitaría ocho o nueve años de carrera de posgrado para analizar manualmente todos mis datos de esta manera, razón por la cual los científicos anteriores habían optado por la representación artística pero cualitativa de todo el cerebro descrita anteriormente.

¿Acaso esto fue una causa de inquietud y ansiedad para mí? ¡Por supuesto que sí! La escuela de posgrado fue un período de seis años en el que tuve que acostumbrarme a la ambigüedad de la investigación científica. Sabía que estaba trabajando con científicos de talla mundial, pero eso no me garantizaba un hallazgo de relevancia mundial en el que centrar mi tesis doctoral.

Me encontraba entre la espada y la pared, con la perspectiva de años de trabajo «manual». Hice lo único que podía hacer en esta situación: tuve que ser creativa para «resolver» este problema. Durante semanas estuve pensando en cómo podía modificar el método o automatizarlo de una manera que no se hubiera hecho antes. Era casi como sentir que la idea fluía entre mis redes de control ejecutivo, saliencia e imaginación. Yo era una estudiante de posgrado estresada, preocupada por el hecho de que mis miles de horas de trabajo con el microscopio no se tradujeran en el importante avance científico que creía que debería ser.

Un día me encontraba especialmente desconcertada y sentía que la ansiedad se hacía fuerte en mí. Empecé a alinear manualmente las secciones desplegadas del cerebro, una a una, y fue entonces cuando se me ocurrió la idea. Las secciones cerebrales alineadas se parecían a las hileras de las hojas de cálculo de Excel en las que había trabajado unos minutos antes. De hecho, al aplanar la sección y subdividir la corteza en pequeños fragmentos, pude contar las células etiquetadas en cada pequeño fragmento de corteza. ¡Empezó a parecerse aún más a las hileras y columnas de una hoja de cálculo de Excel! En ese momento tenía cierto conocimiento de cómo funcionaba Excel, pero no lo había usado mucho. Sin embargo, tenía la sensación de que valía la pena desarrollar esa idea. Fue justo antes de las vacaciones, así que volé a casa en San José, California, con el manual de Excel en mi bolso para estudiar la hoja de cálculo durante el descanso y descubrir si podía usarla de alguna manera para automatizar mi análisis anatómico. Resultó que no solo las hileras y columnas de Excel eran exactamente análogas a la forma en que había estado creando, manualmente, mis mapas desplegados del cerebro, sino que también podía usar su lenguaje de programación para crear un pequeño macro que codificara por colores las diferentes células en función de la cantidad de células etiquetadas descubiertas en ese fragmento de corteza. Los fragmentos con cien células podían ser automáticamente coloreados en rojo, mientras que los fragmentos con solo diez células serían automáticamente coloreados en gris.

Esa Navidad, salté de alegría en el salón de mis padres mientras estudiaba el manual. Aunque no había descubierto un sistema plenamente automático, me aportó una nueva forma cuantitativa de ilustrar y almacenar los datos de todos los experimentos, y acabé utilizando mi truco de análisis cerebral con hojas de cálculo de Excel durante años, al igual que los demás miembros del laboratorio. Esto fue un logro de creatividad inspirado y motivado por la ansiedad mala. Pero también sé que el estrés del momento fue la chispa que me llevó a encontrar mi solución. Ahora considero la resolución de problemas que realicé en este proyecto como un claro ejemplo de pensamiento divergente combinado con flexibilidad cognitiva y atención sostenida.

La creatividad es una habilidad que hay que poner en práctica; también te pide que la «sigas» y, a menudo, que salgas de tu zona de confort. ¿Mi principal desafío para salir de mi zona de confort y hacer algo que no garantiza el éxito? Lo expreso en dos palabras: cantar cabaret. En Nueva York hice un taller de canto de cabaret cuyo objetivo final era interpretar dos canciones en directo y con el acompañamiento de una banda. ¡UF! En la clase había quien cantaba muy bien y quien se defendía. Yo me situaba claramente en la segunda categoría. Me gustaron mucho todas las sesiones prácticas y la que mantuve con la profesora, pero ¡la noche de la actuación fue aterradora! Canté *Walkin' My Baby Back Home*, en versión de Nat King Cole, y *Sway*, en versión de Michael Bublé, dos canciones que adoro. Aquella noche no gané ningún Grammy, pero siempre recordaré a la mujer sentada en la primera fila, a la izquierda, siguiendo con los pies el ritmo de mi interpretación. Fue una de las cosas más valientes que he hecho nunca. Aquello inauguró una nueva vía creativa que sigo explorando; aún a día de hoy, sigo cantando.

LA CREATIVIDAD Y LA BRECHA TRÁGICA

Spark: How Creativity Works,[14] de Julie Burstein, me ayudó a comprender la creatividad de una forma mucho más matizada. En su maravilloso libro, Julie cuenta la historia de Richard Ford, que creció con una dislexia que solo le permitía leer muy lentamente. Sin embargo, muchos años después, Ford descubrió que la exigencia de lectura lenta le permitía apreciar el ritmo y la cadencia de la lengua de una forma mucho más profunda. De hecho, atribuye su atención a los detalles de la lengua el haberse convertido en el escritor y ganador del Pulitzer que es hoy.

Me encanta esta historia porque demuestra con una gran belleza que algo tan radicalmente asociado al dolor, la frustración y la ansiedad (una dislexia de por vida) puede, con la mentalidad adecuada, estimular realmente la creatividad.

La relación entre el dolor psicológico o emocional profundo y la creatividad no es nueva. Algunos artistas han sufrido depresión y una honda ansiedad. Pensemos en aquellos —Van Gogh, Anne Sexton, Miguel Ángel, Georgia O'Keeffe, por ejemplo— conocidos por sus problemas emocionales, y otros que, en algunos casos, se quitaron la vida. Aunque no creo que el dolor sea un requisito previo imprescindible para ser un artista de éxito, merece la pena considerar esta asociación.

Julie afirma que el dolor es uno de los caminos que conducen a la creatividad. Compara esta capacidad a la producción de energía positiva, crecimiento y conocimiento a partir del duelo. Considera que el magma de emociones negativas que definen la depresión y la ansiedad son una oportunidad para experimentar un amplio espectro de emociones, tanto las difíciles, las oscuras, dolorosas y negativas, como las divertidas, alegres y gozosas. Julie sugiere que, al abrazar el duelo y la pérdida, nos encontramos con lo que Parker Palmer llama la «brecha trágica», la distancia entre lo que existe en el mundo y lo que queremos crear; es como contemplar el vacío del espacio y tener el valor de decir: «¡Le daré una oportunidad!».

Pienso que hay una interpretación adicional de la brecha trágica: la brecha provocada por la ansiedad mala y que señala nuestro deseo innato de crear.

Gracias a Julie he aprendido que los neurocientíficos están en proceso de descubrir varias cosas: que la creatividad tiene que ver con la tensión entre lo que controlas y aquello que dejas ir; que tiene que ver con ser esforzado y liviano; que tiene que ver con encarar el tira y afloja entre la ansiedad mala y buena; que tiene que ver con aprovechar la excitación, la activación y el compromiso de la ansiedad a la vez que nos resistimos al agotamiento producido por un exceso de preocupación, perseverancia y rumia de nuestra infinita lista de preocupaciones. La creatividad, y la comprensión de las dimensiones de todos sus procesos (pues no hay uno solo), no solo activará positivamente tu capacidad para la expresión creativa, sino que también te permitirá utilizar tu cerebro en un nivel que jamás habías imaginado.

Podemos utilizar el dolor para ayudarnos a crear algo nuevo, útil, innovador y significativo. Depende de ti. Pero el proceso en sí mismo resulta, en última instancia, catártico: nos saca de nosotros mismos y devuelve algo al mundo.

Tercera parte

EL ARTE DE INQUIETARSE BIEN

Herramientas para calmar, transformar y canalizar tu ansiedad

¿Cómo podemos empezar a utilizar y a maximizar la admirable plasticidad de nuestro cerebro? ¿Cómo podemos concedernos la oportunidad de tomar otras decisiones, más positivas para nosotros? ¿Cómo podemos gestionar mejor nuestra ansiedad y aprender a canalizarla?

A lo largo de este libro has descubierto cómo funciona el cerebro y las interacciones y redes subyacentes que se activan cuando experimentamos ansiedad y tratamos de evitarla. Y espero que hayas valorado que los científicos estudien el cerebro, sus interacciones y lo que podemos hacer para sacar partido a nuestras propias emociones, reacciones y conductas. Los capítulos de la segunda parte de este libro muestran cómo las diversas vías por las que viaja la ansiedad pueden ser abordadas y utilizadas para acelerar nuestra concentración, mejorar nuestro rendimiento, estimular nuestra creatividad y reforzar nuestro coeficiente intelectual. Y cuando mejoramos en todos estos aspectos, no solo apoyamos nuestra resiliencia y gestionamos mejor nuestra ansiedad, sino que abrimos la puerta a los superpoderes.

Por lo tanto, ha llegado la hora de poner el foco en ti.

Quizá descubras que algunos superpoderes de la ansiedad te resultan más accesibles que otros. Por ejemplo, podrías sentirte inclinado a utilizar la atención que te proporciona la ansiedad para mejorar tu productividad, ya que ahora necesitas cumplir con una fecha límite. O tal vez te interese saber cómo la excitación de la ansiedad puede ayudarte a mejorar tu rendimiento, incluso probar qué significa el flujo. Quizá descubras que una de las razones por las que últimamente te has sentido ansioso e irritable se explica por el prolongado aislamiento al que has estado sometido; es hora de salir y volver a conectar con la familia y los amigos.

Todos los caminos de la ansiedad te ayudarán a controlarla; y te mostrarán dónde están los superpoderes ocultos. Pero lo primero es lo primero. En las siguientes páginas he reunido algunos cuestionarios y encuestas que guiarán tu conciencia de tu propia experiencia de la ansiedad en el presente. Los cuestionarios están pensados para ayudarte a concentrarte en tu experiencia de la ansiedad, en las situaciones que suelen provocarla y en tu forma habitual de enfrentarte a ella. Junto a este proceso de autorreflexión encontramos el primer paso no solo para reducir la ansiedad y evitar que altere nuestra vida, sino también para activar la mentalidad que nos permitirá darle la vuelta. Aunque hemos hablado de transformar la ansiedad mala en buena, es más exacto pensar en este proceso como en un cambio de orientación en el que nos centramos en la propia ansiedad. Presta atención a lo que tu ansiedad te está sugiriendo. En cuanto alcances este nivel de objetividad, podrás reevaluar tu situación, tus pensamientos o recuerdos. Una vez establecido este eje te encontrarás en posición de tomar una decisión consciente respecto a qué hacer con tus emociones.

Esta conciencia es esencial para ayudarte a gestionar la ansiedad, amortiguar su impacto y, si lo deseas, empezar a encauzarla.

Los detonantes de la ansiedad son omnipresentes e infinitos, pero nuestra respuesta a esos agentes estresantes no tiene por qué ser inevitable. Tenemos la capacidad de «optimizar» nuestra respuesta a los mismos. La idea clave que quiero transmitir aquí es convencerte de que eres capaz de aprovechar plenamente el objetivo fundamental de la ansiedad —una señal de alarma contra un posible peligro— y dirigir su estimulación hacia el cerebro-cuerpo.

En cuanto seas más consciente de los detonantes habituales que despiertan tu ansiedad, estarás en condiciones de decidir evitarlos para elegir el camino que más te conviene.

Estos ejercicios han sido diseñados para ser prácticos, concisos y sencillos. Deberías poder elegir las herramientas que te resulten más atractivas y empezar a explorar su eficacia en tu vida diaria. El objetivo es utilizar estas herramientas para gestionar tu ansiedad, para que esta no interfiera en tu vida, y descubrir, además, cómo emplear su energía. En última instancia, estas técnicas te ayudarán a llevarte bien con la ansiedad. Es esencial que entables una relación amistosa con tu ansiedad y la conozcas como a un antiguo compañero de clase. Este conocimiento te permitirá desarrollar tu arsenal de herramientas para modular, minimizar y transformar tu ansiedad mala en buena, y te permitirá no solo supervisar meticulosamente tu progreso —los éxitos y los fracasos—, sino celebrar cualquier triunfo, sea grande o pequeño.

CONOCE TU ANSIEDAD

Tu forma de experimentar tu ansiedad cambia cada día. Por ahora, para facilitarte una mayor conciencia de cómo reaccionas y procesas la ansiedad, responde a las siguientes preguntas. Ten presente que tus respuestas de hoy podrían ser diferentes a las de mañana o las de la semana que viene. Esto no es una acusación. Tus respuestas son una información que debes utilizar.

Intenta ser honesto contigo mismo al responder a estas preguntas, y presta atención a las sutilezas y matices de tu experiencia emocional. Aprender a reconocer dónde te sitúas en este continuo en un momento determinado contribuye a identificar tu nivel de referencia personal en relación con la ansiedad.

ENCUESTA N.º 1: ¿QUÉ NIVEL DE ANSIEDAD TIENES?

La siguiente lista de preguntas te ayudará a evaluar tu nivel de ansiedad en este instante. Te animo a responder a estas preguntas cada vez que sientas ansiedad, puesto que esta es muy dinámica. La respuesta que elijas (1, 2, 3, 4) será tu puntuación en esta pregunta. Suma las puntuaciones de todas las respuestas para calcular tu puntuación de ansiedad de base.

A. ¿Con qué frecuencia te has sentido asediado por el nerviosismo o la angustia en las últimas semanas?

1. Ninguna
2. Muchos días
3. Más de la mitad de los días
4. Casi cada día

Puntuación:________

B. ¿Con qué frecuencia has tenido problemas para relajarte o disfrutar en las últimas semanas?

1. Ninguna
2. Muchos días
3. Más de la mitad de los días
4. Casi cada día

Puntuación:________

C. ¿Con qué frecuencia te has sentido fácilmente irritado o molesto por una situación o persona en las últimas semanas?

1. Ninguna
2. Muchos días
3. Más de la mitad de los días
4. Casi cada día

Puntuación:________

D. ¿Con qué frecuencia has sentido miedo, como si algo horrible fuera a suceder, en las últimas semanas?

1. Ninguna
2. Muchos días
3. Más de la mitad de los días
4. Casi cada día

Puntuación:________

E. ¿Con qué frecuencia has tenido dificultades para dormir o has experimentado un cambio en tus hábitos de sueño en las últimas semanas?

1. Ninguna
2. Muchos días
3. Más de la mitad de los días
4. Casi cada día

Puntuación:________

F. ¿Con qué frecuencia has comido en exceso o te has dado un atracón de tu dulce favorito en las últimas semanas?

1. Ninguna
2. Muchos días
3. Más de la mitad de los días
4. Casi cada día

Puntuación:________

G. ¿Con qué frecuencia has tenido problemas para concentrarte o mantener la concentración en las últimas semanas?

1. Ninguna
2. Muchos días
3. Más de la mitad de los días
4. Casi cada día

Puntuación:________

H. ¿Con qué frecuencia has afrontado tu ansiedad recurriendo al alcohol, la marihuana, los analgésicos u otras sustancias para aliviar tus emociones en las últimas semanas?

1. Ninguna
2. Muchos días
3. Más de la mitad de los días
4. Casi cada día

Puntuación:________

I. ¿Con qué frecuencia has llegado tarde al trabajo, la escuela u otras citas en las últimas semanas?

1. Ninguna
2. Muchos días
3. Más de la mitad de los días
4. Casi cada día

Puntuación:________

J. ¿Con qué frecuencia has rechazado una invitación a pasar tiempo con tu familia o amigos en las últimas semanas?

1. Ninguna
2. Muchos días
3. Más de la mitad de los días
4. Casi cada día

Puntuación:________

K. ¿Con qué regularidad has practicado una actividad física en las últimas semanas (se incluye pasear)?

1. Durante este tiempo he hecho ejercicio con regularidad.
2. Durante este tiempo no he hecho ejercicio regular algunos días.
3. Durante este tiempo he perdido más de la mitad de mis oportunidades habituales de hacer ejercicio.
4. No he practicado nada de ejercicio durante este tiempo.

Puntuación:________

L. En una escala del 1 al 10, siendo el 1 el nivel más bajo y el 10 el máximo, ¿cómo puntuarías tu nivel de ansiedad general en las últimas semanas?

1 2 3 4 5 6 7 8 9 10

Puntuación:________

TOTAL:
SUMA LA PUNTUACIÓN DE TODAS LAS PREGUNTAS:
A-L: ______________

GUÍA DE PUNTUACIONES

12-18: Pareces estar experimentando una escasa
o nula ansiedad en este momento.
18-24: Ahora estás experimentando cierta ansiedad.
24-30: Tu ansiedad diaria parece estar aumentando.
30-54: Ahora mismo estás experimentando
un elevado nivel de ansiedad.

Ten presente que la primera vez que respondas a estas preguntas tendrás un indicio de dónde te encuentras ahora. Nuestra forma de experimentar la ansiedad puede variar de un día a otro, de una semana a otra, de un mes a otro, en función de los agentes estresantes presentes en nuestra vida. Sé amable contigo mismo; esta actividad no pretende ser condenatoria: es una exploración.

Por otra parte, no debes comparar tu puntuación de la ansiedad con la de otra persona. Cada cual tiene su propia referencia. Un individuo puede padecer una ansiedad intensa si no cumple una fecha límite; otra persona puede tomarse con calma un plazo incumplido, confiando en que acabará pronto el trabajo. Todos llegamos a este mundo con temperamentos diversos y una personalidad única, junto a un nivel fisiológico de referencia en relación con nuestra sensibilidad al estrés. La buena noticia es que nuestra respuesta al estrés es dinámica; podemos cambiarla.

ENCUESTA N.º 2: ¿CÓMO TE SIENTES CUANDO TIENES ANSIEDAD?

El siguiente paso después de definir tu nivel de estrés es preguntarte qué te hace sentir la ansiedad. Quizá recuerdes la rueda de las emociones del capítulo 2. Hay muchos nombres para las emociones negativas que asociamos a la ansiedad, por lo que la capacidad de identificar y etiquetar tus emociones es un paso crucial para ser consciente de tu experiencia interior y aprender a gestionar mejor la ansiedad y otras emociones negativas. Rodea con un círculo las descripciones que te ofrecemos a continuación y que asocias con la ansiedad.

1. Tenso.
2. Crispado.
3. Molesto.
4. Asustado.
5. Nervioso.
6. Inquieto.
7. Indeciso.
8. Preocupado.
9. Confuso.
10. Impaciente.
11. Con sensación de fracaso.
12. Inoportuno.
13. Triste.
14. Asqueado.
15. Aburrido.
16. Consternado.
17. Enfadado.
18. Aterrado.
19. Distraído.
20. Pensativo.
21. Irritado.

Conforme empieces a definir tu respuesta al estrés, ten presentes estas palabras y las emociones que evocan. ¿Algunas te resultan más familiares que otras? ¿Hay otras palabras no incluidas en la lista que podrías relacionar con la ansiedad que estás experimentando?

MIS 5 DETONANTES DE LA ANSIEDAD Y CÓMO ME HACEN SENTIR

Detonante	Cómo me hace sentir	Situación más reciente
1.		
2.		
3.		
4.		
5.		

Ten a mano esta lista y no le tengas ningún temor. Este conocimiento es esencial para aprender a usar el amplio abanico de técnicas y estrategias disponibles.

TUS TÉCNICAS PARA RELAJARTE

¿Qué sueles hacer para calmarte cuando la ansiedad o la inquietud se apoderan de ti? Sin pensarlo detenidamente, lee las siguientes técnicas de relajación. ¿Cuáles te resultan familiares?

1. Tomar un baño al final del día.
2. Tomar algo con los amigos.
3. Comprar comida rápida de regreso a casa.
4. Tomar alimentos dulces, como caramelos, helados o bollería industrial.
5. Meditar.
6. Hacer más o menos ejercicio.
7. Llamar o hacer una videollamada con amigos.
8. Echar siestas con frecuencia.
9. Ir de compras.
10. Beber alcohol solo.
11. Fumar hierba.
12. Practicar la jardinería.
13. Pasar tiempo en la naturaleza.
14. Hornear o cocinar.
15. Hacer una maratón de series de televisión.

Para determinar si estas estrategias de afrontamiento funcionan en tu caso, vuelve a la lista de estrategias de afrontamiento positivas/negativas de las páginas 56-58. No quiero que te juzgues a ti mismo.

En lugar de ello, pregúntate simplemente qué estrategias habituales de afrontamiento te resultan útiles con el estrés. ¿Hay alguna que suponga un obstáculo? ¿O que tenga efectos secundarios no deseados? Por otra parte, ¿cuáles de estas estrategias de afrontamiento te funcionan? ¿Cuáles podrías cultivar más?

FOMENTAR LA TOLERANCIA AL ESTRÉS

Como hemos visto, fomentar la tolerancia al estrés requiere sentirnos cómodos con emociones incómodas. Si intentamos enmascarar la ansiedad de forma inmediata, alejarla de nosotros o negar que la sentimos, perderemos la oportunidad de utilizar su excitación y atención en nuestro beneficio. Un buen primer paso consiste en observar nuestras emociones y aceptar la incomodidad o el nerviosismo que nos generan, en lugar de evitarlos. Al permitirnos reconocer y aceptar la realidad de nuestro malestar, estamos haciendo dos cosas: 1) nos acostumbramos a la emoción y nos damos cuenta de que, en realidad, podemos «sobrevivir» a ella, y 2) nos concedemos el tiempo y el espacio para tomar una decisión más consciente sobre cómo actuar y responder. Así es exactamente como se establece una nueva vía neural más positiva.

Este proceso incluye cuatro pasos (¡y ya has dado uno de ellos!):

1. Sé consciente de tus emociones. Trae a tu mente una reciente emoción negativa, identifícala y déjate sumergir en ella.
2. Permítete sentir el malestar. Una vez identificada la emoción, observa cómo te hace sentir, lo que, en el caso de la ansiedad, puede implicar nerviosismo e incomodidad física o emocional.
3. Abraza tus sentimientos. Permanece abierto a la sensación física o emocional. Abrázalos, concéntrate en ellos, no te alejes ni intentes negarlos.
4. Haz otra elección. Es el momento de que tu corteza prefrontal pueda conectarse y tomar una decisión consciente de dirigir esta energía hacia uno de los seis usos para la ansiedad.

Dado que eres capaz de transformar activamente la ansiedad en algo productivo, necesitas crear el suficiente espacio emocional para que pueda producirse el cambio. Cuanto más practiques estos pasos, más se automatizarán y muy pronto se convertirán en tu estrategia habitual cuando sientas que la ansiedad asciende a un nivel en el que resulta incómoda.

¿CÓMO ESTÁS GESTIONANDO TUS EMOCIONES?

No podemos subestimar el poder de nuestras emociones. Como hemos visto, una de las principales formas de aprender a gestionar el estrés de un modo diferente y canalizar la ansiedad para beneficiarnos de ella es regular o gestionar nuestras emociones, especialmente las negativas. El siguiente cuestionario simplifica dos estrategias generales para gestionar emociones difíciles: la reevaluación, que muestra flexibilidad cognitiva y un deseo de resolver el malestar; y la supresión, que se considera una forma inadaptada de hacer frente al malestar emocional. A medida que respondas a estas preguntas, sé honesto contigo mismo. En este ejercicio no se trata de juzgarte, sino más bien de una oportunidad para descubrir hasta qué punto estás preparado o dispuesto a hacer frente a sentimientos difíciles como la ansiedad.

CUESTIONARIO DE REGULACIÓN EMOCIONAL (CRE)[1]

El Cuestionario de Regulación Emocional está diseñado para evaluar las diferencias individuales en el uso habitual de dos estrategias de regulación de las emociones: la reevaluación cognitiva y la supresión de las emociones.

En cada ítem, indica, utilizando la escala numérica que se muestra a continuación, si estás en total desacuerdo (1), eres neutral (4) o estás totalmente de acuerdo (7).

1 ------ 2 ------ 3 ------ 4 ------ 5 ------ 6 ------ 7

1._____ Cuando quiero sentir una emoción más positiva (como alegría o diversión), cambio aquello en lo que estoy pensando.
2._____ Guardo mis emociones para mí mismo.
3._____ Cuando quiero sentir una emoción menos negativa (como tristeza o ira), cambio aquello en lo que estoy pensando.
4._____ Cuando siento emociones positivas, procuro no expresarlas.
5._____ Cuando me enfrento a una situación estresante, me obligo a pensar en ella de una forma que me ayude a permanecer en calma.
6._____ Controlo mis emociones no expresándolas.
7._____ Cuando quiero sentir una emoción positiva, cambio mi forma de pensar en la situación.
8._____ Controlo mis emociones cambiando mi forma de pensar en la situación en la que me encuentro.
9._____ Cuando siento emociones negativas, me aseguro de no expresarlas.
10._____ Cuando quiero sentir menos emociones negativas, cambio mi forma de pensar en la situación.

Para interpretar tus resultados, observa en primer lugar cómo has respondido a las preguntas 1, 3, 5, 7, 8 y 10, diseñadas para descubrir con cuánta frecuencia o regularidad reevalúas una emoción negativa. Estas preguntas también reflejan tu deseo de sentir emociones positivas. Por ejemplo, si has respondido a las preguntas 1, 3, 5, 7, 8 y 10 con una puntuación más alta (entre neutral y totalmente de acuerdo), tenderás a gestionar las emociones difíciles pensando en la situación de forma diferente. Este es un indicador de una regulación emocional buena o adecuada. Responder a las preguntas 2, 4, 6 y 9 con puntuaciones inferiores es una indicación de que, ante las emociones, ya sean estas positivas o negativas, no suprimes esas emociones. También es una señal de una buena regulación emocional.

Sin embargo, responder al primer conjunto de preguntas con una menor puntuación señala una dificultad para gestionar las emociones y la necesidad de más flexibilidad cognitiva. Además, una alta puntuación en el otro conjunto de preguntas (2, 4, 6 y 9) indica una tendencia a la supresión de las emociones. Esto también es señal de presentar dificultades con la regulación emocional.

Y ese es el objetivo que tenemos por delante: aprender a regular las emociones de cualquier tipo para poder transformar la ansiedad mala en buena para nuestros propios propósitos positivos.

TU CAJA DE HERRAMIENTAS DE LA ANSIEDAD BUENA: HERRAMIENTAS PARA CALMAR LA ANSIEDAD

RESPIRA

Una de las meditaciones más rápidas, fáciles y eficaces basadas en la respiración que he encontrado es la de mi amigo y experto en técnicas de meditación de la respiración Nicholas Pratley.

Paso 1: Encuentra un lugar tranquilo para sentarte.
Paso 2: Inspira lenta y profundamente mientras cuentas hasta 4.
Paso 3: Aguanta la respiración mientras cuentas hasta 6.
Paso 4: Espira lentamente mientras cuentas hasta 8.
Paso 5: Repítelo 6-8 veces, o las veces que lo necesites.

Existen literalmente miles de tipos diferentes de ejercicios de respiración que puedes poner en práctica, entre ellos respirar con normalidad mientras te concentras en los detalles y las emociones que suscita el proceso. Otro ejemplo, habitual en algunas clases de yoga, es la respiración alterna de las fosas nasales. Usa el pulgar y el dedo anular de tu mano dominante para bloquear alternativamente tu fosa nasal derecha o izquierda, siguiendo este patrón: en primer lugar, bloquea tu fosa nasal derecha mientras inspiras por la izquierda y cuentas hasta 4. A continuación, aguanta la respiración y cuenta hasta 4. Desbloquea la fosa nasal derecha y exhala lentamente mientras bloqueas la fosa nasal izquierda. Vuelve a empezar, esta vez por la fosa nasal a través de la que acabas de exhalar. ¡Busca en Google y explora a tu gusto!

DESVÍA TU ATENCIÓN HACIA ALGO POSITIVO

Cuando te encuentras en una situación que te provoca ansiedad, puedes entrenarte para desviar tu atención del elemento que la desencadena y concentrarte en algún aspecto positivo de tu vida. En lugar de centrarte en el aterrador discurso que tendrás que dar en público y al que no podrás negarte, mantén una charla informal con un amigo sobre el tema del discurso. Cuenta los cuadrados de las placas del techo o intenta recordar los nombres de los presentes. Quédate en el ambiente en el que estás, pero busca una forma de hacerlo más familiar. La práctica de desviar la atención puede parecer simple, y lo es, pero sus efectos pueden ser poderosos y te ayudará a controlar la ansiedad.

CELEBRA TUS ÉXITOS

Una herramienta clave que te ayudará a afrontar situaciones que te hacen sentir ansiedad es recordarte tus éxitos. ¿Cómo? Dedica cierto tiempo a valorar cada triunfo en tu batalla por transformar la ansiedad mala en buena. ¿Has sobrevivido a la interacción con los demás? ¡Celébralo! ¿Has tenido éxito al cambiar o modificar la situación y lograr que esta sea menos estresante? Hazte un regalo: ¡una consumición de Starbucks para ti!

ELIGE SABIAMENTE

Recordarte que tienes control sobre aquello a lo que estás expuesto es una buena forma de eludir los detonantes y concederte el espacio para la reevaluación. Tomar el control de tu entorno —dónde trabajas, vives, comes, duermes y con quién pasas el tiempo— es una herramienta poderosa para contrarrestar la sensación de que no controlas tu vida o tus emociones. Tomar el control requiere que actúes de manera consciente y deliberada, no «dejar que las cosas te sucedan».

Practica este ejercicio: la próxima vez que presencies el mal humor o un estallido de rabia de otra persona, respira y recuerda que su actitud negativa no es tu problema. Esto puede parecer excesivamente simple y, sin embargo, cada vez que nos separamos del estado de ánimo o la situación en la que está inmersa una persona, reforzamos nuestros propios límites.

MODIFICA LA SITUACIÓN

Algunas situaciones siempre serán detonantes de la ansiedad, por lo que, en lugar de malgastar energía evitándolas o intentando escapar de ellas (lo que a menudo produce conductas inadaptadas), prueba una nueva táctica: prepárate. Cuanto menor sea el número de aspectos desconocidos que tengas que afrontar, mayor control tendrás sobre la situación. Por ejemplo, si detestas dar un discurso improvisado, asegúrate de que cualquier informe que tengas que presentar ante un grupo haya sido meticulosamente preparado y redactado. Tómate un tiempo para ensayar, imaginándote delante de tus compañeros, y pronuncia el discurso en voz alta. Podrías enviar el informe al presidente de la reunión, para que lo lea, o leerlo tú mismo antes del gran momento, para asegurarte de que te gusta cómo suena. La idea que se desprende de todo esto es que, incluso en las situaciones que provocan una mayor ansiedad, siempre tienes opciones, especialmente si dispones de cierto tiempo para diseñar una estrategia. Por esta razón es tan importante conocer bien tu ansiedad, a fin de predecir e incluso anticipar las situaciones inevitables con potencial para desencadenarla. Cuanto más preparado estés, mayor será tu control sobre la ansiedad.

DESCUBRE TUS RAÍCES

Repasa la lista de tus cinco principales detonantes de la ansiedad y piensa por qué te afectan. ¿De dónde proceden? ¿Hay en tu vida alguien más que los comparta? ¿En qué otro aspecto de tu vida se manifiestan esas ansiedades? Tal vez has heredado de tus padres tu ansiedad permanente respecto al dinero; quizá tu ansiedad social tiene su origen en un episodio vergonzoso que sufriste en la escuela primaria. Para la mayoría de nosotros, aun la ansiedad más general suscita una imagen específica en la mente o nos aporta un ejemplo concreto si pensamos en ello el tiempo suficiente; por lo tanto, deja que ese ejemplo se instale en tu conciencia. Y ahora llega el reto: ¿puedes reformular ese acontecimiento negativo (el acosador que se reía de tus comentarios) o esa creencia (es difícil ganar dinero) y darle la vuelta? Por ejemplo, ¿puedes aceptar la experiencia negativa con el acosador como un caso excepcional y alimentar la creencia reformulada de que tu contribución a una conversación es interesante e importante? ¿Eres capaz de cultivar la creencia reformulada de que el dinero abunda? Aunque aplicar esta herramienta lleve más tiempo que las demás, incluso el acto de identificar la creencia que se sitúa en el centro de tu ansiedad es ya un primer paso productivo.

ALIMENTA TU CEREBRO

Los estudios han demostrado que una comida sana y ligera y una correcta tasa de azúcar en sangre multiplican las probabilidades de sentirnos bien y pensar con más claridad.[1] La alimentación es una práctica de autocuidado. Por una parte, negarnos a comer, hacer dieta y crear una sensación de carestía disminuye nuestra sensación de control y exacerba nuestra ansiedad. Se ha demostrado que los alimentos que contienen grasas saludables calman el cerebro, y necesitas ese combustible para controlar la ansiedad. Por lo tanto, estas son dos estrategias sencillas para ayudarte a transformar tu ansiedad mala en buena: 1) decide aumentar tu ración de productos vegetales y limita las proteínas y cereales durante el día de hoy, y 2) añade a tu dieta un aperitivo que estimule el estado de ánimo: una tostada de aguacate, una tostada de salmón ahumado, granola con arándanos, nueces pecanas, semillas de calabaza, avena tostada o mi favorito: yogur natural ecológico con pepitas de cacao espolvoreadas por encima.

MODIFICA TUS HÁBITOS DE SUEÑO

Dormir es esencial para una salud mental y física óptima, y, sin embargo, recientes estimaciones muestran que en torno al treinta por ciento de los estadounidenses apenas duerme seis horas, o menos, cada noche. La privación de sueño produce una reducción del funcionamiento del sistema inmunitario, una respuesta al estrés ineficaz, niveles más altos de cortisol en sangre y una dificultad general para controlar las emociones.[2] Como nos pasa a muchos, yo he librado una larga batalla para mejorar la calidad y la cantidad de mi sueño. He probado todas las sugerencias de las fuentes más reputadas y esto es lo que a mí me ha funcionado.

En primer lugar, quise poner a prueba algunas sencillas sugerencias que me resultara fácil aplicar. Empecé a cenar antes para no irme a dormir con el estómago lleno. Además, me acostumbré a beber mucha agua durante el día y a dejar de tomarla en torno a las seis de la tarde. En tercer lugar, me aseguré de no mirar ninguna pantalla en cuanto me metía en la cama para dormir, y fijé la temperatura de la habitación en unos frescos 16 grados. Estos tres ajustes aportaron tres cambios positivos a mi descanso nocturno: mi cuerpo estaba más relajado al acostarme, no tenía que orinar durante la noche, y conciliaba el sueño con más facilidad en una habitación más fría.

Sin embargo, dos acciones adicionales cambiaron las reglas del juego y me permitieron ocho horas de sueño reparador cada noche:

1. Reduje mi consumo de alcohol. Sé que esto es difícil para muchos, pero en cuanto descubres lo bien que sienta dormir profundamente, ¡reducir el consumo de tus bebidas favoritas no parece tan malo!

2. Duermo ocho horas cada noche y no escatimo porque quiera ver otro episodio de la serie *Bridgerton*. No importa lo que haya en mi agenda, ¡duermo ocho horas y mi cuerpo me lo agradece cada día!

No me malinterpretes, sigo teniendo malas noches; pero gracias a estos trucos pasé de seis horas a siete, y luego a ocho horas de descanso nocturno; ¡y me siento mejor, más fuerte y con más energía de lo que me he sentido en años!

EJERCITA TU MANERA DE CALMARTE

¿Sabes qué tipo de actividad física te brinda el mejor impulso natural de ánimo y alivio de la ansiedad? Esto varía según la persona. En mi caso, cardio intenso durante treinta minutos o un entrenamiento de Tabata en el que no lo puedo hacer todo a la perfección, pero aun así lo intento. Es difícil, pero después me siento muy orgullosa de mí misma y esa sensación me acompaña durante el resto del día.

Ahora te toca a ti. Tu reto es encontrar la forma de actividad física que ya estás realizando y que te brinda el mayor impulso anímico. ¿Una caminata intensa? ¿Un paseo en bicicleta? ¿Clases de zumba? ¿Yoga? ¿Clases de tango? Ser consiente de qué tipo de movimiento (o qué entrenador inspirador) te hace sentir mejor es un conocimiento que debes conservar en la recámara para cuando lo necesites. La idea consiste en comparar y contrastar explícitamente tu estado de ánimo antes y después de los diversos ejercicios que sueles practicar. ¿Cuál de ellos te aporta el mayor impulso anímico? Tenlo en mente para saber qué ejercicio te conviene más el día en el que necesites ese espaldarazo.

¿Y si has estado pensando en hacer más ejercicio y no has encontrado cómo hacerlo? En ese caso te sugiero que des un paseo y descubras cómo te sienta. Tal vez comparar el efecto de un paseo de diez minutos con otro de veinte minutos, algo al alcance de la mayoría. La mayor parte de la gente percibirá un notable efecto en su estado de ánimo; específicamente, una mayor energía y la sensación reforzada de «optimismo» o carácter positivo. Resulta muy útil sensibilizarse respecto a lo que nos refuerza el ánimo y a los efectos del movimiento que eliminan la ansiedad, para poder recurrir estratégicamente a esa información en nuestra vida cotidiana.

ENCUENTRA UN OLOR QUE TE AYUDE A RELAJARTE

¿Alguna vez te has dado cuenta de que un olor particular puede despertar, inmediatamente, un recuerdo específico? Las señales olfativas son unos estimulantes especialmente poderosos de la memoria porque el olfato es el único sentido con una proyección inmediata en el hipocampo. Si hay una señal olfativa que evoca un recuerdo especialmente «reconfortante» para ti, encuéntralo. ¿Es el perfume de tu madre o la colonia de tu padre? ¿El olor de tu comida favorita o de una flor o hierba en particular? Encuentra esos olores y mantenlos cerca para crear una suerte de «paisaje» olfativo de recuerdos reconfortantes. Si los olores que evocan estos recuerdos son imposibles de conseguir, prueba diferentes aceites esenciales para descubrir si son capaces de hacer aflorar esos estados beatíficos. A mí me gusta el eucalipto por la energía que me aporta, y la lavanda por sus efectos calmantes. Si estos aromas funcionan en tu caso, úsalos para evocar el tipo de emoción o estado de ánimo que estás buscando. (Véase también «Practica el condicionamiento de la alegría», pág. 243.)

HERRAMIENTAS QUE APROVECHAN TU ANSIEDAD BUENA Y ABREN LA PUERTA DE TUS SUPERPODERES

REFUERZA TU RESILIENCIA

Si practicas la resiliencia con regularidad, podrás recurrir a ella cuando la necesites. Por el camino, aprenderás a apreciar o incluso acogerás cierto tipo de errores por la nueva información que te aportan.

Practica tu optimismo

Si quieres reforzar tu optimismo, este truco es para ti. Al principio o al final de cada día (lo que mejor te convenga), piensa en todas las situaciones de incertidumbre que actualmente encuentras en tu vida, tanto las relevantes como las insignificantes: «¿Responderá a mi mensaje esa persona especial? ¿Obtendré una buena evaluación de mi rendimiento? ¿Le irá bien a mi hijo en esta escuela?». Ahora toma cada una de ellas y visualiza el resultado más optimista, sorprendente, afectuoso y encantador en cada situación. No el resultado «aceptable»: me refiero al mejor resultado que puedas imaginar. Esto no es para prepararte para una decepción aún mayor si la persona no responde a tu mensaje. Por el contrario, debería reforzar el músculo de la expectativa de un resultado positivo e incluso podría hacer aflorar nuevas ideas sobre cómo llegar a ese resultado, es decir, qué más podríamos hacer para alcanzar el resultado de nuestros sueños.

Envíate mensajes positivos

Lin-Manuel Miranda publicó un libro sobre los tuits que envía al principio y al final del día.[1] En él comparte lo que en esencia son pequeños mensajes optimistas, tanto para él mismo como para sus seguidores, y que resultan divertidos, joviales y en general deliciosos. No sé qué pensarás, pero cuando veo sus entrevistas descubro a una persona fundamentalmente positiva y optimista, con una clásica mentalidad activista. ¿Cómo se llega a ser tan productivo y creativo? ¡Es evidente que en parte se debe a los mensajes positivos que envía! La idea es animarse uno mismo al principio y al final del día. Debes decirte a ti mismo que hoy lo vas a «bordar» o felicitarte por el gran trabajo que has hecho al final del día. Soy consciente de que esto puede resultar difícil para aquellos de nosotros (me incluyo) que automáticamente nos fustigamos sin dudarlo. Por el contrario, piensa en lo que diría la persona más incondicional de tu vida (tu pareja, un hermano, un amigo, tu padre o tu tío favorito) y aprende a darte a ti mismo ese mismo mensaje.

Ve más allá de tus límites

Estos días es más fácil que nunca unirse a una nueva clase *online*, a un evento o a un Instagram Live que presenta un nuevo entrenamiento. Hace solo unos meses, después de leer sobre ello en la prensa, me uní a la mismísima campeona de Wimbledon Venus Williams y a su madre en un entrenamiento de Instagram Live donde ella utilizaba botellas de prosecco en lugar de pesas. Fue un entrenamiento fantástico y memorable. ¡La idea es que, de forma gratuita o por un modesto precio, puedes seguir clases de ejercicio físico y ponerte a prueba con lo que encuentres! El entrenamiento puede ser fácil, intenso, ajustado a tu nivel o algo que nunca hayas hecho antes; lo importante es animar a tu cerebro-cuerpo a darlo todo.

Sumérgete en la naturaleza

La ciencia ha demostrado reiteradamente que pasar tiempo en la naturaleza nos serena y nos permite recuperarnos. ¿Has oído hablar del antiguo arte japonés de la inmersión en el bosque?[2] La idea es internarse en un bosque y sumergirse en el oxígeno producido por los árboles, como si de un baño se tratara. Yo no tengo un bosque cerca, pero he hecho mis incursiones en Central Park como si fuera una inmersión forestal, y en las zonas más tranquilas y con menos gente la experiencia ha sido gratificante. Si el bosque no es tu paraje ideal, busca cualquier entorno natural en el que pasar cierto tiempo. Respira, relájate y sé consciente de todos los sonidos, olores y paisajes. Recurre a todos tus sentidos para crear una conciencia reforzada del mundo natural. Este ejercicio estimulará tu resiliencia general al actuar como una suerte de restauración de la energía y una renovación de tu equilibrio.

Mantén el contacto con amigos y familiares

Recuerdo una ruptura especialmente dura que viví nada más mudarme a Nueva York. Dos de mis mejores amigos, una pareja formada por Susan y Joseph, viven en Arizona, y cuando les llamé llorando, inmediatamente me invitaron a que los visitara ese fin de semana. Acepté la invitación. Recuerdo que me sentí la perdedora más afortunada del planeta por tener a dos amigos dispuestos a cuidar de mí. Pensando en ello, el tipo con el que rompí no merecía, ni de lejos, el drama con el que impregnó mi vida. Pero yo estaba en un abismo emocional, lloraba, era presa de la irritación y no controlaba plenamente mis movimientos corporales. Cuando llegué estaba tan mal que le pillé accidentalmente la mano a Joseph con la puerta al sacar mis bolsas del coche. Mi amigo celebraba una pequeña cena para unos compañeros de universidad y estoy segura de que yo podría haber ganado el premio a la invitada más deprimente. Ni siquiera podía fingir alegría, algo que normalmente se me da muy bien. Al echar la vista atrás, entiendo que la lección que aprendí no solo fue que podía superar esa ruptura, sino también lo valiosos que son los buenos amigos. Me acogieron, me cuidaron y estuvieron pendientes de mí. Justo ahí empecé a recuperarme de la ruptura, y nunca olvidaré el amor que me demostraron.

Ser capaces de pedir ayuda, estar en contacto con amigos y familia, y alimentar activamente relaciones alentadoras y favorables no solo te permitirá mantener a raya la ansiedad mala, sino que también reforzará la sensación de que no estás solo: una creencia y emoción crucial en tiempos de gran estrés, cuando hay que recurrir a la propia resiliencia para perseverar y mantener tu bienestar. Cuando sufrimos pérdidas y otros sufrimientos, es natural retirarse. De hecho, observamos este tipo de comportamientos en los animales que sufren padecimientos. Sin embargo, tú también tienes el poder de entregarte al abrazo amoroso de quienes contribuirán a cuidarte.

Considera la creación de resiliencia como un experimento. Pregúntate a ti mismo: ¿qué es lo más sencillo que eres capaz de hacer por un amigo, algo que te resulta fácil y que sabes que le llenará de alegría? Pon en práctica lo que has pensado y anota cómo te hace sentir (esta es la parte experimental). Todos los estudios sobre neurociencia coinciden en señalar que el altruismo produce una gran cantidad de dopamina, y eso lo convierte en una poderosa forma de reforzar tus reservas de resiliencia. Haz algo que te resulte fácil, pero que a tu amigo le parezca novedoso o interesante. Todo el mundo puede hacer algo sencillo y fácil por un amigo y que produce más alegría que el esfuerzo que cuesta realizarlo. ¿Se te da bien hornear pan?, ¿te resulta fácil cambiar el aceite del coche o conseguir que un ordenador o un teléfono móvil funcionen más eficazmente? En mi caso, opto por realizar de manera rápida y amena disecciones de cerebros de oveja para los hijos de mis amigos. Siempre me divierto mucho haciéndolo. Me encanta ver las reacciones de sorpresa, asombro y admiración. Por lo tanto, mi recurso de altruismo para estimular la dopamina ha sido organizar en mi laboratorio una fiesta de disección para niños de ocho a diez años, hijos de mis amigos. Tanto los padres como los niños están emocionados (una vez que todos superan el factor repugnancia), no requiere más preparación por mi parte que encontrar la fecha que convenga a todos, ¡y normalmente me invitan a tomar helado después! Incluso si no tienes una disección de cerebro de oveja bajo la manga, tómate un tiempo para pensar en cuál puede ser tu regalo especial... ¡y compártelo!

MEJORA TU RENDIMIENTO Y EMPIEZA A FLUIR

Si practicas, mejorarás

Explora el poder de la práctica que nos acerca a la perfección. Dedica la próxima semana a practicar alguna habilidad en la que has querido trabajar, pero para la que no has tenido tiempo. Intenta practicar al menos veinte minutos al día, siempre y cuando te resulte conveniente. Asegúrate de realizar un seguimiento de tus sesiones prácticas para tomar nota de tu curva de aprendizaje y tu curva de rendimiento después de esta semana de práctica. ¡Inténtalo de nuevo!

Finge hasta conseguir que fluya

Este ejercicio es una forma maravillosa de aplicar el espíritu del flujo en tu vida antes de que emerja de manera natural. En otras palabras, ¡finge hasta conseguirlo! Para que funcione, es importante realizar este ejercicio en privado, sin observadores que te aporten comentarios «útiles». Así es como funciona. Elige una actividad o destreza que no se te da bien, pero que secretamente quieres mejorar. En mi caso, cantar. A continuación, busca un lugar privado y empieza a interpretar tu canción favorita con toda la pasión y sin preocuparte de la calidad del resultado. Por el contrario, concéntrate en la alegría del esfuerzo. Creo que buena parte del arte del flujo queda silenciado por el perfeccionista que hay en nosotros y que compara lo que sale de nuestra garganta con lo que sale de la de Whitney Houston o Beyoncé, o lo que pintamos en un lienzo con las obras de Matisse o Basquiat. En realidad, se trata de un ejercicio para descubrir si podemos crear la sensación de fluir a partir de un compromiso consciente y desenfadado. Te garantizo que, si realizas este ejercicio con regularidad, no solo conseguirás que tu falso flujo se transforme en un verdadero flujo, sino que la calidad de tus sesiones también mejorará notablemente. Otras actividades en las que puedes aplicar esta estrategia son los deportes (golpear pelotas de tenis contra una pared o una máquina o pelotas de golf en un campo de prácticas), pintar (como hemos señalado antes), cocinar, coser, afilar cuchillos, limpiar la casa o entrenar perros. ¿Y si eres capaz de generar flujo por el mero hecho de disfrutar plena y conscientemente de las actividades de tu vida? Junto al cultivo del microflujo, este ejercicio debería reforzar considerablemente el arte del flujo en tu vida, como lo hizo en la mía.

Crea nuevos momentos de microflujo

La idea es explorar y crear nuevas y diferentes formas de experimentar el microflujo, es decir, esos breves momentos en los que nos sentimos en sintonía con nosotros mismos y lúcidos en relación con lo que estamos experimentando en ese momento. ¿Cómo lo hacemos? Empieza con un diario en el que, durante una o dos semanas, dejarás constancia de tu bienestar. Cada vez que experimentes algo, cualquier cosa, que te haga sentir bien, querido, apreciado o empoderado, anótalo. Ahora contempla la lista. ¿Hay temas? ¿Hay momentos o aspectos de tu vida que producen esas entradas de bienestar? Aunque algunos de ellos ya forman parte de tu lista de microflujo, otros no. A continuación, observa los temas o áreas de tu vida que te proporcionan esos momentos de bienestar. Tal vez se asocian con la socialización o con pasar tiempo a solas. Usa esos temas para ayudarte a crear nuevas experiencias de microflujo en tu vida. También puedes buscar carencias en tu lista de bienestar. Quizá no has incluido leer libros, ver películas u otras actividades con las que sabes que disfrutas. Estas pueden ser áreas que te convenga explorar para mejorar el microflujo.

Practica el condicionamiento de la alegría

Todos sabemos que una experiencia aterradora en una calle especialmente oscura (un intento de atraco, por ejemplo) nos hará alejarnos de ese lugar durante un largo tiempo. Este es un ejemplo de condicionamiento del miedo, en el que la ubicación donde tuvo lugar la mala experiencia (esa calle oscura) ahora se asocia automáticamente a una intensa respuesta de miedo de la que puede ser muy difícil liberarse. Pues bien, resulta que la amígdala también puede facilitar el condicionamiento de emociones a estados de ánimo y emociones positivas, que yo llamo «condicionamiento de la alegría». Ahí donde el condicionamiento del miedo ha evolucionado para ser una herramienta automática y poderosa que nos ayuda a mantenernos a salvo, el condicionamiento de la alegría puede utilizarse para expandir nuestra sensación de bienestar en la vida cotidiana (especialmente en esos días en los que la ansiedad es grande). Así es como funciona. Elige una experiencia del pasado que incluya dos componentes clave: en primer lugar, que te haga sentir bien y te incite a revivir esa emoción y, en segundo lugar, que haya una sensación olfativa reproducible asociada al recuerdo. (Aquí podemos aprovechar el hecho de que nuestra memoria de un olor concreto perdura porque existe una poderosa conexión entre nuestro sistema olfativo y nuestra memoria a largo plazo, cuya sede está en el hipocampo.)

Mi ejemplo proviene de una memorable clase de yoga en la que tuve ocasión de participar. Me sentí bien durante la clase, pude fluir a través de mis altibajos e incluso darles la vuelta, como una profesional. Al final de esa clase, empapada de sudor, me preparé para la parte favorita de todos los asistentes a una clase de yoga: la postura de savasana. Mientras estaba acostada allí, bien acomodada en mi esterilla de yoga, de pronto la instructora se acercó, agitó sus manos cubiertas de crema de lavanda frente a mi nariz y procedió a darme uno de los masajes de cuello más maravillosos que haya experimentado nunca. Estaba en el paraíso. También he de señalar que, naturalmente, recuerdo ese momento cada vez que huelo crema de manos de lavanda, lo que sugiere que mi cerebro automáticamente creó esa asociación entre la crema y el masaje de cuello mejorado por el savasana (es decir, condicionamiento de la alegría). Así pues, di el último paso de llevar siempre conmigo una botellita de aceite esencial de lavanda, y cuando quiero o necesito una dosis de alegría o flujo en mi jornada, abro la botellita y recreo aquel momento. Puedes hacerlo con un aceite esencial o con cualquier otro aroma que te haga evocar un recuerdo maravilloso. Una vez más, funciona mejor con una señal olfativa, ya que el sistema olfativo tiene una relación particularmente íntima con el hipocampo (la estructura fundamental para crear nuevos recuerdos a largo plazo), y en consecuencia es especialmente fácil conectar o asociar un aroma con un momento o acontecimiento específico de nuestra vida. Explora y utiliza los recuerdos a tu disposición para aportar más alegría a tu día. ¡Recurrir a tus experiencias más gratificantes para mejorar tu vida puede convertirse en tu nuevo pasatiempo favorito!

ACELERA LA MENTALIDAD ACTIVISTA

El registro de la mentalidad

Sin pensar mucho en ello, escribe rápidamente hasta diez breves frases que describan cómo te sientes en este momento (por ejemplo, frustrada, crítico, amable, irritado, cariñosa, enfadada, agradecido, etc.) y por qué.

1. ______________________________
____

2. ______________________________
____

3. ______________________________
____

4. ______________________________
____

5. ______________________________
____

6. ______________________________
____

7. ______________________________
____

8. ______________________________
____

9. ______________________________
____

10. ______________________________
____

Ahora, sin juicio crítico alguno (¡esto es fundamental!), observa la lista y rodea con un círculo todas las palabras positivas que aparecen en ella. A continuación, desarrolla los aspectos positivos que encuentras en ti mismo. ¿Por qué te sientes así? ¿Cómo te hacen sentir estos rasgos que te definen? Profundiza todo lo que puedas para comprender y apreciar realmente los aspectos más positivos de tu autoevaluación. Si las palabras positivas de tu lista no son tan abundantes como te gustaría, ¡no te preocupes! Pasa al truco número dos para ponerle remedio enseguida.

Transforma tu diálogo interno negativo

A continuación, concéntrate en tus dos principales emociones negativas respecto a ti mismo, consignadas en la lista anterior; vamos a transformarlas por medio de la mentalidad activista. Examinaré dos aspectos en los que la gente tiende a sentirse frustrada consigo misma y ofreceré algunos ejemplos de su transformación.

1. Malestar por mi falta de progreso en mis metas profesionales. Esta habitual desazón o frustración puede transformarse si nos centramos en lo que mejor sabemos hacer en nuestra carrera: trabajo en red, redacción de informes, contabilidad o recursos humanos. La idea es profundizar para encontrar el aspecto positivo y productivo de esta área en tu vida. Concéntrate en esto. Si tu antigua mentalidad te decía «Siempre estoy molesta porque no consigo avanzar en mi carrera tan rápidamente como me gustaría», cámbialo por «Sé que si me concentro en mis puntos fuertes X e Y [seleccionados de tu lista] y aprendo a reforzar algunas de mis debilidades, conseguiré avanzar en mi profesión».
2. Frustración por mi incapacidad para encontrar pareja. Recuerda los aspectos que consideras más valiosos de una relación de pareja. Quizá los has experimentado como parte de una rela-

ción previa, en una intensa amistad (por ejemplo, la confianza que siempre he tenido con mi querida amiga Paula) o lo has visto y admirado en otros, como tus padres u otras parejas que has llegado a conocer bien. En lugar de centrarte en lo que no tienes, cambia tu mentalidad para elaborar una imagen de lo que deseas. ¿Qué quieres que te aporte tu pareja? ¿Qué dinámicas buscas en una relación? Pensar en los pilares que quieres que cimienten una futura relación ayuda a diseñar un marco sólido para saber cómo evaluar a futuras parejas. Esta visualización también te permite alejarte de la falta de algo valioso en tu vida y dirigirte hacia la creación de los elementos que estás buscando, para que puedas detectar mejor a esa persona maravillosa cuando aparezca.

Cómo dar las gracias por todo lo que tienes

Esta herramienta es sencilla, pero te recomiendo que la uses a menudo y con regularidad. Se trata de reservarte un momento para apreciar todas las bendiciones de tu vida. Intenta centrarte en las que das por sentadas (alguien que, en tu equipo, siempre da con una solución idónea; o tu hogar, que te da cobijo día tras día). Procura tener un pensamiento de agradecimiento cada hora, aunque se trate de algo tan modesto como recordar lo mucho que te gusta el bolígrafo que estás usando. Este ejercicio también te ayudará a estimular tu creatividad para desarrollar tu propio conjunto de cambios en tu mentalidad activista, lo cual te ayudará a abordar tus metas vitales más urgentes, inspiradoras y motivadoras.

Ejercita y refuerza tu mentalidad

Cuanto más ejercitamos nuestros músculos, más se fortalecen estos, y más fluidos y refinados son los movimientos. En cierto sentido el cerebro trabaja del mismo modo: las redes y vías neurales que usamos constantemente se tornan más fuertes, más eficientes y ágiles cuanto más las usamos. Como hemos visto, la mentalidad es más que un rasgo de temperamento o personalidad orientado hacia la apertura, la flexibilidad y el optimismo. Todos tenemos la capacidad de reciclar nuestra visión de nosotros mismos para orientarnos más hacia el crecimiento. ¿Cómo desarrollar el «músculo» neural de una mentalidad activista? La respuesta es, simplemente, utilizarlo todo lo que sea posible.

Una de las mejores maneras de «ejercitar» el «músculo» de la flexibilidad cognitiva es practicar el aprendizaje a partir de los errores, tal como hicimos al aprender a cultivar una mentalidad activista. Muchas personas llevan un registro de los errores, ya sean grandes o pequeños, que han cometido en un día concreto: para algunos, esa lista puede ser el punto focal de buena parte de la ansiedad mala y prueba de que hay algo que no estamos haciendo bien. Sin embargo, en lugar de angustiarnos por la lista, podemos utilizarla en nuestro propio beneficio. Al final del día, examina conscientemente todos los nuevos conocimientos o aprendizajes derivados de ese momento que parece un traspié o un paso en falso. Ciertamente, no todos los errores tienen el mismo origen y no todos nos aportan un conocimiento significativo. A veces, esta consideración extra te hará darte cuenta de que ese incidente no era un error en absoluto. En otras ocasiones te sorprenderán los regalos de conocimiento e incluso sabiduría que cosecharemos al evaluar de forma coherente las lecciones aprendidas a partir de nuestros errores. Algunos de mis ejemplos favoritos suceden cuando un déficit o una carencia crean algo nuevo e inesperado. Esto podría ser tan simple como prestar atención a por qué enviamos la pelota de tenis a la red cada vez que devolvemos un servicio. Al principio seguimos repitiendo el mismo error; no importa cuánto deseemos que la pelota pase por encima de la red, no nos obedece. Entonces el profesor señala que la forma en que golpeamos la pelota la envía hacia abajo, no hacia arriba. Rectificamos la forma de golpear y ahora las pelotas sobrevuelan la red, pero caen fuera del campo. Rectificamos otra vez. Tras semanas de entrenamiento, al fin entendemos cómo hemos de sujetar la raqueta y golpear la pelota para controlar el impulso y la dirección de la misma. Controlar la ansiedad es algo increíblemente similar. Una vez identificados tus objetivos, ajustarás tus reacciones hasta dirigirte en la dirección deseada.

Un ejemplo más complejo y sutil de cómo aprender de un error puede implicar recordar aquella ocasión en la que metimos la pata hasta el fondo: aquella vez en la que sentimos vergüenza por algo y que intentamos borrar activamente. Aquí la visualización puede ser una poderosa herramienta. Quizá ocurrió cuando olvidamos el nombre de nuestro jefe en un evento de trabajo. En lugar de recordar aquel momento con bochorno y vergüenza, recuerda la situación e imagina que todo va como la seda: recuerdas su nombre, haces una observación divertida y todo va bien. Al recrear la escena en tu mente, en realidad estás creando un nuevo recuerdo que tiene la capacidad de anular tus emociones respecto a lo acontecido. No estás cambiando lo que ha pasado, pero despejas el camino bloqueado por el recuerdo del momento vergonzoso. Y por añadidura: ¡no volverás a olvidar su nombre!

AUMENTA TU ATENCIÓN Y PRODUCTIVIDAD

Reformula tu lista de preocupaciones

Tu lista de preocupaciones es esa molesta lista de inquietudes que interrumpen tu pensamiento, te inducen a aplazar las cosas e interfieren en tu bienestar. «¿Y si [rellena el hueco: informe, artículo, beca, propuesta de ventas, etc.] no me sale bien? ¿Y si pierdo mi empleo? ¿Y si no soy capaz de perder esos cinco kilos de más?» Todos tenemos un depósito de inquietudes que nos reconcomen, a menudo obstinadas y no necesariamente realistas. Por lo tanto, ¿cómo impedir que esas inquietudes tomen el control? Estudios recientes han demostrado que existen dos estrategias que ofrecen un gran resultado y que son muy fiables. En concreto, cuando la persona visualiza una resolución positiva de aquello que le preocupa o nombra verbalmente un resultado alternativo a la lista de preocupaciones, no solo decae la experiencia de la angustia (por ejemplo, la ansiedad), sino que el individuo también experimenta «un aumento en su habilidad para hacer frente a tales situaciones».[3]

Por lo tanto, vamos a probar este ejercicio. Es sencillo, pero su virtud tiene que ver con repetirlo. Sugiero que dediques al menos una semana a este experimento contigo mismo, y que repitas el ejercicio cada día. También es importante dejar constancia de tu experiencia por escrito.

1. Trae a la mente tus preocupaciones más comunes.
2. Durante cinco minutos, concéntrate exclusivamente en tu respiración. Si tu mente se distrae, regresa a tu respiración. Quizá te resulte útil recurrir a un cronómetro para asegurarte de que mantienes los cinco minutos asignados.
3. Después de este ejercicio, regresa al elemento seleccionado en tu lista de preocupaciones y haz una de estas dos cosas:
    i. Cierra los ojos y visualiza una resolución positiva de tu preocupación (por ejemplo, todos tus amigos y compañeros se acercan después de tu charla y te dicen lo bien que lo has hecho y te confirman que ha sido la mejor de tus intervenciones).
    ii. Cierra los ojos y pronuncia en voz alta ese resultado positivo (por ejemplo, repite: «Después de mi charla, mis colegas y mi asesor se acercarán a mí y me felicitarán por un discurso tan soberbio»).

Cuando vayas a registrar tus notas de una «sesión», piensa en cómo te sentiste después del ejercicio de la respiración y luego, otra vez, después de la visualización o del ejercicio verbal. También puedes experimentar con diferentes elementos de tu lista. No puedo prometer que las preocupaciones de tu lista desaparecerán, pero anticipo que desarrollarás tolerancia. Te sentirás más alejada de ellas y podrás contemplarlas con más objetividad.

Concéntrate en la concentración

Siempre hay algo que tenemos que hacer. Este ejercicio puede ayudarte a ser consciente de cómo opera tu propia atención concentrada y al mismo tiempo reforzarla.

Así es como funciona:

- La próxima vez que estés en casa o en el despacho y estés trabajando en un proyecto que tienes que acabar pronto, concédete diez minutos para concentrarte en la tarea. Durante ese tiempo, no están permitidas otras actividades, como responder o mirar el teléfono móvil, navegar por Internet, echar un vistazo a tu canal de noticias favorito o jugar con tu mascota.
- Si lo has logrado durante diez minutos, date una palmadita en el hombro, tómate un descanso, si lo necesitas, y vuelve a empezar.
- Si de pronto te das cuenta de que, durante esos diez minutos de concentración, estás mirando un vídeo de YouTube, toma nota de la distracción y empieza de nuevo a contar los diez minutos. No te castigues a ti mismo.

Este ejercicio te ayudará a ser consciente de lo que te distrae y, posiblemente, de las razones de esa distracción. También debes aprender a conocer cuáles son los límites de tu capacidad de concentración: ¿eres capaz de permanecer concentrado quince o treinta minutos? ¿Y qué pasa cuando estás cansado? Esto último te indicará cuándo debes concederte un descanso o parar para realizar las actividades centradas en la atención.

Cambia tu entorno

Una de las mejores maneras de dar un impulso a tu atención cuando la ansiedad mala empieza a insinuarse consiste sencillamente en cambiar de entorno. Y si añades algo de ejercicio, multiplicarás el efecto. Caminar a buen ritmo hará maravillas no solo en tu estado de ánimo, sino también en tu atención. Refuerza esta estrategia añadiendo un propósito a tu paseo: elige un destino hermoso o placentero, invita a un amigo o conviértelo en una caminata extralarga, como las que normalmente harías en tu supermercado, centro comercial o incluso en el aeropuerto.

La dificultad de la meditación

Si has leído mi primer libro, *Cerebro activo, vida feliz*,[4] sabrás lo mucho que me costó empezar una práctica de meditación regular. Lo probé todo, desde la meditación guiada hasta ir a clase y seguir lecciones de meditación en YouTube. Nada funcionó hasta que descubrí la meditación del té. En ella se combina la meditación de monitoreo abierto, donde el sujeto es consciente de sus pensamientos y emociones, con la preparación y el consumo de té. En mi caso, el ritual de preparación de un té delicioso en una tetera de verdad le otorgó a la experiencia de la meditación un ritmo y un propósito que antes no tenía.

Así es como funciona:

- Establece un espacio en una mesa o en otro lugar cómodo y prepara una tetera con agua hirviendo, y otra (de tamaño individual) con la suficiente cantidad de té a granel como para preparar tres tazas, y elige una taza de té a tu gusto.
- Vierte parte del agua hirviendo en la tetera.
- Espera en silencio mientras se prepara la infusión.
- Con cuidado, vierte té en la taza.

- Toma el té, saboreándolo y percibiendo cómo el líquido baja por tu garganta. Mientras lo tomas o esperas a que esté lista la siguiente taza, puedes concentrarte en lo que te rodea. Yo siempre realizo mi meditación del té cerca de mis plantas; me dedico a observarlas en silencio. Si estás sentado en el exterior, observa la naturaleza.
- Repite el ritual hasta agotar el agua.

Esta meditación del té matinal supuso el final de mi investigación para encontrar una forma de meditar que me resultara conveniente. Me encantaba y, de hecho, *necesitaba* el ritual en mi vida. Aunque en realidad no busco otras formas de meditación, a veces intento incluir la bondad amorosa y la compasión en mi sesión de meditación del té. Por ejemplo, me concentro en personas o animales que despiertan los sentimientos más intensos de amor, bondad y compasión, y a continuación (si me apetece) intento llevar esos mismos sentimientos a otras personas de mi vida hacia las que mis emociones de compasión y bondad amorosa son menos fuertes. La mayor parte de las mañanas tan solo intento concentrarme en cómo percibo mi cuerpo y mi mente, permitiendo simplemente que los pensamientos fugaces que intentan atraer mi atención –«¿A qué hora es mi primera cita? ¿Realmente envié ese correo electrónico anoche?»– se diluyan más allá de mí.

Concéntrate en escribir sobre tu cuerpo

Otra forma de estar presente y entrenar el cerebro para concentrarse en el ahora consiste en la práctica habitual de la escritura. Nada más levantarse o justo antes de ir a la cama son momentos perfectos para volcar la mente en la página. Este ejercicio también será un apoyo para tu práctica de meditación.

Así es como funciona:

- Tómate cinco minutos para escribir en tu diario o en un folio. (Te recomiendo escribir a mano en lugar de teclear porque te obligará a ir más lento y, por lo tanto, hará que el proceso sea más contemplativo y consciente.)
- Describe con exactitud tus sensaciones corporales en este momento. Puedes empezar por los pies e ir ascendiendo con sencillas descripciones (firme, fuerte, irritado, tenso: lo que sientas) o concentrarte en una parte de tu cuerpo o en tu respiración.

Intenta mantener la concentración en cómo te sientes físicamente, para habitar el presente con más intensidad. No importa si acabas en diez minutos o incluso si puedes leer todo lo que has escrito (¡a veces yo no puedo!). La cuestión es utilizar el ejercicio para ayudarte a concentrarte en el aquí y el ahora.

ESTIMULA LA CREATIVIDAD

Bucea en tu ansiedad

¿Alguna vez has encontrado una solución o una alternativa cuando estabas bajo presión y funcionó muy bien a pesar de que eso fue lo primero o lo único que te vino a la mente? Eso significa que probablemente ya has aplicado al menos un aspecto de tu ansiedad mala en tu creatividad. Aunque la solución no fuera la más elegante, ¡algunas de las soluciones alimentadas por la ansiedad son justo lo que necesitabas para superar el bache! Piensa en todas las veces en las que has encontrado una solución rápida y has tomado nota de tus ejemplos favoritos. Por ejemplo, recuerdo una ocasión en la que sufría una gran tensión en el cuello y la parte superior de la espalda debido a mi postura corporal al trabajar todo el día delante del ordenador. La situación era especialmente mala en casa, donde paso la mayor parte del tiempo de escritura. Quería comprar un pupitre de pie, pero no tenía espacio en mi apartamento. Había encontrado el que me convenía, pero no solo era muy caro, sino también demasiado grande para el reducido espacio del que disponía. Sin embargo, mientras tanto mis hombros se encorvaban cada vez más. Mi solución: papel de cocina. Resulta que dos rollos de papel de cocina colocados en la mesa del salón no solo elevaban el ordenador hasta la altura idónea para poder trabajar incorporada, sino que era muy fácil volver a llevarlos a la cocina cuando no estaba de pie y tecleando. Ahora te toca a ti: ¿Qué fuente de irritación o ansiedad diaria te hace sentir como si te estrellaras contra un muro? ¿Cómo puedes separar las emociones que suscita el problema de tu deseo de encontrar una solución? Si en primer lugar te concentras en lo que te hace sentir tu ansiedad, eso te ayudará a encontrar soluciones alternativas. Darte permiso para experimentar la ansiedad, el malestar o incluso la ira a menudo facilita la apertura necesaria para crear o inventar algo realmente útil en tu vida. ¡Este ejercicio puede ayudarte a apreciar aquellas formas en que ya has utilizado las experiencias de ansiedad mala para resolver creativamente un problema!

Escribe una historia nueva

Espero que una de las aportaciones de este libro sea el descubrimiento de que toda situación que implica ansiedad y supone un reto, o incluso una tragedia, puede ser una plataforma de lanzamiento para la creatividad. En este ejercicio, céntrate en una situación difícil de tu pasado: una ruptura sentimental complicada es, normalmente, un buen ejemplo. Elige algo lo suficientemente alejado del presente como para disponer de cierta perspectiva y que no suponga ansiedad o un dolor intenso. A continuación, escribe una historia sobre esa ruptura que incluya aspectos positivos: por ejemplo, el inicio de la relación. Entonces, a medida que te acercas a la descripción del final o cuando la cosa se torció, describe los acontecimientos como si fueras un observador externo. Por último, identifica los mejores aspectos de la relación, entre ellos las lecciones vitales que aprendiste sobre ti mismo, sobre cómo funcionan las relaciones y cómo te sirven en el presente. Es una versión del experimento de la reformulación, pero el relato te permitirá crear algo nuevo para conmemorar una difícil experiencia de aprendizaje vital.

Practica la técnica de «pedir imposibles»: la creatividad deliberada

Este es el momento de practicar la creatividad deliberada trabajando tu red de atención. Toma un problema real de tu vida personal o laboral que estés intentado resolver o alguna habilidad que quieras mejorar. Ahora utiliza tu red de atención concentrada de tu corteza prefrontal para explorar sistemáticamente y analizar el problema o la destreza. Pregunta a los demás qué soluciones encontraron para esta cuestión; busca todas las soluciones relacionadas que puedas encontrar. Dedica tiempo a resolver este problema para pensar en cada paso de una manera más profunda de lo que has hecho antes. Incluso podrías modelar diferentes soluciones. La idea es usar este tipo de enfoque deliberado y centrado en la atención para explorar esta categoría de creatividad. Propón al menos tres soluciones diferentes y que puedas revisar.

Practica la técnica de «pedir imposibles»: segunda parte

Ahora aborda un problema diferente y que deseas resolver (por ejemplo, cómo optimizar las comidas para evitar desperdiciar alimentos, o cómo mejorar la huella ecológica de tu hogar). En esta ocasión utiliza un enfoque de creatividad espontánea: deja vagar tu mente (recurriendo a tu red neuronal por defecto, es decir, la que permite la divagación mental) para abordar el problema de forma más indirecta. Ten presente que este ejercicio y el anterior requieren aspectos clave de la ansiedad buena. A saber, un impulso o energía para resolver problemas creativamente y controlar tu red de atención para desplegarla de una manera más directa para la forma deliberada de resolución creativa de problemas o, de una forma más indirecta, para centrarse en otras ideas que podrían inspirar una solución para el problema actual.

Sueño lúcido

Durante siglos los sueños han sido considerados fuentes de inspiración y creatividad. Una forma particular de sueños, conocidos como sueños lúcidos, pueden practicarse conscientemente y utilizarse para despertar intuiciones o pensamientos más creativos. Formalmente, un sueño lúcido es aquel en el que el soñador es consciente de que está soñando. Aunque el psicofisiólogo Stephen LaBerge ha realizado una considerable investigación sobre el sueño lúcido y ha escrito un libro que ofrece métodos detallados para practicar y mejorar este tipo de sueño despierto, puedes utilizar una versión simplificada como herramienta para tu propia experiencia de sueño lúcido.

- Antes de ir a dormir, decide lo que deseas soñar; ten un objetivo o intención.
- Medita sobre esta intención y empieza a dormirte conscientemente.
- Cuando te deslices hacia el sueño, visualízate a ti mismo en la escena pretendida o el objetivo.
- Trae a la mente detalles específicos y concéntrate en ellos; esto ayuda a reforzar tu recuerdo de los mismos.
- Cuando despiertes –durante la noche o por la mañana–, escribe tu sueño con tanto detalle como te sea posible.

Cuanto más practiques estos pasos, más atención prestará tu cerebro a tus sueños.

¡Llega la hora de un masaje!

Un estudio de 2012 demostró que el masaje aumenta la producción de oxitocina en los seres humanos y, como se sabe que esta hormona contribuye a disminuir el estrés, ¿qué mejor manera de aumentar su presencia y rebajar el estrés en tu cerebro? Aunque este estudio no determina qué tipo de estimulación es más conveniente (¿las sillas de masaje de un aeropuerto tienen el mismo efecto?) o si se trata específicamente de contacto humano, si estás buscando una buena excusa para recibir un masaje, ¡la has encontrado! El poder del tacto es irrefutable. Esta es la razón por la que se coloca a los recién nacidos sobre el pecho de sus madres; por eso darse las manos reconforta el corazón; y por ello es tan relajante recibir un masaje en los pies. El contacto físico libera oxitocina y dopamina, ¡algunas de las sustancias químicas más poderosas para el bienestar del cerebro-cuerpo!

Abraza

Si el masaje aumenta el nivel de oxitocina, no debería sorprendernos que otro tipo de contacto físico, como los abrazos, mimos, besos y el sexo (¡como en los ratones de la pradera!) produzca el mismo efecto y nos haga sentir bien. ¡A veces lo que realmente necesitas es un abrazo, así que no temas pedir uno!

Ríe a carcajadas

La risa también estimula la producción de oxitocina; por lo tanto, si la risa social no te resulta atractiva, recurre a una película divertida, un espectáculo de comedia en vivo, un programa de televisión o incluso tus películas caseras favoritas para echarte unas risas. Ofrécete un fin de semana divertido, eligiendo únicamente actividades concebidas para hacerte reír. Concédete un microataque de risa utilizando todo tipo de recursos: echa un vistazo al TikTok para padres; mira antiguos vídeos de *Saturday Night Live* en YouTube; encuentra las tomas falsas de películas célebres; descubre a nuevos cómicos poniendo a prueba su valía en Comedy Central y otras cadenas.

UTILIZA TU ANSIEDAD PARA REFORZAR TU MÚSCULO SOCIAL

Podemos cultivar la inteligencia social. A continuación, ofrecemos una serie de trucos sencillos pero poderosos para aprovechar tu empatía, conectar con los demás y perfeccionar tu compasión, mientras sigues apoyándote en tu ansiedad.

- ¿Te ha irritado un mal recuerdo? En primer lugar, piensa en alguien por quien sientes un sincero agradecimiento (esta persona puede no guardar relación alguna con el recuerdo que ha provocado la ansiedad) y tómate el tiempo de enviar una nota de gratitud escrita a mano —con su sello y todo— en la que describas las razones de tu reconocimiento hacia esa persona. Puede ser breve y tierna, pero te garantizo que el destinatario no solo la apreciará, sino que reforzará vuestro vínculo.
- ¿Preocupado por el dinero? Dona a una buena causa que realmente necesite financiación y así situarás la inquietud por el dinero en la perspectiva correcta.
- ¿Experimentas el miedo a perderte algo? Envía tres mensajes amistosos para saludar o preguntar por alguna cuestión.
- ¿Has sentido ansiedad? Invita a alguien a unirse a ti en una sesión de estudio vía Zoom.
- ¿Te asaltan las preocupaciones laborales? Pide a alguien con más experiencia que sea tu mentor y consejero para seguir avanzando.

¿Percibes un hilo conductor? Citando a Diana Ross, «Extiende tus manos y toca la mano de alguien. Si te es posible, haz de este mundo un lugar mejor». La comunicación es la clave y si el cara a cara (o el Zoom a Zoom) te inspira cierto temor, siempre puedes ser de la vieja escuela y enviar una carta, o de la nueva escuela y enviar un mensaje. ¿Sabes lo bien que sienta un mensaje inesperado de un amigo que te dice que te echa de menos? ¡Envíaselo a alguien y presta atención a cómo te sientes al recibir una respuesta!

La ciencia de sonreír

Una forma sencilla y rápida de ejercitar el músculo social es la sonrisa. Y también hay investigaciones que sustentan esta afirmación. Un estudio de la Universidad de Kansas demostró que, en relación con las personas que no sonreían, las personas a las que se les pidió que «fingieran» una sonrisa durante una serie de tareas estresantes tenían una respuesta de estrés más baja; cuanto más amplia es la sonrisa falsa, menor es la respuesta al estrés. De hecho, los investigadores demostraron que incluso forzar una sonrisa con palillos crea una respuesta al estrés inferior que no sonreír en absoluto. Aunque el mecanismo específico de esta respuesta no fue sometido a examen, ha sido replicado y podría ser similar al efecto inmediato de la respiración profunda en los niveles de estrés y ansiedad. La respiración profunda imita y activa el sistema parasimpático, que ayuda a disminuir los niveles de estrés y ansiedad. De manera similar, incluso sonreír fingidamente puede activar esas mismas respuestas en tu sistema nervioso. En resumen: sonreír y no quejarte te puede ayudar a sobrellevar los episodios de ansiedad mejor de lo que creías.

UNA NOTA FINAL SOBRE EL AMOR

La buena ansiedad siempre ha sido un libro sobre cómo aceptar todos los aspectos de la ansiedad, incluyendo toda la información que esta nos brinda sobre nosotros mismos y que nos ofrece un camino hacia una vida más plena, creativa y menos estresada. Mi deseo es que, después de haberlo leído, tú también consideres que tu ansiedad puede ser una ventaja, no una maldición. También espero que descubras que, desde la perspectiva científica, tienes mucho mayor control sobre tus pensamientos, emociones y conductas de lo que piensas. De hecho, toda la investigación, las historias y los ejercicios en este libro demuestran lo flexible y plástico que en realidad es nuestro cerebro y cómo esta plasticidad, este impulso para aprender y adaptarse, es capturado y alimentado por la ansiedad buena. La mentalidad positiva, el aumento de la productividad, la compasión, el fujo del rendimiento, la creatividad reforzada y la resiliencia potenciada: estos son todos los extras que vienen con la conciencia y la aceptación de todo lo que nuestros cerebros y la ansiedad pueden hacer por nosotros y por los demás. Pero hay un último superpoder que quiero compartir contigo: el amor.

Las muertes de mi padre y de mi hermano han transformado mi vida para siempre. Uno de los efectos más inmediatos ha sido reforzar el vínculo con mi madre, mi cuñada y mi sobrina. No hay otra forma de decirlo: ahora nos sentimos más cercanas. Hay un nuevo vínculo compartido, una forma de amor más profundo y «expuesto», y ha arraigado una apreciación muy consciente y más profunda. Este amor se ha derramado en cascada sobre mi familia y amigos. También han cambiado mis prioridades en las pequeñas y las grandes cosas: desde cómo decido pasar mi tiempo (más tiempo de risa compartida con mis amigos y mi familia; menos tiempo encerrada y sola en mi laboratorio, repasando la investigación) hasta lo que quiero crear en este mundo (algo que ayude a la gente a utilizar su cerebro para maximizar su talento).

Esta capacidad reforzada para el amor insufló lucidez en mi concepción de este libro y, por lo tanto, facilitó su escritura. He comprendido cuánto de mi amor por mi hermano estaba en realidad debajo de la superficie y no era evidente para mí antes de que él falleciera. Tal vez estaba oculto por los vestigios de la rivalidad entre hermanos o alguna otra forma de infantilismo persistente por mi parte. Su muerte me ha demostrado lo profundamente significativo que ese amor fue en realidad.

El antiguo dicho de que nunca apreciamos realmente lo especiales que son las personas hasta que desaparecen es, en mi opinión, una verdad innegable. Por otra parte, creo que nunca habría sido capaz de experimentar la profundidad de mi amor por mi hermano de no haberlo perdido. La causa de todo el dolor y la angustia que sentía era una expresión de mi amor y también la esencia de lo que me permitió encontrar este nuevo y expansivo superpoder del amor en mi vida. Ese amor también ha sido la inspiración de todos y cada uno de los superpoderes basados en la ansiedad de este libro.

He llegado a aprender que existen una profundidad, un conocimiento y una sabiduría que proceden de las pérdidas, heridas, dificultades y tribulaciones en nuestras vidas. Y su mayor encarnación es un sentido más profundo de amor por y hacia la propia vida. Por último, soy consciente de que sigo creciendo y evolucionando como persona no a pesar de las pérdidas de mi padre y de mi hermano, sino, de hecho, gracias a ellas.

Tengo la esperanza de que te sientas inspirado para sentir amor, abrazarlo y difundirlo. En mi opinión, el amor es nuestro más poderoso superpoder personal; es inconmensurable, para que podamos usarlo de manera prolífica y de forma exuberante todos los días y durante el resto de nuestras vidas.

Doctora Wendy Suzuki
4 de abril de 2021

AGRADECIMIENTOS

Mi más profundo agradecimiento a mi coautora y compañera de escritura, Billie Fitzpatrick, por su sabiduría, paciencia y la inspiración de sus habilidades de escritura. Gracias a mi extraordinaria agente literaria, Yfat Reiss Gendell, por su creatividad y su constante determinación. Y gracias a mi maravillosa editora, Leah Miller, por su energía positiva, su visión y sus excelentes habilidades de edición.

NOTAS

1. ¿Qué es la ansiedad?

1. Joseph LeDoux, *Anxious: Using the Brain to Understand and Treat Fear and Anxiety*, Nueva York, Penguin Press, 2015.
2. Robert M. Sapolsky, «Why Stress Is Bad for Your Brain», *Science* 273 (5276), 1996, págs. 749-750, <doi:10.1126/science.273.5276.749>; Robert M. Sapolsky, *Why Zebras Don't Get Ulcers*, Nueva York, W. H. Freeman, 1998 (trad. cast.: *¿Por qué las cebras no tienen úlcera?: La guía del estrés*, Madrid, Alianza, 2006).
3. Jack P. Shonkoff y Deborah A. Phillips, eds., *From Neurons to Neighborhoods: The Science of Early Childhood Development*, Washington, D. C.: National Academies Press, 2000.
4. Página web de la Asociación Estadounidense para la Ansiedad y la Depresión, <https://adaa.org>.

2. Aprovechar el poder de la plasticidad cerebral

1. Mark R. Rosenzweig, David Krech, Edward L. Bennett y Marian C. Diamond, «Effects of Environmental Complexity and Training on Brain Chemistry and Anatomy: A Replication and Extension», *Journal of Comparative and Physiological Psychology* 55 (4), 1962, págs. 429-437, <doi:10.1037/h0041137>.
2. Tiffany A. Ito, Jeff T. Larsen, N. Kyle Smith y John T. Cacioppo, «Negative Information Weighs More Heavily on the Brain: The Negativity Bias in Evaluative Categorizations», *Journal of Personality and Social Psychology* 75 (4), 1998, págs. 887-900, <doi:10.1037//0022-3514.75.4.887>.

3. Robert Plutchik, «A General Psychoevolutionary Theory of Emotion», en *Emotion: Theory, Research, and Experience, Volume 1: Theories of Emotion*, comps. Robert Plutchik y Henry Kellerman, Nueva York, Academic Press, 1980, págs. 3-33.
4. Jeremy P. Jamieson, Alia J. Crum, J. Parker Goyer, Marisa E. Marotta y Modupe Akinola, «Optimizing Stress Responses with Reappraisal and Mindset Interventions: An Integrated Model», *Anxiety Stress and Coping* 31 (3) 2018, págs. 245-261, <doi:10.1080/10615806.2018.144261>.
5. James J. Gross, «Emotion Regulation: Past, Present, Future», *Cognition and Emotion*, Volume 13: 1999;13 págs. 551-573.
6. James J. Gross, «Antecedent-and Response-Focused Emotion Regulation: Divergent Consequences for Experience, Expression, and Physiology», *Journal of Personality and Social Psychology* 74 (1), 1998, págs. 224-237, <doi:10.1037//0022-3514.74.1.224>; James J. Gross, ed., *Handbook of Emotion Regulation*, 2.ª ed., Nueva York, Guilford Press, 2014.
7. Josh M. Cisler, Bunmi O. Olatunji, Matthew T. Feldner y John P. Forsyth, «Emotion Regulation and the Anxiety Disorders: An Integrative Review», *Journal of Psychopathology and Behavioral Assessment* 32 (1), 2010, págs. 68-82, <doi:10.1007/s10862-009-9161-1>.

3. Afrontar la ansiedad en la vida real

1. Elizabeth I. Martin, Kerry J. Ressler, Elisabeth Binder y Charles B. Nemeroff, «The Neurobiology of Anxiety Disorders: Brain Imaging, Genetics, and Psychoneuroendocrinology», *Psychiatric Clinics of North America* 32 (3), 2009, págs. 549-575, <doi:10.1016/j.psc.2009.05.004>; Rainer H. Straub y Maurizio Cutolo, «Psychoneuroimmunology-Developments in Stress Research», *Wiener Medizinische Wochenschrift* 168 (3-4), 2018, págs. 76-84, <doi:10.1007/s10354-017-0574-2>.

4. Sobrecarga tu resiliencia

1. Karen J. Parker y Dario Maestripieri, «Identifying Key Features of Early Stressful Experiences that Produce Stress Vulnerability and Resilience in Primates», *Neuroscience & Biobehavioral Reviews* 35 (7), 2011, págs. 1466-1483, <doi:10.1016/j.neubiorev.2010.09.003>.
2. Asociación Estadounidense de Psicología, «Building Your Resilience», <https://www.apa.org/topics/resilience>.
3. Theodore M. Brown y Elizabeth Fee, «Walter Bradford Cannon: Pioneer Physiologist of Human Emotions», *American Journal of Public Health* 92 (10), 2002, págs. 1594-1595.
4. Hideo Uno, Ross Tarara, James G. Else, Mbaruk A. Suleman y Robert M. Sapolsky, «Hippocampal Damage Associated with Prolonged and Fatal Stress in Primates», *Journal of Neuroscience* 9 (5), 1989, págs. 1705-1711, <doi:10.1523/JNEUROSCI.09-05-01705.1989>.
5. Gang Wu, Adriana Feder, Hagit Cohen, Joanna J. Kim, Solara Calderon, *et al.*, «Understanding Resilience», *Frontiers in Behavioral Neuroscience* 7 (10), 2013, <doi:10.3389/fnbeh.2013.00010>.
6. Richard Famularo, Robert Kinscherff y Terence Fenton, «Psychiatric Diagnoses of Maltreated Children: Preliminary Findings», *Journal of the American Academy of Child & Adolescent Psychiatry* 31 (5), 1992, págs. 863-867, <doi:10.1097/00004583-199209000-00013>.
7. Louise S. Ethier, Jean-Pascal Lemelin y Carl Lacharité, «A Longitudinal Study of the Effects of Chronic Maltreatment on Children's Behavioral and Emotional Problems», *Child Abuse & Neglect* 28 (12), 2004, págs. 1265-1278, <doi:10.1016/j.chiabu.2004.07.006>.
8. Jungeen Kim y Dante Cicchetti, «Longitudinal Trajectories of Self-System Processes and Depressive Symptoms Among Maltreated and Nonmaltreated Children», *Child Development* 77 (3), 2006, págs. 624-639, <doi:10.1111/j.1467-8624.2006.00894.x>.
9. Celia C. Lo y Tyrone C. Cheng, «The Impact of Childhood Maltreatment on Young Adults' Substance Abuse», *The American Journal of Drug and Alcohol Abuse* 33 (1), 2007, págs. 139-146, <doi:10.1080/00952990601091119>.
10. Cathy Spatz Widom y Michael G. Maxfield, «A Prospective Examination

of Risk for Violence Among Abused and Neglected Children», *Annals of the New York Academy of Sciences* 794, 1996, págs. 224-237, <doi:10.1111/j.1749-6632.1996.tb32523.x>.

11. Eamon McCrory, Stephane A. De Brito y Essi Viding, «Research Review: The Neurobiology and Genetics of Maltreatment and Adversity», *The Journal of Child Psychology and Psychiatry* 51 (10), 2010, págs. 1079-1095, <doi:10.1111/j.1469-7610.2010.02271.x>.
12. Michael D. De Bellis, Matcheri S. Keshavan, Duncan B. Clark, B. J. Casey, Jay N. Giedd, *et al.*, «Developmental Traumatology, Part II: Brain Development», *Biological Psychiatry* 45 (10), 1999, págs. 1271-1284, <doi:10.1016/s0006-3223(99)00045-1>.
13. Martin H. Teicher, Jacqueline A. Samson, Carl M. Anderson y Kyoko Ohashi, «The Effects of Childhood Maltreatment on Brain Structure, Function and Connectivity», *Nature Reviews Neuroscience* 17 (10), 2016, págs. 652-666, <doi:10.1038/nrn.2016.111>; Fu Lye Woon, Shabnam Sood y Dawson W. Hedges, «Hippocampal Volume Deficits Associated with Exposure to Psychological Trauma and Posttraumatic Stress Disorder in Adults: A Meta-Analysis», *Progress in Neuro-Psychopharmacology and Biological Psychiatry* 34 (7), 2010, págs. 1181-1188, <doi:10.1016/j.pnpbp.2010.06.016>.
14. Jack P. Shonkoff y Deborah A. Phillips, comps., *From Neurons to Neighborhoods: The Science of Early Childhood Development*, Washington, D. C., National Academies Press, 2000.
15. Jack P. Shonkoff, W. Thomas Boyce y Bruce S. McEwen, «Neuroscience, Molecular Biology, and the Childhood Roots of Health Disparities: Building a New Framework for Health Promotion and Disease Prevention», *JAMA* 301 (21), 2009, págs. 2252-2259, <doi:10.1001/jama.2009.754>.
16. Dominic J. C. Wilkinson, Jane M. Thompson y Gavin W. Lambert, «Sympathetic Activity in Patients with Panic Disorder at Rest, Under Laboratory Mental Stress, and During Panic Attacks», *JAMA Psychiatry* 55 (6), 1998, págs. 511-520, <doi:10.1001/archpsyc.55.6.511>.
17. Flurin Cathomas, James W. Murrough, Eric J. Nestler, Ming-Hu Han y Scott J. Russo, «Neurobiology of Resilience: Interface Between Mind and Body», *Biological Psychiatry* 86 (6), 2019, págs. 410-420, <doi:10.1016/j.biopsych.2019.04.011>.

18. M. E. Seligman, «Depression and Learned Helplessness», en *The Psychology of Depression: Contemporary Theory and Research*, comps. R. J. Friedman y M. M. Katz, Londres, John Wiley & Sons, 1974, págs. 83-125.
19. J. Brockhurst, C. Cheleuitte-Nieves, C. L. Buckmaster, A. F. Schatzberg y D. M. Lyons, «Stress Inoculation Modeled in Mice», *Translational Psychiatry* 5 (3), 2015: e537, <doi:10.1038/tp.2015.34>; PMID: 25826112; PMCID: PMC4354359.
20. Gang Wu, Adriana Feder, Hagit Cohen, Joanna J. Kim, Solara Calderon, *et al.*, «Understanding Resilience», *Frontiers in Behavioral Neuroscience* 7, 2013, pág. 10, <doi:10.3389/fnbeh.2013.00010>.

5. Mejora tu rendimiento y abre la puerta al flujo

1. Malcolm Gladwell, *Outliers: The Story of Success*, Nueva York, Little, Brown, 2008.
2. Mihály Csíkszentmihályi, *Flow: The Psychology of Optimal Experience*, Nueva York, HarperCollins, 1991 (trad. cast.: *Fluir: Una psicología de la felicidad*, Barcelona, Kairós, 2012).
3. *Ibid.*
4. Jeanne Nakamura y Mihály Csíkszentmihályi, «Flow Theory and Research», en *The Oxford Handbook of Positive Psychology*, comps. Shane J. Lopez y C. R. Snyder, Nueva York, Oxford University Press, 2009, págs. 89-105.
5. Robert Yerkes y John D. Dodson, «The Relation of Strength of Stimulus to Rapidity of Habit Formation», *Journal of Comparative Neurology & Psychology* 18 (1908), págs. 459-482, <doi:10.1002/cne.920180503>.
6. Sian Beilock, *Choke: What the Secrets of the Brain Reveal About Getting It Right When You Have To*, Nueva York, Free Press, 2010.
7. *Ibid.*

6. Cultiva la mentalidad activista

1. Joseph Loscalzo, «A Celebration of Failure», *Circulation* 129 (9), 2014, págs. 953-955, <doi:10.1161/CIRCULATIONAHA.114.009220>.

2. Carol S. Dweck, *Mindset: The New Psychology of Success*, Nueva York, Random House, 2006.
3. Elizabeth I. Martin, Kerry J. Ressler, Elisabeth Binder y Charles B. Nemeroff, «The Neurobiology of Anxiety Disorders: Brain Imaging, Genetics and Psychoneuroendocrinology», *Psychiatric Clinics of North America* 32 (3), 2009, págs. 549-575, <doi:10.1016/j.psc.2009.05.004>.
4. Lang Chen, Se Ri Bae, Christian Battista, Shaozheng Qin, Tanwen Chen, *et al.*, «Positive Attitude Toward Math Supports Early Academic Success: Behavioral Evidence and Neurocognitive Mechanisms», *Psychological Science* 29 (3), 2018, págs. 390-402, <doi:10.1177/0956797617735528>.
5. William A. Cunningham y Philip David Zelazo, «Attitudes and Evaluations: A Social Cognitive Neuroscience Perspective», *Trends in Cognitive Science* 11 (3), 2007, págs. 97-104, <doi:10.1016/j.tics.2006.12.005>.
6. Leo P. Crespi, «Quantitative Variation of Incentive and in the White Rat», *American Journal of Psychology* 55 (4), 1942, págs. 467-517, <doi:10.2307/1417120>.

7. Aumenta tu concentración y tu productividad

1. Sadia Najmi, Nader Amir, Kristen E. Frosio y Catherine Ayers, «The Effects of Cognitive Load on Attention Control in Subclinical Anxiety and Generalised Anxiety Disorder», *Cognition and Emotion* 29 (7), 2015, págs. 1210-1223, <doi:10.1080/02699931.2014.975188>.
2. Steven E. Petersen y Michael I. Posner, «The Attention System of the Human Brain: 20 Years After», *Annual Review of Neuroscience*, vol. 35, 2012, págs. 73-89, <doi:10.1146/annurev-neuro-062111-150525>.
3. Adele Diamond, «Executive Functions», *Annual Review of Psychology* 64 (2013), págs. 135-168, <doi:10.1146/annurev-psych-113011-143750>.
4. Morgan G. Ames, «Managing Mobile Multitasking: The Culture of iPhones on Stanford Campus», *CSCW '13: Proceedings of the 2013 Conference on Computer Supported Cooperative Work* (2013), págs. 1487-1498, <doi:10.1145/2441776.2441945>.
5. Antoine Lutz, Heleen A. Slagter, John D. Dunne y Richard J. Davidson,

«Attention Regulation and Monitoring in Meditation», *Trends in Cognitive Sciences* 12 (4), 2008, págs. 163-169, <doi:10.1016/j.tics.2008.01.005>.

6. Matthieu Ricard, Antoine Lutz y Richard J. Davidson, «Mind of the Meditator», *Scientific American* 311 (5), 2014, págs. 39-45, <doi:10.1038/scientificamerican1114-38>; Lutz, Slagter, Dunne, and Davidson, «Attention Regulation and Monitoring in Meditation».
7. Heleen A, Slagter, Antoine Lutz, Lawrence L. Greischar, Andrew D. Francis, Sander Nieuwenhuis, *et al.*, «Mental Training Affects Distribution of Limited Brain Resources», *PLoS Biology* 5 (6), 2007, <doi:10.1371/journal.pbio.0050138>.
8. Yi-Yuan Tang, Yinghua Ma, Junhong Wang, Yaxin Fan, Shigang Feng, *et al.*, «Short-Term Meditation Training Improves Attention and Self-Regulation», *Proceedings of the National Academy of Sciences* 104 (43), 2007, págs. 17152-17156, <doi:10.1073/pnas.0707678104>.
9. Julia C. Basso y Wendy A. Suzuki, «The Effects of Acute Exercise on Mood, Cognition, Neurophysiology, and Neurochemical Pathways: A Review», *Brain Plasticity* 2 (2), 2017, págs. 127-152, <doi:10.3233/BPL-160040>.
10. Stan J. Colcombe y Arthur F. Kramer, «Neurocognitive Aging and Cardiovascular Fitness: Recent Findings and Future Directions», *Journal of Molecular Neuroscience* 24 (2004), págs. 9-14, <doi:10.1385/JMN:24:1:009>.
11. James A. Blumenthal, Michael A. Babyak, P. Muriali Doraiswamy, Lana Watkins, Benson M. Hoffman, Krista A. Barbour, Steve Herman, *et al.*, «Exercise and Pharmacotherapy in the Treatment of Major Depressive Disorder», *Psychosomatic Medicine* 69 (7), págs. 587-596, <doi:10.1097/PSY.0b013e318148c19a>.
12. Gordon J. G. Asmundson, Mathew G. Fetzner, Lindsey B. Deboer, Mark B. Powers, Michael W. Otto y Jasper A. J. Smits, «Let's Get Physical: A Contemporary Review of the Anxiolytic Effects of Exercise for Anxiety and Its Disorders», *Depression & Anxiety* 30 (4), 2013, págs. 362-373, <doi:10.1002/da.22043>.
13. Stanley J. Colcombe, Kirk I. Erickson, Paige E. Scalf, Jenny S. Kim, Ruchika Prakash, *et al.*, «Aerobic Exercise Training Increases Brain Volume in Aging Humans», *The Journals of Gerontology Series A* 61 (11), 2006: 1166-1170, <doi:10.1093/gerona/61.11.1166>.

14. Basso y Suzuki, «The Effects of Acute Exercise on Mood, Cognition, Neurophysiology, and Neurochemical Pathways: A Review».
15. Joaquin A. Anguera, Jacqueline Boccanfuso, Jean L. Rintoul, Omar Al-Hashimi, Farshid Faraji, *et al.*, «Video Game Training Enhances Cognitive Control in Older Adults», *Nature* 501 (7465), 2013, págs. 97-101, <doi:10.1038/nature12486>; Federica Pallavicini, Ambra Ferrari y Fabrizia Mantovani, «Video Games for Well-Being: A Systematic Review on the Application of Computer Games for Cognitive and Emotional Training in the Adult Population», *Frontiers in Psychology* 9 (2018): <doi:10.3389/fpsyg.2018.02127>.

8. Prepara tu cerebro social, aplaca tu ansiedad social y refuerza tu compasión

1. Jack P. Shonkoff, «From Neurons to Neighborhoods: Old and New Challenges for Developmental and Behavioral Pediatrics», *Journal of Developmental & Behavioral Pediatrics* 24 (1), 2003, págs. 70-76, <doi:10.1097/00004703-200302000-00014>.
2. Matthew D. Lieberman, «Social Cognitive Neuroscience: A Review of Core Processes», *Annual Review of Psychology* 58, 2007, págs. 259-289, <doi:10.1146/annurev.psych.58.110405.085654>.
3. Heide Klumpp, Mike Angstadt y K. Luan Phan, «Insula Reactivity and Connectivity to Anterior Cingulate Cortex When Processing Threat in Generalized Social Anxiety Disorder», *Biological Psychology* 89 (1), 2012, págs. 273-276, <doi:10.1016/j.biopsycho.2011.10.010>.
4. Louise C. Hawkley y John T. Cacioppo, «Loneliness Matters: A Theoretical and Empirical Review of Consequences and Mechanisms», *Annals of Behavioral Medicine* 40 (2), 2010, págs. 218-227, <doi:10.1007/s12160-010-9210-8>; Stephanie Cacioppo, John P. Capitanio y John T. Cacioppo, «Toward a Neurology of Loneliness», *Psychological Bulletin* 140 (6), 2014, págs. 1464-1504, <doi:10.1037/a0037618>.
5. Cigna, «New Cigna Study Reveals Loneliness at Epidemic Levels in America», 1 de mayo, 2018, <https://www.cigna.com/about-us/newsroom/news-and-views/press-releases/2018/new-cigna-study-reveals-loneliness-at-

epidemic-levels-in-america#:~:text=Research%20Puts%20Spotlight%20on%20the,U.S.%20and%20Potential%20Root%20Causes&text=The%20survey%20of%20more%20than,left%20out%20(47%20percent)>.

6. Julianne Holt-Lunstad, Timothy B. Smith y J. Bradley Layton, «Social Relationships and Mortality Risk: A Meta-Analytic Review», *PLoS Medicine* 7 (7), 2010, <doi:10.1371/journal.pmed.1000316>.
7. Bhaskara Shelley, «Footprints of Phineas Gage: Historical Beginnings on the Origins of Brain and Behavior and the Birth of Cerebral Localizationism», *Archives of Medicine and Health Sciences* 4 (2), 2016, págs. 280-286.
8. James M. Kilner y Roger N. Lemon, «What We Know Currently about Mirror Neurons», *Current Biology* 23, 2013, R1057-R1062, <doi:10.1016/j.cub.2013.10.051>.
9. Frans B. M. de Waal y Stephanie D. Preston, «Mammalian Empathy: Behavioural Manifestations and Neural Basis», *Nature Reviews Neuroscience* 18 (8), 2017, págs. 498-509, <doi:10.1038/nrn.2017.72>.
10. Giacomo Rizzolatti y Corrado Sinigalia, «The Mirror Mechanism: A Basic Principle of Brain Function», *Nature Reviews Neruoscience* 17 (12), 2016, págs. 757-765, <doi:10.1038/nrn.2016.135>.
11. Claus Lamm, Jean Decety y Tania Singer, «Meta-Analytic Evidence for Common and Distinct Neural Networks Associated with Directly Experienced Pain and Empathy for Pain», *Neuroimage* 54 (3), 2011, págs. 2492-2502, <doi:10.1016/j.neuroimage.2010.10.014>.
12. Claus Lamm y Jasminka Majdandzic, «The Role of Shared Neural Activations, Mirror Neurons, and Morality in Empathy – A Critical Comment», *Neuroscience Research* 90 (2015), págs. 15-24, <doi:10.1016/j.neures.2014.10.008>.
13. Kevin A. Pelphrey y Elizabeth J. Carter, «Brain Mechanisms for Social Perception: Lessons from Autism and Typical Development», *Annals of the New York Academy of Sciences*, vol. 1.145, 2008, págs. 283-299, <doi:10.1196/annals.1416.007>.
14. Greg J. Norman, Louise C. Hawkley, Steve W. Cole, Gary G. Berntson y John T. Cacioppo, «Social Neuroscience: The Social Brain, Oxytocin, and Health», *Social Neuroscience* 7 (1), 2012, págs. 18-29, <doi:10.1080/17470919.2011.568702>; Candace Jones, Ingrid Barrera, Shaun Brothers, Robert Ring y Claes Wahlestedt, «Oxytocin and Social Functioning», *Dialogues in*

Clinical Neuroscience 19 (2), 2017, págs. 193-201, <doi:10.31887/DCNS.2017.19.2/cjones>.

15. Thomas R. Insel, «The Challenge of Translation in Social Neuroscience: A Review of Oxytocin, Vasopressin, and Affiliative Behavior», *Neuron* 65 (6), 2010, págs. 768-779, <doi:10.1016/j.neuron.2010.03.005>.
16. Norman, Hawkley, Cole, Berntson y Cacioppo, *et al.*, «Social Neuroscience: The Social Brain, Oxytocin, and Health».
17. Candace Jones, Ingrid Barrera y Shaun Brothers, *et al.*, «Oxytocin and Social Functioning», Dialogues in *Clinical Neuroscience* 19 (2), 2017, págs. 193-201.
18. Daniel Goleman, *Working with Emotional Intelligence*, Nueva York, Bantam Dell, 2006 (trad. cast.: *Inteligencia emocional en el trabajo: cómo seleccionar y mejorar la inteligencia emocional en individuos, grupos y organizaciones*, Barcelona, Kairós, 2017).
19. Daniel Goleman, *Social Intelligence: The New Science of Human Relationships*, Nueva York, Bantam Books, 2006 (trad. cast.: *Inteligencia social: la nueva ciencia de las relaciones humanas*, Barcelona, Kairós, 2018).

9. Estimula tu creatividad

1. Arne Dietrich, «The Cognitive Neuroscience of Creativity», *Psychonomic Bulletin & Review* 11 (6), 2004, págs. 1011-1026, <doi:10.3758/bf03196731>.
2. *Ibid.*
3. Julie Burstein, *Spark: How Creativity Works*, Nueva York, HarperCollins, 2011.
4. Arne Dietrich y Hilde Haider, «A Neurocognitive Framework for Human Creative Thought», *Frontiers in Psychology* 7, 2017, 2078, <doi:10.3389/fpsyg.2016.02078>.
5. *Ibid.*
6. M. Jung-Benjamin, E. M. Bowden, J. Haberman, J. L. Frymiare, S. Aranbel-Liu, *et al.*, «Neural Activity When People Solve Verbal Problems with Insight», *PLoS Biology* 2 (4), abril de 2004, E97, <doi:10.1371/journal.pbio.0020097>.
7. Lindsey Carruthers, Rory MacLean y Alexandra Willis, «The Relationship

Between Creativity and Attention in Adults», *Creativity Research* 30 (4), 2018, págs. 370-379, <doi:10.1080/10400419.2018.1530910>.

8. Randy L. Buckner, Jessica R. Andrews-Hanna y Daniel L. Schacter, «The Brain's Default Network: Anatomy, Function, and Relevance to Disease», *Annals of the New York Academy of Sciences* 1124 (1), 2008, págs. 1-38, <doi.org/10.1196/annals.1440.011>.
9. Roger E. Beaty, Yoed N. Kennett, Alexander P. Christensen, Monica D. Rosenberg, Mathias Benedek, Qunlin Chen, Andreas Fink, *et al.*, «Robust Prediction of Individual Creative Ability from Brain Functional Connectivity», *Proceedings of the National Academy of Sciences* 115 (5), 2018, págs. 1087-1092, <doi:10.1073/pnas.1713532115>.
10. Peter, «The Cognitive Neuroscience of Creativity», *h+*, 16 de agosto, 2015, <https://hplusmagazine.com/2015/07/22/the-cognitive-neuroscience-of-creativity/>.
11. Scott B. Kaufman, 2007, «Creativity», en *Encyclopedia of Special Education*, 4.ª ed., vol. 3, comps. Cecil R. Reynolds, Kimberly J. Vannest y Elaine Fletcher-Janzen, Nueva York, Wiley, 2014.
12. Lindsey Carruthers, Rory MacLean y Alexandra Willis, «The Relationship Between Creativity and Attention in Adults», *Creativity Research* 30 (4), 2018, págs. 370-379, <doi:10.1080/10400419.2018.1530910>.
13. Jiangzhou Sun, Qunlin Chen, Qinglin Zhang, Yadan Li, Haijiang Li, *et al.*, «Training Your Brain to Be More Creative: Brain Functional and Structural Changes Induced by Divergent Thinking Training», *Human Brain Mapping* 37 (10), 2016, págs. 3375-3387, <doi:10.1002/hbm.23246>.
14. Julie Burstein, *Spark: How Creativity Works*, Nueva York, HarperCollins, 2011.

Tercera parte. El arte de inquietarse bien

1. James J. Gross y John P. Oliver, «Individual Differences in TwoEmotion Regulation Processes: Implications for Affect, Relationships, and Well-Being», *Journal of Personality and Social Psychology* 85 (2), 2003, págs. 348-362, <doi:10.1037/0022-3514.85.2.348>.

Tu caja de herramientas de la ansiedad buena: herramientas para calmar la ansiedad

1. Lisa Mosconi, *Brain Food: The Surprising Science of Eating for Cognitive Power*, Nueva York, Aver, 2018.
2. Matthew Walker, *Why We Sleep*, Nueva York, Scribner, 2017 (trad. cast.: *Por qué dormimos*, Madrid, Capitán Swing, 2019).

Herramientas que aprovechan tu ansiedad buena y abren la puerta de tus superpoderes

1. Lin-Manuel Miranda, *Gmorning, Gnight!: Little Pep Talks for Me & You*, Nueva York, Random House, 2018.
2. Qing Li, «Effect of Forest Bathing Trips on Human Immune Function», *Environmental Health and Preventive Medicine* 15 (1), 2009, págs. 9-17, <doi:10.1007%2Fs12199-008-0068-3>.
3. Claire Eagleson, Sarra Hayes, Andrew Mathews, Gemma Perman y Colette R. Hirsch, «The Power of Positive Thinking: Pathological Worry Is Reduced by Thought Replacement in Generalized Anxiety Disorder», *Behaviour Research and Therapy* 78, 2016, págs. 13-18, <doi:10.1016/j.brat.2015.12.017>.
4. Wendy Suzuki y Billie Fitzpatrick, *Healthy Brain, Happy Life: A Personal Program to Activate Your Brain & Do Everything Better*, Nueva York, Dey Street, 2015 (trad. cast.: *Cerebro activo, vida feliz*, Barcelona, Paidós, 2015).

ÍNDICE ONOMÁSTICO Y DE MATERIAS

Impreso en España